傅佩榮　主編‧審訂

孔子辭典

主編・審訂

傅佩榮

目次

序

辭典是工具書，工具書的內容原本大同小異，就像新車出廠，它的使用手冊比起別的車大致差不多，頂多加幾頁說明特殊的配備與零件是怎麼回事罷了。但是，有關哲學家的辭典每隔一段時日，如五十年，就有修訂或重編的需要，否則無法收錄學者的研究心得，也難以回應讀者的需求。

先由讀者的需求來說。時序進入 21 世紀，任何人看到像《孔子辭典》這樣的書，都希望裡面寫的是清楚而通順的白話文，而不是連篇的「子曰」或「之乎者也」。同時，一般所編的辭典都是集合十數位或數十位專家，各就其研究領域來撰寫相關的辭條，如此一來，對於孔子的「思想」部分所作的說明往往互有扞格或自相矛盾，讀者於此也難免覺得困擾。

再由學者的研究來說。孔子的思想主要記錄於《論語》中，而歷代以來研究《論語》而留下著作的學者不下數百人，即使在當代較為知名的也有十數人之多，那麼要如何擇其善者而從之？研究之人雖多，但在理解《論語》文本上，大都仍依南宋朱熹的《四書章句集注》為準，再作小幅度的調整、修正或批判。譬如，只要不反對或認可孔子對人性的主張是「人性本善」者，就是依從於朱注的明顯證據。這個理解的主軸一旦確立，其他有關孔子思想的介紹都成為旁枝末節，怎麼說都是差別不大了。或者，有些學者沿襲宋明儒學的餘緒，在理學、心學、氣學中擇取其一，那麼依此理解孔子思想是否合宜？答案也不難分辨。

如此一來，編撰一本新的《孔子辭典》似乎成了不太可能的任務。

本著這樣的認識，眼前這部作品是怎麼編成的呢？首先要說的是成書的機緣。2010年暑假期間，聯經出版公司的林載爵發行人到台大研究室找我，請我主編一本《孔子辭典》。他認為目前兩岸對於儒家思想急欲重新認識及發揚，從出版界的立場來說，需要有一本新的《孔子辭典》來呼應或引領這種風潮。我提醒他，我的儒家觀點與傳統所謂「人性本善」的看法大異其趣，因為我講的是「人性向善」。作為學者，我經常在自己的著作或公開的場合為自己的主張辯護。既然如此，主編一本《孔子辭典》，難道出版社不擔心其中的思想主要是我個人的一家之見嗎？林發行人說他是經過慎重的考慮才找我的，我一時感動就答應了。

其次，編輯本書的原則是什麼？首先，以《論語》為主要文本，將《論語》及與孔子相關的重要辭條全部收錄，使孔子思想的每一側面皆得以清楚展現。第二，文字表述以白話文為主，《論語》原文則以數字編碼注於其後。本書所附錄之《論語》全文皆按編碼排列，便於查索對照。第三，由於編者有關《論語》之譯解與詳說皆已出版專書，因此對於孔子思想的注釋也以編者的理解為主。當然，若有差錯自應由編者一人負責。

然後，本書架構分為五部：一，歷史背景；二，人物；三，典章制度；四，哲學思想；五，成語；以及附錄《論語》全文、孔子年表和孔子周遊列國地圖。其中分量最多也最重要的是哲學思想部分，其中又分為：一，邏輯與知識理論；二，人性論與倫理學；三，形上學與宗教哲學；四，政治哲學；五，教育與藝術哲學。由此可知孔子的一貫之道有何具體內容，對今人又有何種啟發。

至於本書的編輯過程，也依機緣而定。我三十年來教過的學生不少，但在計畫編輯本書時正好教到的博士生與碩士生就成為撰述的主

力了。經過再三的討論與分工，他們七人辛勤工作了兩年的時間，陸續寫成本書的內容，再由我詳細修改審定而定稿。他們列名於撰述委員中，並在各自所寫的辭條後具名以示肯定其貢獻。但這些文字有任何舛誤仍應由我來負責，並且我也將樂於在再版中更正。關於本書以「人性向善」來理解及詮釋孔子的思想，則代表了編者長期研究儒家的主要心得。這本辭典若有值得肯定或讓人評議之處，或許皆在於此。對我而言，是本於知識分子的良知而編成此書，其他的可以套用孔子的話，「何有於我哉！」是為序。

傅佩榮 2013.4

分類辭目表

一之二
事件

二
人物

二之一
孔子及其弟子

二之二

政治及知名人物

三
典章制度

四
哲學思想

四之一
邏輯與知識理論

四之三
形上學與宗教哲學

四之四
政治哲學

分類辭目表

四之五
教育與藝術哲學

五
成語

分類辭目表

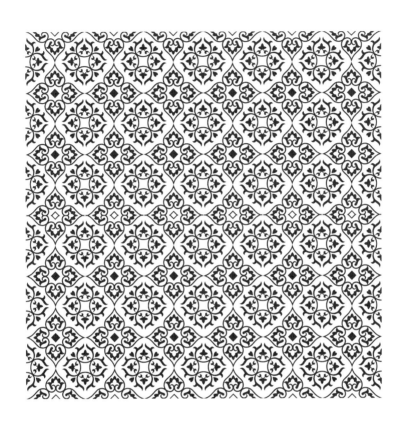

一、歷史背景

一之一、國家地域

【九夷】是對先秦時居住在中國東部淮河中下游一帶少數民族的通稱。邢昺在《論語注疏》提到，九夷包括玄菟、樂浪、高麗、滿飾、鳧臾、索家、東屠、倭人、天鄙等九種民族，地處偏遠，文化落後。周武王滅商後曾和九夷往來，要他們朝貢，更要他們不忘記自己的職責與義務。《論語》提到孔子曾想去九夷居住，有人提醒孔子九夷偏遠簡陋，不適合居住。孔子認為如果是君子去住的話，就不嫌簡陋，也即是認為自己可以化民成俗（9‧14）。（解文琪）

【互鄉】互鄉是古代地名，今不可考。《論語》記載，互鄉地方的人很難溝通，有一位少年卻得到孔子接見，弟子們覺得困惑。孔子告訴弟子他是讚許對方上進，不希望他退步。而且別人修飾整潔來找他，他就會嘉許別人整潔的一面，不追究過去的作為（7‧29）。孔子有「十五歲以上的人，我都願意教導」的說法，少年雖然未滿十五歲，但與此說法並不相悖。更何況從有教無類的角度來看，教師不應在意學生的過失與背景，因為這正是老師要導正學生的地方（7‧7；15‧39）。可知教育工作者不必考慮學生的出身背景，有心向學才是關鍵所在。（解文琪）

【匡】根據《左傳》，匡城有屬衛國、鄭國、宋國之說。魯定公六

年時定公曾使陽貨侵襲鄭國奪取匡城。《史記‧孔子世家》記載，孔子初次離開衛國時要前去陳國，途經匡地時因相貌相似，被誤以為是曾經鎮壓匡人的陽貨，因而被群眾圍困。弟子擔心孔子的安危，孔子卻說自從周文王死後，文化道統都被自己繼承，上天如果想滅絕這個文化道統，就不會讓他負起傳承的責任；上天如果不想廢棄這個文化道統，那麼匡人也不能對他如何（9‧5）。孔子此時依然帶著弟子彈琴唱詩，五天後匡人發現是誤會一場，就自行解散了。可知孔子置個人死生於度外，以天所賦予的文化傳承使命為依歸。（解文琪）

【曲阜】孔子故鄉，儒家文化的發源地，位於山東省西南部，是周代魯國國都。曲阜之名的由來，根據東漢應劭解釋，是因魯城中有土山，蜿蜒曲折約七、八里，因此命名。根據傳說，曲阜曾是黃帝、神農氏和少皞氏建都的地方。商朝時期，曲阜是商的屬國，名奄。西周初年周公輔佐成王，有功於國，成王封周公於曲阜，建立魯國，並賜予典章文物，郊祭時也可演奏天子禮樂，魯國因此保存許多西周禮制（史記‧魯周公世家）。

孔子在曲阜建立儒家思想，影響中國甚鉅，他的後裔也受歷代朝廷封賞，曲阜孔廟和孔府不斷擴建，與孔林合稱為「三孔」，已被聯合國教科文組織列入世界遺產。（解文琪）

【吳】吳是周朝的姬姓封國。吳國的始祖泰伯是周朝祖先太王的長子。太王有三子，卻想傳位給季歷，於是泰伯與弟仲雍出走到後來的吳國屬地，使季歷得以接位。季歷之子姬昌為周文王，文王之子為武王。武王滅商後尋找兩人的後代封為諸侯國，國都為吳。春秋時期，吳國與中原諸國多有交往，並與之爭霸，最後為越國所滅。

吳王伐越之時，曾得一與車同長的骨節，派遣吳使詢問孔子相關知識，孔子對答如流，令吳使佩服不已。另外，孔子也稱讚泰伯讓位

於季歷的行為，認為他展現了至高的德行（8‧1）。（解文琪）

【宋】宋是周武王滅殷之後分封的國家。武王原封紂子武庚於殷，後來武庚叛亂被誅，於是周公另封紂王庶兄微子啟，宋國因此建立，建都商丘，於今河南省。春秋時期宋國一度強大，宋襄公曾為春秋五霸之一，但為時很短，最後在戰國時代被齊國所滅。孔子的祖先原是宋國貴族，後遷於魯國。

孔子周遊列國時經過宋國，和弟子在大樹下學習禮儀。宋國司馬桓魋因曾被孔子批評欲殺孔子，把大樹砍倒，孔子只好微服離開宋國。當弟子催促孔子趕快啟程時，孔子回應自己的德行是受到天的啟發才修養成的，所以桓魋對他應該莫可奈何（7‧23）。（解文琪）

【杞】杞的祖先是夏朝後代，曾在商朝被分封。武王克殷之後，尋得夏禹後代東樓公，並封於杞，才正式建國。杞人姒姓，自東樓公即位後大約傳了二十代君主，後被楚國所滅。杞國因國家弱小，強鄰環伺，曾多次遷都，司馬遷認為杞國弱小，「其事不足稱述」。

周武王分封杞國，希望能承繼夏代祭祀，可知杞應保存不少夏代禮節，只可惜杞國文獻多所散失。孔子曾提到，自己可以敘述夏代的禮制，但是杞國卻沒有辦法證實，這是因為資料與人才不足的緣故（3‧9）。（解文琪）

【周】周朝是武王滅殷後成立的國家，建都鎬京。武王滅殷後，大封皇族及功臣，實施封建制度。武王死後，成王即位，由周公旦輔政，他制禮作樂，建立周朝典章制度。傳至幽王時，政治腐敗，申侯聯合犬戎攻打周，幽王死，平王即位，遷都雒邑，史稱東周，開啟春秋戰國時代。

春秋時周王勢力減弱，諸侯間陸續出現五霸統領諸侯。後來晉國

被韓、趙、魏三家瓜分，周王冊立三家為諸侯國，戰國時代繼春秋而起，在連年戰爭中出現七大國，史稱戰國七雄。七雄中秦國在周赧王病逝時攻入雒邑，周朝滅亡，享國約八百年。

孔子生於春秋後期的魯國，曾赴周學禮，行事以周禮為依歸，認為周代禮制參考夏、商二代，十分燦爛可觀，即使經過百世，禮的損益也可推知（2‧23）。孔子也認為自己是周文化的傳承者，當被圍困在匡城時，曾說周文王去世後，文化傳統都保留在他身上，如果上天不想廢棄周文化，就不應讓匡人加害他（9‧5）。孔子更推崇周的德行，認為周擁有三分之二的天下，還能繼續臣服殷朝，武王也擁有十位治理國家的大臣，德行至高無上（8‧20）。（解文琪）

【東山】即蒙山，位於今山東省境內，是泰山山脈的分支。邢昺在《十三經注疏》提到，從前先王封顓臾為附庸，使其主祭蒙山，因為蒙山在東，也稱為東蒙。閻若璩在《四書釋地》提到費縣西北的蒙山，在魯國四境之東，被稱為東山。東山自古即為文化重地，歷代帝王多對其歌頌禮拜，孟子曾藉由「孔子登東山而小魯，登泰山而小天下」的比喻，鼓勵學生要開拓眼界，避免成為井底之蛙，而且做學問要腳踏實地，累積深厚功力，讓一切水到渠成（孟子‧盡心上）。（解文琪）

【武城】春秋古城名，又名南武城，為魯國屬地，位於今山東省境內，是魯襄公為抵禦齊國所築，後被費國併吞。孔子門生子游曾在此擔任縣長，有識人之明，得到了走路不抄捷徑、公私分明的人才澹臺滅明，他還以禮樂教化人民，境內充滿一片弦歌之聲。有一次，孔子到了武城，聽到彈琴唱詩聲，開玩笑的表示治理這種小地方不需要小題大作，還用不上禮樂教化。子游以孔子曾教誨過的道理應答，表示做官的人學習道理就會愛護眾人，百姓學習道理就容易服從政令。

他的回答獲得孔子讚許（6‧14；17‧4）。（解文琪）

【洙泗】古代洙水和泗水的合稱。古代洙水在今山東省泗水縣會合泗水後流至曲阜北邊又分為二水，洙水在北，泗水在南。孔子曾在洙泗之間講學，死後也葬在泗水邊上，後人因此以「洙泗」代稱孔子及儒家。孔子曾批評魯國的道德風氣衰敗不已，當時洙泗間的人們好爭辯，從前揖讓的善良風氣已不存在。司馬遷也提到洙泗間的民俗喜好儒術，百姓個性拘謹，多經營桑麻產業，然而當民風衰敗之時，人們競財逐利的情形，比周地百姓還厲害（史記‧魯周公世家；史記‧貨殖列傳）。今人題詞常以「洙泗之風」或「洙泗高風」致贈教育單位或教育人士。（解文琪）

【負函】春秋時楚國屬地，位於今河南信陽境內。左傳記載，葉公曾招收蔡的遺民置於負函，此地也是孔子周遊列國的最南端。孔子曾經從蔡到負函，在陳、蔡之間應楚國之聘，陳、蔡唯恐孔子增強楚國國勢，於是將他困於陳、蔡之間。後來孔子派子貢到楚國去，楚昭王派兵迎接孔子，才得以脫困，史稱「陳蔡絕糧」。孔子到楚國後，楚昭王打算封七百里地給孔子，卻被令尹子西阻止，孔子最後離開楚國（15‧2；左傳‧哀公四年；史記‧孔子世家）。（解文琪）

【夏】夏是中國歷史上第一個王朝，禹為開國者。禹在舜時治水有功，舜薦禹於天，將王位禪讓給禹。禹建立了夏朝，即帝位後多次會合諸侯，並將中國分為九州，征服黎苗，功績卓著，得到「大禹」的尊稱。

禹即帝位後，尊重禪讓傳統，命皋陶為繼承人，但皋陶先禹去世，禹又推舉益為繼承人。禹死後，益把帝位讓給禹子啟，賢能的啟得到天下擁戴，於是即天子位，從此王位由禪讓成為世襲，「公天下」變

為「家天下」。

夏朝傳位至桀時，因不重德治，傷害百姓，被湯所滅，建立商朝，湯並將夏的後代封於杞，夏朝歷時約四百多年。

孔子對於夏朝的典章制度很熟悉，曾說他能敘述夏朝的禮制，但因資料與人才不足，沒辦法證實（2‧23）。孔子也極力稱讚夏禹，說他的衣食住行力求簡樸，卻把所有心力放在治水上，而且對於祭品與祭服的準備十分慎重（8‧21）。另外，孔子更讚賞夏禹治國方面的德行與智慧，他知人善任，充分授權，雖擁有天下卻不刻意統治，也不會圖謀自己的利益（8‧18）。（解文琪）

【**晉**】晉國姬姓，初分封的國君是周武王之子。晉國國都最初建於翼，後遷於絳，晉景公時又遷於新田，都在今山西省境內。

晉國是春秋時代重要的諸侯國，晉文公在位期間國力強盛，繼齊桓公成為春秋五霸之一。春秋後期，晉的六卿十分強橫，執政的正卿范宣子制定刑書，廢除貴族特權，並鑄於鐵鼎上，曾被孔子批評為失法度的亡國之舉。孔子也曾被范氏與中行氏的家臣佛肸邀請協助攻打趙簡子，最後沒有成行（17‧7）。

晉國在六卿互相爭鬥之下，最後形成三家分晉的局面，晉國滅亡，戰國時代也自此開始。（解文琪）

【**泰山**】山名，古稱岱山、岱宗，位於山東省中部，中國的東部，又名東嶽，是五嶽之首，有「天下第一山」的美譽。相傳遠古時代有七十二位帝王在此祭祀天地，祈求國泰民安。春秋時，魯國大夫季氏打算祭拜唯有天子才能祭祀的泰山，孔子認為不妥，卻無力阻止，只能感嘆當時禮壞樂崩，應有的禮節已喪失。《孔子家語‧本姓解》提到，齊國太史子與曾會見孔子，孔子和他談論人生理想，他讚嘆孔子的學識如泰山之高、深海之廣。孟子也藉由「孔子登東山而小魯，登泰山

而小天下」的比喻，鼓勵學生提升自我，開拓眼界，構築高遠的理想（孟子·盡心上）。（解文琪）

【**秦**】秦是春秋時代建立的諸侯國，嬴姓，襄王因護送周平王東遷有功，被封為諸侯。秦位處邊地，在春秋早期未受注意，直到穆公成為春秋五霸之一，才受到中原各國重視。戰國時期，秦以商鞅變法，國勢越來越強，最後在秦王政時兼併各諸侯國，自稱始皇帝，建立了統一的帝國（史記·秦本紀）。

齊景公曾請教孔子秦穆公成功之因。孔子認為穆公志向遠大，治國有方，能夠用五張羊皮把賢能的百里奚從獄中贖出，並授以大夫之職，這種任用賢士的方法，稱霸尚嫌不足，是有能力治理天下的（史記·孔子世家）。（解文琪）

【**商**】商朝是湯推翻夏桀所建立的王朝，都於亳，後經多次遷徙，直到盤庚遷殷才安定下來，發展豐富的文化，所以也稱為殷或殷商。商朝共傳了十七世，三十一王，至紂時被周武王所滅，國祚約六百年。

湯的先祖是契，因助禹治水有功，被舜命為司徒，施行五倫教育。其後歷經十代左右才由湯建國。湯重視祭祀，順應天命，也能任用賢能。相傳伊尹是湯經過五次聘請才出仕的賢臣，而伊尹也戮力效國，在輔佐太甲時，因其昏庸而把他放逐三年，直到太甲悔過才歸還政權。

盤庚遷殷後，百姓不再遷徙，生活逐漸安定，國家因而興盛，政經文化都有很大的開展，但紂王時因迫害賢良，放蕩作樂，國家逐漸衰敗，後被周武王打敗，商朝於是滅亡。周武王滅殷後，封其後代於宋以承祭祀。

孔子對於殷商的禮制也很熟悉，但他說因文獻與人才不足無法證明（3·9）。孔子也稱讚紂王時的微子、箕子與比干三位大臣是行仁的人（18·1）。當顏回請教如何治理國家時，孔子認為商朝的車子既

實用又簡樸，是合宜的交通工具，執政者可以取用（15‧11）。（解文琪）

【曹】 曹是周武王分封的諸侯國，姬姓，是周文王之子曹叔振鐸的後裔，建都陶丘，大約位於今山東省定陶附近。曹是春秋時期的小國之一，曹共公時，晉公子重耳逃亡至曹，曾受共公無禮對待，後於城濮之戰中，身為文公的重耳把共公擄回晉國，曹國從此聽命於晉。曹國在曹伯陽繼位時，背叛晉國並入侵宋國，於西元前 487 年被宋國所滅。

孔子周遊列國時，離開衛國之後曾經過曹國，曹國並未接待他，後孔子轉而往宋，遇司馬桓魋因個人恩怨而欲殺孔子，孔子認為上天是自己一生德行的來源，他修養德行已到很高的程度，桓魋是無法對他怎麼樣的（7‧23）。（解文琪）

【莒父】 春秋時魯國西部的一個城邑，位於今山東省莒縣境內，魯定公十四年在此修築城牆。孔子門生子夏曾擔任莒父的縣長，他請教孔子為政之道，孔子回答他，為政不要期望很快達成效果，也不要只看小的利益。如果期望很快達成效果，反而達不到目的；只看小的利益反而辦不成大事（13‧17）。（解文琪）

【郯】 春秋時期小型諸侯國，己姓，相傳為少皞氏的後裔。春秋時國君為郯子，是二十四孝中鹿乳奉親的人。郯子治國時廣施仁德政績卓著，令百姓心悅誠服，在當時各小國間頗具名氣。至戰國時被越國所亡。

魯昭公十七年，郯子前來朝見，大夫昭子問及少皞時以鳥名官的事。郯子告知少皞即位時鳳鳥正好來到，所以用鳥記事，並提及郯國各類官名及遠古時代帝王以自然物命官名的歷史。孔子聽到這件事後向郯子學習，並告訴別人：在天子那裡失去的古代官制，相關學問還

保存在遠方小國的這種說法，是可以相信的（左傳・昭公十七年）。
（解文琪）

【陳】陳是周武王分封的諸侯國，媯姓，是虞舜的後裔，開國始祖是胡公滿，即媯滿。建都宛丘，即今日的河南淮陽。春秋末年被楚國所滅。

孔子周遊列國時曾於陳居住三年，遇晉、楚兩國稱霸，輪流攻打陳國，後當吳國也時常侵陳時，孔子興起不如歸魯的感嘆。孔子認為家鄉的學生們志向高遠，基本修養已經頗為可觀，只是還不知道裁度事理的原則。於是孔子離開陳國（5・21）。孔子厄困於陳、蔡兩國之間時，也曾感慨跟隨他在陳、蔡之間的學生與這兩國君臣都沒有交往，不得其門而入，所以飽經憂患（11・2）。（解文琪）

【費邑】春秋時魯國地名，是魯國大夫季孫氏的領地，位於今山東省費縣。當時魯國三桓除季孫氏有費邑外，孟孫氏有成邑，叔孫氏有郈邑。孔子擔任魯國司寇時，於魯定公十二年呈報定公三桓的都邑超過了古代的規定，於是讓季氏家臣子路去拆毀三桓封邑的城牆。叔孫氏先拆了郈邑，但費邑的家臣公山弗擾和叔孫輒率領費邑民眾攻擊魯都，孔子派了申句須與樂頎打敗了他們，費邑被拆毀。後來成邑的邑宰公斂處父反對拆毀成邑，另二家也對拆毀三都產生疑慮，於是定公停止攻打成邑，孔子的計畫功敗垂成（左傳・定公十二年；史記・孔子世家）。（解文琪）

【楚】楚是周成王所分封的子爵國，其先祖姓羋，曾先後建都於郢、陳、壽春等地。楚國在楚莊王之時政治昌明，經濟繁榮，曾出兵攻打中原各國，所向皆捷，成為春秋五霸之一；之後國勢在盛衰交替之下，於戰國時被秦國所滅。

孔子曾於楚昭王時受聘楚國，陳、蔡兩國不欲孔子前往，將其圍困，史稱「陳蔡絕糧」，後孔子派子貢到楚國去求援，昭王派兵迎接才得以脫困。昭王也曾想把七百里有戶籍登記之地封給孔子，卻因令尹子西唯恐孔子勢力壯大危及楚國，極力勸阻而作罷（15‧2；史記‧孔子世家）。（解文琪）

【葉】春秋時楚國屬地，位於今河南葉縣境內。春秋時許靈公曾南遷到葉地，作為楚的附庸國，後來楚大夫沈諸梁分封在此，世人稱之為葉公或葉公子高，在位期間平定白公之禍，使楚國免於內亂，護國愛民，備受擁戴。

　　孔子周遊列國時曾從蔡到葉，葉公向他請教為政之道，孔子回答為政在於使境內的人高興，使境外的人來歸。葉公也和孔子討論什麼是正直，葉公認為父親偷羊兒子檢舉是正直的行為，孔子則從人性角度出發，認為正直應存在於父子相互隱瞞之間（13‧18）。

　　葉公曾問子路孔子的為人，子路沒有回答，孔子告訴子路，應該告訴他自己是發憤用功就忘了吃飯，內心快樂就忘了煩惱，連自己快老了都不知道的人（7‧19）。（解文琪）

【達巷黨】古代五百家為一黨，達巷黨是古代的地方組織。楊伯峻在《論語譯注》根據《禮記》中孔子提到自己從前跟隨老聃在巷黨助葬等語推斷，「巷黨」二字為一詞，是「里巷」的意思。《論語》記載，達巷黨有人稱讚孔子學問廣博，但沒有辦法判定他是哪一方面的專家。孔子聽到後告訴學生自己不知該以什麼為專長，或許以六藝中最容易學習的駕車為專長（9‧2）。琴牢也轉述孔子曾說自己因為沒有機會從政發展抱負，所以才學會了許多技藝（9‧7）。孔子的謙虛提醒了眾人一定要有真才實學，才能受人尊敬。（解文琪）

【蒲】春秋時期衛國屬地，位於今河南長垣縣境內。孔子赴衛時經過蒲地遇見公叔氏據蒲叛衛，蒲人擔心孔子到衛國，於是把他留住，後來孔子被迫與他們立下不去衛國的盟約才得以脫險，不料孔子離開蒲地後卻直赴衛國。子貢質疑孔子為何不遵守約定？孔子回答他，在脅迫下訂的條約不會被神明認可，由此可知孔子注重盟約的精神甚於形式。孔子赴衛後，衛靈公請教他是否可以伐蒲，孔子告訴他可以討伐參與反叛的少數人，衛靈公接受了孔子的建議卻不行動，之後也未能重用孔子，孔子最後離開衛國（史記・孔子世家）。（解文琪）

【趙】原為春秋時晉國大夫趙氏，與秦共祖，嬴姓，周穆王時封造父於趙城，於是以趙為姓。後因周幽王無道，改事晉文侯，成為大夫之一，在勢力逐漸強大之際，與韓、魏二家瓜分晉國，建立趙國，為戰國七雄之一，後被秦所滅。

孔子周遊列國時，趙簡子為晉國重臣，孔子曾打算去見他。到了黃河邊聽到晉國大夫竇鳴犢、舜華被殺的消息，感嘆趙簡子曾經倚仗這兩人才能從政，得志後卻殺了他們獨掌政權。於是選擇避開趙簡子不去晉國，並作了《陬操》哀悼兩人（史記・孔子世家）。（解文琪）

【齊】齊是周武王分封的諸侯國，姜姓，建都於營丘，其疆域大致在今山東半島一帶，是春秋五霸與戰國七雄之一，戰國末年被秦國所滅。

春秋初期，齊相管仲輔佐齊桓公，稱霸諸侯，提出尊王攘夷，孔子讚其為行仁的人，認為若非管仲，人民可能淪為披頭散髮的夷狄（14・17）。齊景公曾請教孔子為政的道理，並打算封地給他，但被晏嬰阻止。孔子擔任魯國司寇時，齊擔心魯國壯大威脅自身，於是約魯君於夾谷會盟，以夷狄之禮羞辱，孔子以君子之禮斥責。後來齊又送樂伎給魯，魯定公與季桓子沉湎其中，不理朝政，孔子於是棄職離

魯（18‧4）。（解文琪）

【滕】 滕是周武王滅商之後分封周文王之子錯叔繡所建，姬姓，其所轄範圍約在今山東省滕縣西南。春秋初期與魯國關係密切，後被越國所滅，不久復國，直到戰國時期被宋康王所滅。

　　孔子雖未提到滕國，卻曾在批評魯國大夫孟公綽時認為他適合擔任晉國趙卿與魏卿的家臣，卻不適合擔任滕、薛二小國的大夫。大夫的地位高於家臣，但孟公綽卻只適合擔任大國卿大夫的家臣，可見孔子識人之深（14‧11）。（解文琪）

【蔡】 蔡是周武王滅殷之後封其弟叔度所建立的諸侯國，姬姓，建都於上蔡，其疆域大致在今天的河南省境內。春秋時期蔡國多次被楚國侵犯，屢次遷都，都不出今河南省範圍，最後仍被楚國所滅。

　　孔子周遊列國時曾數次途經蔡國，最有名的事件是楚國禮聘孔子任職，陳、蔡兩國唯恐孔子壯大楚國，對其不利，於是聯手將孔子困於陳、蔡之間。當時孔子無法離去，也缺乏糧食，弟子們因此生病，孔子卻講學、彈琴如常，引起子路不悅（15‧2）。後來孔子派子貢到楚國去，楚昭王派兵前來迎接，才得以脫困。（解文琪）

【衛】 衛是武庚叛亂後，周公分封給康叔所建立的國家，姬姓。初建都於朝歌，後多次遷都，戰國時被魏國兼併，最後被秦所滅。

　　孔子周遊列國時，不只一次居留衛國。衛靈公曾給孔子等同在魯國的俸祿，後因孔子遭受誣陷，被靈公監視而離開。孔子第二次赴衛時，靈公請教孔子是否可以伐蒲，孔子提出的見解未被採納，之後孔子因靈公荒廢朝政，自己不受重用而離開。孔子第三次赴衛時，衛出公想請孔子掌政，孔子認為治國要以正名為先。孔子前後居留衛國數年，雖受衛君禮遇，卻無法參與政事一展抱負（13‧3）。（解文琪）

【鄭】 鄭的開國君主是周宣王的庶弟友；為鄭桓公，姬姓，戰國時被韓國所滅，其疆域大致在今河南省新鄭縣一帶。

　　孔子曾稱讚鄭國發布外交文件謹慎求全，依序由裨諶擬定文稿，世叔斟酌推敲，子羽修改調整，最後由子產潤色完稿（14·8）。孔子也讚賞子產在自身行為、服侍君主、照顧百姓與役使人民方面有君子作風（5·15）。不過孔子並不欣賞鄭國的音樂，認為是擾亂正統雅樂的靡靡之音，治國者應排除鄭國的樂曲，採用舜時的《韶》樂和周武王的《舞》樂（17·18）。（解文琪）

【魯】 魯是周武王滅商後分封的諸侯國，姬姓，開國君主是周公的兒子伯禽，建都曲阜。春秋時國勢漸衰，君權被孟孫氏、叔孫氏、季孫氏三桓所分。戰國時成為小國，後被楚國所滅。

　　魯國保存了大量古代典籍。孔子曾說魯國只要逐漸改進教化，就可以達到周初的王道理想。魯國是孔子的家鄉，他曾被任命中都宰，因績效卓著升任小司空，後來又升為司寇，進而行攝相事，後因魯君受齊國餽贈樂伎荒廢朝政而周遊列國。魯國尊重孔子，執政者曾請教孔子為政之道，卻不能用他，孔子歸國後以教育與古籍整理終其一生（史記·魯周公世家；史記·孔子世家）。（解文琪）

【薛】 任姓，相傳其始祖為黃帝的後代。夏禹時奚仲擔任車正，曾經協助大禹治水，居住於薛，奚仲的後代仲虺在殷商時曾擔任商湯的左相，武王滅殷後又把他的後代分封於薛，戰國時被齊所滅。

　　薛國雖是一小國，但歷任君主重農商，所以經濟繁榮。孔子曾經評論孟公綽，認為他適合擔任晉國趙卿和魏卿的家臣，但卻沒辦法擔任滕、薛這些小國的大夫。大國公卿的家臣有時比小國的大夫更容易做，孟公綽的個性寡欲安詳，或許這就是孔子認為他比較適合擔任大國公卿家臣的原因（14·11）。（解文琪）

【鄹】春秋時魯國地名，亦作「陬邑」，位於今山東省曲阜縣東南。孔子的祖先從宋國避難到魯國後即定居於此，這裡也是孔子父親叔梁紇擔任大夫時治理的封地，孔子因此被人稱為「鄹人之子」。《論語》中提到孔子進入周公廟時看到每一樣禮器與擺設都會請教人，有人因為孔子的行為質疑他不懂禮。孔子聽到後指出，問清楚行禮的細節本身就是一種禮（3．15）。由此可見孔子不僅注重禮的形式，更重視禮的內涵與意義。（解文琪）

【顓臾】古國名，位於今山東省西北，為伏羲氏後代，風姓，春秋時為魯國附庸，臣服於魯。當時魯國三桓之一的季康子打算攻打顓臾，季氏家臣、也是孔子門生的冉求與子路向孔子報告這件事，孔子認為兩人並沒有盡到輔佐的責任。孔子為政的理念是諸侯與大夫需使社會安定，人民和諧，並以禮樂教化遠方不順服者使其來歸，而不是發動戰爭攻打對本國有威脅的藩屬，使國家面臨分崩離析的險境。孔子認為冉求和子路並沒有極力勸阻季氏出兵，更沒有輔佐季氏施行禮樂教化使顓臾來歸，已失去家臣的職責，應辭官去職（16．1）。（解文琪）

【魏】魏是戰國時期的諸侯國，姬姓，戰國七雄之一，是由春秋時期晉國分裂而建立。晉獻公時攻滅周初的魏國，把它封給大夫畢萬，這就是晉國魏卿的由來。平公以後，六卿逐漸成為晉國政權的主導力量，但經過一番相互奪權，剩下韓、趙、魏三家，晉國國土幾乎被三家瓜分。到了烈公時，周威烈王正式承認三家為諸侯國，於是魏國正式成立，戰國時被秦王政所滅。

孔子在評論孟公綽時，認為他適合擔任晉國趙卿和魏卿的家臣，但卻沒辦法擔任滕、薛這些小國的大夫（14．11）。（解文琪）

一之二、事件

【孔子葬母】孔子的母親名顏徵在，父親孔紇是鄹邑大夫，所以孔子也被稱為「鄹人之子」（3·15）。顏徵在是孔紇的妾。孔紇先與妻子施氏生九女無子，後與妾生一子，名孟皮，有足疾。再與顏徵在野合生下孔子。「野合」指老夫少妻，不合當時的禮制。孔紇在孔子出生不久後過世，埋葬於魯國東部的防山。孔父死後，孔子母親帶著他離開鄹邑遷居魯國都城曲阜，並且鮮少談論孔子父親的事，所以孔子不知父親埋葬的確切地點。顏氏對孔子的管教嚴格，再加上從小在曲阜長大，受魯國文化影響深遠。孔子孩童時就常模仿大人的禮儀活動為遊戲，並且態度認真嚴肅。由此可見，孔子後來能成為偉大的思想家，與顏氏的教誨有很大的關係。

　　孔子十七歲左右，母親去世。由於孔子不知道父親的埋葬地點，所以先將母親埋葬在曲阜東南方不遠的五父之衢，再回到父親故里鄹邑四處打探父親的埋葬地點。等確定父親的墳墓位置之後，孔子便將母親的墳墓遷至防山與父親合葬。從這件事情可以看出孔子盡孝之心與做事謹慎的態度。（陳維浩）

【孔子仕途】孔子十七歲左右在魯國曾擔任管理倉庫與牧場的小官吏，不久便離職。約三十五歲時，到齊國擔任高昭子的家臣，雖與齊景公談論政治，但不受重用而回到魯國。五十一歲時，約有一年

的時間在中都城邑擔任行政首長。後擔任小司空，不久被拔擢為司寇。孔子任司寇並兼攝相事，代理魯國最高行政長官，直接參與國家大政的規劃與執行。期間曾陪同魯定公與齊國會談於夾谷，並使齊國歸還侵占魯國的屬地，是魯國外交上的一大勝利。之後孔子要廢除季孫氏、孟孫氏與叔孫氏三家的城邑遭抵抗，孔子辭司寇，在位約三年。孔子隨後便開始周遊列國，未再擔任官職（14‧36；史記‧孔子世家；孔子家語‧相魯）。（陳維浩）

【孔子問學於項橐】

傳說孔子曾向七歲的項橐學習。「項橐七歲為孔子師」的記載見於《戰國策‧秦策》、《淮南子》的〈說林訓〉和〈修務訓〉、《史記‧樗里子甘茂列傳》、《新序》、《論衡‧實知》。上述典籍雖然都記載這件事，但也都對項橐教導孔子的內容無一說明。錢穆《先秦諸子繫年‧項橐考》指出，漢儒認為「達巷黨人」即為項橐（9‧2）。項橐其人聰慧但卻早夭，在孔子時便有盛名，雖未入孔子門下，但必得孔子賞識。後人因其早夭且受孔子賞識，才會有「項橐七歲為孔子師」的傳說。（陳維浩）

【孔子問學於郯子】

郯子為郯國國君，孔子曾向他請教學問。郯國是魯國附近的小國，為少皞後裔的封地。魯昭公十七年，西元前525年，郯子至魯國訪問，魯昭公設宴款待。席間有人請教郯子古代少皞氏以鳥名作為官職名稱的緣故，郯子不僅詳細回答少皞氏以各種鳥名所代表的官職，也說明自古以來黃帝氏、炎帝氏、共工氏、大皞氏至少皞氏分別以雲、火、水、龍和鳥為百官名號的典故。當年二十七歲的孔子聽說郯子學識淵博，便前往拜見，向他學習古代官制的學問，並認為周王室的典章制度已敗壞，古代的官學須向民間找人學習（左傳‧昭公十七年）。（陳維浩）

【孔子問禮於老子】 傳說孔子年輕時曾到東周京城雒邑向老子學禮。老子，名聃，是周朝王室管理圖書典籍的官員，學識淵博，思想深邃。他精通古代的典章制度、禮樂儀則，後來成為道家學派的創始人。老子比孔子大約年長三十歲，是十分有名望的思想家。

魯昭公在孔子年輕時曾派遣他前往雒邑學習周朝古代的文化傳統，並資助一輛馬車與一名隨從。雒邑京城是當時中國境內最重要的文化與政治中心。不僅保留周朝王室蒐集的大量古籍資料與歷史文物，還居住各國使節與大批知識廣博的學者。能夠親臨此地遊學考察，無疑對孔子的學識養成具有莫大助益。相傳孔子在雒邑遊學期間曾遇見老子，並向他請教古代禮制的問題。孔子向老子問禮的具體內容見於《禮記‧曾子問》，孔子引述昔日聽到老聃的說法以回答曾子的問題。由此處記載看來，孔子向老子請教的都是關於古代天子、公侯貴族的喪禮儀則。孔子布衣出身，由寡母養育長大，對上層貴族繁雜的具體禮儀規則也不能盡知，須向他人請教。《史記》記載老子教導孔子：君子得到機會就施展抱負，時運不濟就隨遇而安；品德高尚的君子，外表卻讓人感到愚鈍；去除自身的驕傲氣息和過多欲望，傲慢姿態和過高的理想是沒有益處的。孔子辭別時，老子還勸告孔子，不要輕易評論他人，也不要隨便揭發他人的過失，這將惹禍上身；為人臣、為人子就不要過度堅持己見。孔子回到魯國後憶起此次相遇曾對弟子表示：老子就像龍一樣的神秘莫測（史記‧老子韓非列傳）。孔子遊學雒邑所遇到的老子是否就是道家創始人的老子？孔子是否真曾問禮於老子？後世學者多持否定態度並提出各種論據加以質疑，值得我們留意。（陳維浩）

【孔子評季氏舞八佾】 八佾為古代樂舞。一佾意指一行八人，八佾六十四人。按照周代禮制規定，只有天子才能享有最高規格的八佾舞隊。天子以下，諸侯六佾，大夫四佾，士二佾。孔子三十五

18

歲左右，魯國當權卿大夫季平子，按照禮制其身分只能使用四佾，但他卻公然僭越，在家廟庭前，舉行天子專享的八佾舞。孔子對於這種以權臣身分，破壞國家政治秩序的行徑相當憤慨。孔子認為，政體的破壞是社會動亂與價值混淆的根源，因此針對這件事，發出了「是可忍也，孰不可忍也」的批判（3‧1）。《論語》第三篇即以八佾之名為題。（陳淑娟）

【孔子評三家歌雍】古代諸侯擁有封國，國中卿大夫的封地稱為「家」。春秋晚期，魯國的國政由後來改稱「孟孫」的仲孫氏、叔孫氏、季孫氏三家輪流執掌，因為他們都是魯桓公的後代，所以又稱三桓。魯國三家大夫在祭祖典禮中，撤除祭品時，冒用天子的禮儀，唱著《詩經‧周頌》中的詩篇《雍》，或許他們認為自己也是周公的後裔，所以採用天子規格。但孔子對此不以為然，認為《雍》詩既然有「助祭的是諸侯，天子莊嚴肅穆地主祭」的內容，三家的家廟堂中又怎麼配得上（3‧2）？（陳淑娟）

【孔子適齊】魯昭公二十五年，西元前517年，魯國發生內亂。得罪魯昭公的季平子率同孟氏、叔孫氏攻打昭公，昭公兵敗出奔齊國（史記‧魯周公世家）。當時三十五歲的孔子為了避亂，前往齊國居於高昭子門下。在齊國期間，孔子曾與齊國的大樂官談論音樂，並在聽聞《韶》樂的演奏後，因為深受感動而留下「三月不知肉味」的佳話（7‧14）。齊景公也曾數次向他請教政治的做法，孔子對應景公放任大夫田乞籠絡民心，寵愛內嬖不立太子的缺失，答道：「君君，臣臣，父父，子子。」指出國家政治要走上正軌，君臣父子不能只是徒有名分，更要努力效法君臣父子的理想行為，要求自己能夠名符其實。他也告訴愛好享樂並且擁有四千匹馬的景公，節用財物才能長治久安（12‧11；16‧12）。景公聽了很高興，打算封尼谿地方的田給孔子，

卻因晏嬰說儒者的禮樂無法治國而作罷。然而景公依然看重孔子，他曾表示自己在對待孔子的禮數上，雖然無法做到像魯君對待季氏一般，但能以比孟氏更高的禮數對待他（18．3）。後來齊國有大夫想加害孔子，加上景公任用孔子的意志不堅，於是孔子在魯昭公二十七年離開齊國返回魯國（18．3；左傳．昭公二十七年；史記．孔子世家）。（楊舒淵）

【**孔子釋穿井獲羊**】傳說中，魯定公五年，西元前505年的夏天，魯國大夫季桓子家中挖掘水井，挖到一個狀似瓦罐的器物，裡面有東西像羊。拿去問孔子，卻對他說裡面的東西像狗。孔子表示，根據他的了解，那應該是羊。因為他曾聽說，山林裡面的怪物是形狀像人的單足獸「夔」，和會學人聲迷惑人的「罔閬」。水中的怪物是神獸「龍」，和會吃人的「罔象」。泥土裡面的怪物是雌雄未成的「墳羊」。這則傳說違反孔子不談論有關反常的、勇力的、悖亂的、神異的事情之原則，因此不可盡信（7．21；史記．孔子世家）。（陳維浩）

【**孔子為魯司寇**】魯定公十年，西元前500年，五十二歲的孔子擔任魯國司寇，統理國家司法、獄政刑罰，並攝相事，代理最高行政長官。齊國聽到後擔心魯國強盛危及齊國，要求兩國君主在夾谷會談建立同盟。孔子陪同魯定公出席會議，並告訴定公文德教化之事也須有軍事作後盾，古代的諸侯離開領地必有文武官員隨從，定公便帶兩位將軍率軍隊隨行。兩國國君會面時，齊國儐相請奏樂，一隊帶有各式兵器的隊伍蜂擁而至。孔子急忙上前責問，兩國國君開會為何演奏粗俗的音樂，於是齊景公將樂隊撤下。接著齊國儐相又請奏宮中之樂，這次來了一群庸俗的侏儒小丑上前嬉鬧。孔子又上前責問，百姓擾亂諸侯罪當處決，請執法。齊景公只好把這些人殺掉。兩次之後齊景公感到愧疚並斥責屬下，魯君以君子的方式待我，你們卻要我以

粗魯的方式待他,並將過去侵占魯國的領地歸還以示謝罪。憑藉孔子的才能,魯國獲得外交上的重大勝利。

回國後,孔子積極整頓魯國國政,並於魯定公十二年提出「墮三都」的政策,要將長期專權魯國的孟、叔、季三家城邑的高大城牆拆除,以削弱三家的軍事力量,恢復王室權力。開始時三家並不反對,順利廢除叔孫氏的郈邑後,在廢季孫氏的費邑時卻遭邑宰公山弗擾抵抗。對方一度攻入曲阜包圍魯定公與三家,不過很快就被孔子派兵擊退。此時孟孫氏的成邑邑宰對他表示,成邑接近齊國且是孟孫氏家業的保障不能被廢除,另外兩家也體認到「墮三都」終對自己不利,便抵制孔子。孔子派兵圍攻成邑,久攻不下,計畫宣告失敗。孔子的改革政策失敗後,齊國又派女樂迷惑魯定公與季桓子,讓孔子不再受重用。於是孔子在魯定公十三年辭官離開魯國,結束在魯國的從政生涯,展開周遊列國的旅程以待明君賞識(史記‧孔子世家;左傳‧定公十二年)。(陳維浩)

【孔子斷獄】關於孔子審判訴訟案件的傳聞。孔子曾經擔任魯國司寇,是司法部門的最高首長,有親自審理百姓訴訟的經驗。孔子認為自己在審理訴訟案件方面是與別人差不多的,如果一定要找出不同,則是希望讓教化大行,使訴訟案件完全消失(12‧13)。他認為自己審判的特點在於,能夠讓訴訟雙方取消案件,並讓百姓自動遵守禮法。孔子擔任司寇時政績卓著,但這不是指孔子每天審理大量的訴訟案件且判決公正。能迅速且公正的判決已經十分不易,孔子就肯定忠信果決的子路能根據一面之詞,查出實情、判決案件的能力(12‧12)。司寇統理全國司法,讓治安改善、司法案件減少,可以反映孔子施政的績效。這需要透過體察民情與教化百姓才行。《孔子家語‧始誅》記載關於孔子判案的傳聞:有一件父子互相提告的案件,孔子將兩父子都關進監牢不予理會,直到三個月後父親要求取消訴訟,孔

子便讓兩人回去。季桓子聽到後很生氣，認為孔子不殺兒子是施政不以孝道為本。孔子聽到後表示，在上位者不重視教化，百姓早已失去是非觀念。這種情況下百姓一犯錯就施以嚴刑重罰無異於暴政。社會風氣敗壞、治安混亂，最大的責任在為政者不在乎百姓。此事雖不見於《史記》，卻忠實反映出孔子「無訟」的原則。孔子為政重視道德教化而反對刑罰。孔子曾勸告季康子：負責政治的領袖不需要殺人。只要有心為善，百姓就會跟著為善。因為政治領袖的言行表現像風，百姓的言行表現像草，風吹在草上，草一定跟著倒下（12‧19）。可見，孔子認為為政者以身作則推行道德教化的效果，遠大於嚴刑峻法。（陳維浩）

【孔子墮三都】「墮三都」是指拆除費、成、郈三都高牆，以削減魯國三桓的軍事力量，伸張魯國公室權力的政策。孔子為魯司寇時大力推動「墮三都」的政策，開始時三家並不反對，順利廢除叔孫氏的郈邑後，在廢除季孫氏的費邑時卻遭邑宰公山弗擾抵抗。對方一度攻入曲阜包圍魯定公與三家，不過很快就被孔子派兵擊退。此時孟孫氏的成邑邑宰對他表示，成邑接近齊國且是孟孫氏家業的保障，不能被廢除，另外兩家也體認到「墮三都」的政策終對自己不利，便抵制孔子。孔子派兵圍攻成邑，久攻不下，計畫宣告失敗（14‧36；左傳‧定公十二年；史記‧孔子世家）。（陳維浩）

【孔子誅少正卯】傳說中，任魯國司寇攝行相事的孔子，就任七天就處決了魯國大夫少正卯。弟子問孔子少正卯是魯國的名人，孔子上任七天就把他處決，難道不怕有什麼過錯嗎？孔子回答少正卯有五種重大的惡行：心思通達於事而凶險、行為邪僻而頑固、言詞偽詐而狡辯、記聞怪異之事而又廣博、為自己的惡行強作解釋。這五種惡行犯有一種就當受君子誅討，更何況少正卯五種都有。孔子並批評

少正卯是小人中的傑雄，若不將他處決等到小人成群就更令人擔憂了。（荀子‧宥坐）

　　這件事由《荀子》首先提出，《史記‧孔子世家》也有此記載，但《論語》、《孟子》、《春秋》三傳與《國語》都沒有相關的記錄。少正卯的身分首見於東漢《論衡‧講瑞》，但「少正」是官名或複姓也有不同說法。因此，很多學者對這件事情是否為史實提出質疑。孔子施政一向重視教化而反對殺人，就任司寇七日就殺大夫，不但與孔子的行事風格相差太遠，也與春秋時代不殺士大夫的社會風氣不合，所以這件事情可能是假造的。（陳維浩）

【**孔子去魯**】魯定公十三年，西元前497年，五十五歲的孔子因為對魯國國君和執政大夫感到失望，遂離開魯國冀求能夠得君行道。

　　離開魯國之前，孔子在魯國擔任司法長官，並代理最高行政長官，雖然在整頓孟、叔、季三家專權方面略遭挫敗，但在其他方面的政績卻相當顯著。執政三個月就讓魯國市場價格穩定；百姓走在路上都遵守男女有別的禮制規定；路不拾遺；外地來的客人都受到完善的招待。這讓鄰近的齊國君臣感到緊張，生怕魯國從此強盛並爭奪天下霸權。再加上兩國先前在夾谷開會時，齊國君臣遭受孔子多次斥責與糾正，還以歸還魯國土地收場，因而早想對魯國與孔子進行報復。於是齊國大夫黎鉏挑選一批能歌善舞的美女與上等的好馬，穿戴華麗的衣飾送給魯國。魯國掌政大臣季桓子與魯君看到齊國這批禮物後很高興的收下，終日荒淫嬉戲，不問政事。子路見孔子不受重用，便要求孔子離開魯國。孔子對魯國還抱有希望，向子路表示，只要魯國在郊祭後按照禮制餽贈祭肉給大夫，自己就會留下。但季桓子沉迷女樂，好幾天沒有處理政務，祭祀後也不餽贈祭肉給孔子。至此，孔子徹底感到失望，自己的理想已經無法實現，決定帶領學生離開魯國另謀發展。

　　孔子一行人先在魯國邊境的屯邑停留一晚，等待季桓子與魯君派

人來挽留，但希望還是落空。只有一位小官員師己前來送行，並安慰孔子錯不在夫子。孔子感嘆地唱著：「彼婦之口，可以出走。彼婦之謁，可以死敗。蓋優哉游哉，維以卒歲！」季桓子聽到孔子臨別所唱的歌，知道孔子是怪罪自己的荒唐行徑才出走。後來孟子曾評論孔子離開魯國步調緩慢是離開父母之國應有的表現，而孔子離開齊國時卻連米都沒洗完，不等吃完飯就走了（孟子·萬章下；史記·孔子世家）。（陳維浩）

【**孔子適衛**】根據《史記》，魯定公十三年，西元前 497 年，五十五歲的孔子離開魯國後，周遊列國的首站即是衛國，之後也數度進出，期間幾次住在蘧伯玉府中。

孔子初次到衛國時，衛靈公依照孔子在魯國的待遇對待他，但由於有人向靈公進讒言誹謗，孔子唯恐獲罪便離開衛國。再次到衛國時，受靈公寵愛而能干預朝政的夫人南子要孔子前往拜見，孔子難以推辭。事後孔子表示，前去與否是不得已的，但會面時自己都按照禮儀來應對，如果做得不對就讓天來厭棄自己吧！後來靈公帶孔子出遊，讓孔子乘第二輛車跟隨他和南子，又讓宦官雍渠乘第三輛車，車隊招搖過市，顯得已有國際名聲的孔子好像贊同靈公一樣。孔子因此感到羞恥，批評靈公，大嘆自己未曾見到愛好德行像愛好美色的人，再次離開衛國（6·28；9·18）。同年魯定公卒，孔子五十七歲。

後來孔子又幾次回到衛國，靈公還曾到城郊相迎。當時年老怠政的靈公雖然會徵詢孔子的建議，但從未採納，孔子也感嘆沒人能重用自己。有一次靈公詢問作戰布陣的方法，孔子婉轉的告訴他，應當重視的是禮儀而非軍事後，第二天就離開了衛國。這是發生在孔子五十八歲時的事情（15·1）。孔子六十三歲時再次返回衛國，隔年衛出公有意聘任他，子路便請教孔子如獲任用首要政務當是什麼？孔子回答「必也正名乎」，直指衛國當時淪落到蒯聵、出公父子爭國的困

境，正是由於靈公失禮無道之故。因此首要的工作就是糾正君臣父子的名分，如此才能名正言順的推動國家政務（13．3）。孔子六十八歲時自衛國返回魯國（史記．孔子世家）。（楊舒淵）

【孔子拘匡】指孔子在匡地遭拘禁的事件。在《左傳》的記載中，匡城有屬衛國、鄭國、宋國之說。魯定公六年時，匡城是鄭國的領地，定公曾派陽貨率兵侵襲鄭國並占領匡城，造成當地居民的苦難。《史記》記載，孔子一行人在離開衛國前去陳國的途中經過匡城時，當時孔子弟子顏刻用手上的鞭子指著前方，表示自己以前跟著陽貨的軍隊就是從這個地方攻進匡城。這句話被匡人聽到，且孔子長相與陽貨相似，所以匡人便將孔子一行人拘禁起來，等五天以後弄清楚狀況才放他們走。被釋放後，孔子一行人一度四散各地，當孔子再見到顏回，還說自己以為顏回已經遇害。此時顏回表示，老師還活著，自己是不敢先死去的。可見顏回與孔子之間親切篤實的師生情誼，也可體會當時的情況危急（11．23；史記．孔子世家）。在拘禁期間，孔子安慰焦躁不安的弟子們，說自己繼承了周文王留下的文化傳統，如果天要廢棄這種文化，後代的人就不會有機會學習了；如果天還不要廢棄，那麼匡人是無法加害自己的（9．5）。孔子堅定地認為自己是天意選定要傳承周文王的人，只有天才能決定他這一生的生死榮辱，所以面對再大的危難與挫折都不會讓他氣餒。（陳維浩）

【孔子要盟於蒲】蒲是衛國公叔氏世代經營的邑城，孔子曾受困於此。孔子周遊列國經過蒲邑時，衛國公叔氏因謀反失敗遭衛靈公驅逐而返回蒲邑，正率領蒲人與衛國軍隊打仗。孔子師徒路經此地遭蒲人圍困，強迫孔子一行人加入他們的隊伍一同對抗衛國軍隊。這時，公良孺這位平時表現勇敢而有賢德的門生憤慨地表示：面對先前才在匡邑遇難，現在又在蒲邑遇難的命運，寧願戰鬥至死！於是率領

門人與蒲人劇烈打鬥。蒲人被弟子們的武勇震懾，便與孔子立下盟約，要孔子答應不去衛國才放他們離開。孔子答應並與對方建立盟約，但隨後仍然前往衛國。子貢感到疑惑，請教孔子為何不遵守盟約？孔子告訴他，遭脅迫而立的盟約，即便是神靈也不會遵守（史記・孔子世家）。孔子平時十分重視誠信的品德，但遭對方脅迫所作的承諾若要堅守，可能會讓自己成為他人為惡的幫兇。所以孔子認為能通權達變、權衡是非是最困難的（2・22；9・30）。（陳維浩）

【孔子見南子】

指孔子與衛靈公夫人南子會面的事件。南子是衛靈公的愛妃，把持衛國的朝政，品性不端，風評不佳。孔子第二次到衛國時，南子派人轉告孔子，想在衛國施展抱負必須得到南子的幫助，並邀請孔子與她見面。孔子雖然當場婉拒南子，但為避免得罪衛靈公，不得已還是去拜見她。孔子見南子時，她坐在帷幕中。孔子進門後向她行跪拜之禮，南子則在帷幕中回跪拜禮，身上的玉器發出清脆的響聲。孔子出來後對弟子表示，自己過去不想見她，但不得已必須會面時，言行舉止都依循禮制（史記・孔子世家）。不過，子路還是很不諒解。孔子因而發誓說，如果我做得不對，就讓天厭棄吧（6・28）！孔子肯定自己的言行合乎天命，禁得起天的評斷。後來衛靈公約孔子出遊，衛靈公與南子坐一輛車，孔子坐第二輛，宦官雍渠坐第三輛。孔子對此感到恥辱，表示自己不曾見過愛好德行像愛好美色的人，對衛靈公發出強烈的批評（9・18）。這件事讓孔子確定衛靈公將不會重用他，並決定離開衛國。（陳維浩）

【孔子適鄭】

魯哀公二年，西元前 493 年，五十九歲的孔子在前往鄭國時途經宋國，宋國司馬桓魋欲殺孔子，弟子們勸孔子趕快逃難，孔子不願離開，還指出天是自己這一生德行的來源，桓魋是無法迫害自己的（7・23）。但弟子們還是倉皇地帶著孔子逃難，並在路上

失散。到了鄭國後，子貢四處打探孔子的下落，聽到有人談論東門有一個人，頭骨長得像堯，脖子像皋陶，肩膀像子產，但腰以下比禹還短三寸，失意不得志的樣子就像一隻喪家狗。子貢馬上前去尋找，並對孔子報告所聞。孔子笑著表示：喪家狗的比喻還真是傳神（史記・孔子世家）！（陳維浩）

【孔子適陳】孔子曾數次進出陳國。魯哀公三年，西元前492年，六十歲的孔子初到陳國，仕於司城貞子家，陳湣公以上賓之禮對待，但未授與官職。有一次，陳國宮廷發現一隻中箭受傷的老鷹，身上的箭為湣公未曾見過的，便問孔子是否知道這是什麼箭。孔子回答是東北肅慎部族造的箭，當年周武王平定天下，各地部族前來朝貢，東北的肅慎部族便進貢這種箭。並且周武王還將箭餽贈給陳國的祖先，陳國倉庫裡應該可以找到一樣的箭。陳湣公聽後派人去找，果然找到一樣的箭。陳國處於晉楚爭疆之地，又時常遭吳國侵犯，於是孔子離開陳國（史記・孔子世家；孔子家語・辯物）。（陳維浩）

【孔子學琴於師襄】《史記》記載，孔子曾向魯國樂官師襄學習彈奏古琴。孔子彈一首曲子十日，師襄認為他已經可以學下一首曲子了，但孔子卻說雖然已經熟悉樂曲的旋律，但卻還沒精通樂曲的結構，因此婉拒換曲。接著，孔子又以尚未深入音樂內涵、尚未了解作曲家的為人等理由，推辭師襄希望他學新曲的要求。過了一段時間後，孔子突然沉靜蕭穆的深思著，欣然高昂的遠望著說，他已經體會出作曲者的為人了：那個人膚色黝黑，身形高大，眼睛好像望著遠方，胸懷天下如同統治四方的王者，除了周文王誰還能如此？師襄聽後趕緊恭敬的離開席子對孔子兩拜，說他的老師說此曲正是《文王操》啊！（史記・孔子世家）

由此則記錄可知孔子的藝術能力之細膩與高明，將音樂的層次細

分為表層旋律、深部結構、精神內涵與作曲者人格特質等，層層深入。雖然《史記》記載孔子彈奏《文王操》，但依據現存資料，《文王操》一曲最早出現於明代的《梧崗琴譜》。（陳淑娟）

【孔子困於陳蔡】 指孔子受困於陳國、蔡國之間的事件。魯哀公六年，西元前489年，孔子六十三歲。當時楚昭王打算禮聘孔子加以重用，陳蔡兩國的大夫怕楚國會因此強大，遂將孔子一行圍困在荒野，直到孔子派遣子貢當使者到楚國領兵解救才倖免於難。孔子周遊列國所遇的災難以這次最為凶險，由於當時跟隨的學生和陳蔡兩國的君臣都未有交往，不得其門而入所以飽經憂患，險些造成弟子們信心動搖。此次蒙難不僅糧食用盡，七天沒有生火煮食，只能找野菜果腹，跟隨的人也都病倒。遭遇這樣的困境，就連一向敬重孔子的子路，也帶著怒氣問說，難道君子也會走投無路？面對質疑，孔子告訴他，君子就算走投無路，也會堅持原則，不會像小人一樣胡作非為。子路受指點後也就氣消了（11‧2；15‧2；荀子‧宥坐）。

《史記》有一段資料，記載孔子提出問題讓弟子思考：我所推行的理想是對的，為何卻屢遭挫折呢？子路認為是孔子尚未具有仁德與智慧，所以不受世人信賴。子貢認為孔子不妨把理想降低以換得世人的支持。唯獨顏回認為孔子的理想不能推行，代表的是當今為政者的鄙陋與世道的昏亂，孔子不須為此感到困擾。孔子聽完顏回的回答高興得笑起來，弟子們聽完也對顏回更加敬佩。並且，受到顏回的啟發，大家也都恢復了信心（史記‧孔子世家）。（陳維浩）

【孔子適楚】 魯哀公六年，西元前489年，孔子六十三歲。當時吳國討伐陳國，楚昭王出師救陳，兵至城父城，聽聞孔子正周遊至陳國蔡國之間，遂遣使禮聘孔子想要加以重用。陳蔡兩國的大夫怕楚國在孔子的輔佐下更加強大，便派兵將要去拜禮的孔子圍困在荒野。

後來孔子派遣子貢擔任使者向楚國求救，楚昭王遂興師迎孔子，解除了孔門一行的危難。孔子到楚國後，楚昭王要封給孔子七百里領地，遭到令尹子西反對，認為孔子才德兼備，弟子又多有治理國家與作戰的長才。若給孔子領地，他將以此為基礎建立一個強國，這對楚國並非好事，於是楚昭王便打消了重用孔子的念頭。是年秋天，楚昭王於師旅之間病逝於城父城（左傳·哀公六年；史記·孔子世家）。（陳維浩）

【**孔子歸魯**】魯哀公十一年，西元前484年，六十八歲的孔子接受魯國正卿季康子的召請，從衛國返回離開十四年的魯國。

　　《史記》記載，魯哀公三年，季桓子去世前曾召嗣子季康子，告訴他魯國曾經有興盛的機會，但由於自己因接受齊國女樂等事，得罪了孔子才無法興盛。要他日後若得繼任正卿，一定要召請孔子回國。後來季康子有意召回孔子，不過在公之魚的建議下，為了避免再次因無法重用孔子而遭到各國恥笑，於是先延攬冉求、子貢等孔子弟子返魯從政。之後子貢在外交上多有建樹，擔任季氏家宰的冉求也頗有政績。

　　魯哀公十一年，齊魯爆發戰爭，冉求率兵成功擊退齊軍後，表明自己是學自孔子才得以有此能力與功勞，堅定了季康子召請孔子的決心。同年衛國大夫仲叔圉因家事欲攻打衛君的宗族大叔疾，向孔子徵詢意見。孔子告訴他自己只學過禮儀之事，對甲兵之事一無所知，婉轉地告誡他不要做不合於禮的事情。從善於外交應對的仲叔圉依然會失禮行事的情況，可以看出由於衛靈公失道、蒯聵與衛出公爭國的影響，衛國之君臣分際已然失序（13·3；14·19；15·1）。因此，孔子也不願再長留衛國，遂在季康子的禮聘之下返歸魯國定居，致力致力於文化與教育工作（9·15；左傳·哀公十一年；史記·孔子世家）。（楊舒淵）

【孔子作春秋】 孔子周遊列國回到魯國後，除了繼續辦學，還將更多精力用以整理古代的典籍資料。據魯史編寫的《春秋》就是孔子晚年著力甚深的作品之一。

《春秋》原為魯國史，所記之事由魯隱西元年到魯哀公十四年，共兩百四十二年，共歷經十二位魯國國君。孔子以魯國史為底本，將裡面的文字記載進行刪削改正，透過修辭的不同與材料的選擇，委婉地表達自己的主觀見解，並以此評價歷史上的人物與事件。因此《春秋》的文辭簡約，但涵義卻深遠廣博。每個字詞的使用，都蘊含孔子的價值標準與褒貶評價。孔子作《春秋》的方法稱為「春秋筆法」，以一字褒貶進行評價。《春秋》每個字都充滿深刻涵義，子夏受孔子傳以《春秋》，對《春秋》的內容連一個字都無法增減改動。孔子認為與其空談理論，還不如直接將理論應用於褒貶實際事件，更能讓大家清楚地領會他的思想（史記·孔子世家；史記·太史公自序）。

孟子對孔子作《春秋》的心志有深刻體會，指出：孔子憂懼於社會紛亂，正道不明，不只有許多荒謬的學說，更時常有大臣殺害君主、兒子殺害父親的暴虐行為，因此編寫了《春秋》。《春秋》對歷史人物作評價，原是天子的職權。所以孔子認為了解他的人，大概是由於這部《春秋》；怪罪他的，大概也是由於這部《春秋》！更認為：孔子編寫《春秋》使叛亂之臣與不孝之子感到害怕。孔子作《春秋》的目的是要懲罰惡行，發揚善行。讓那些想要弒君、弒父的亂臣賊子，擔心自己的惡行會被批判並留下紀錄，遺臭萬年。而行善之人則會受到表揚，流芳百世。所以《春秋》的形式雖然是史書，但性質上卻是充滿價值意涵的政治哲學著作（孟子·滕文公下；孟子·離婁下）。

司馬遷也認為孔子作《春秋》是對周朝末年禮壞樂崩、名分混亂的動盪時局充滿憂心。《春秋》上則闡明夏禹、商湯、周武王的治國大道，下則明辨人倫綱紀。辨別可能令人懷疑的事物，明定是非標準，

使人心不再徬徨游移不定。嘉獎善行,貶抑惡行。尊敬賢能,鄙視品行不良的人。保存將滅亡的國家,延續將斷絕的世系。補救弊端,興起荒廢的事業。是治理國家的根本大義。司馬遷與孟子一樣,將《春秋》視為孔子為寄託理想所作的政治哲學著作,而非只是魯國史的編輯整理而已。

　　《春秋》對往後的中國政治產生莫大的影響。特別是在漢代,漢代學者普遍將《春秋》視為孔子為漢代所立的王道大法。從立國理念到治國方略,學者們無不依據《春秋》的義理與原則,為漢皇提供建言。《春秋》後來有幾部闡述其經義的傳,現今只留存《公羊傳》、《穀梁傳》與《左傳》,合稱《春秋》三傳。《左傳》以解釋史實為特點,《公羊傳》與《穀梁傳》的特點則在闡發大義。（陳維浩）

【孔子絕筆於獲麟】 孔子七十一歲時停止編寫《春秋》。魯哀公十四年,西元前481年的春天,在魯國西郊有人打獵捕獲麒麟。孔子聽聞後痛哭,認為自己所要推行的大道,無法實現了（史記·孔子世家）。於是在《春秋·哀公十四年》記錄「西狩獲麟」後就此絕筆,不再編寫。相傳麒麟是仁獸,在天下太平或有聖人行道時出現。孔子眼見麒麟出現卻遭捕獲而死亡,因此感嘆自己欲使天下太平的抱負終將無法實現。《春秋》透過文辭的褒貶訂立價值規範,以期導正亂世歸於正道,而今理想無法實現,孔子也就此絕筆。（陳維浩）

【孔子之死】 孔子於周敬王四十一年,魯哀公十六年,西元前479年逝世,享年七十三歲。

　　該年春天某日,孔子生病,子貢前來探望。正拄著拐杖在門前散步的孔子叫喚子貢的名字,說他怎麼這麼晚才來。隨即感嘆地唱著:太山將要崩塌了!梁柱將要摧毀了!哲人將要凋零了!唱完更感傷地流下眼淚,告訴子貢:天下政治不上軌道太久了,世人又不接受我推

行改革的理想。夏人死後靈柩停於東階，周人停柩於西階，殷人則停在兩柱之間。昨晚我夢見自己正坐在兩柱中間，我原本就是殷人啊！七日後孔子便辭世了。魯哀公知道孔子過世十分傷心，哀悼上天不仁慈，不肯留下孔子來輔佐自己，還說自己將不再遵守禮法了。子貢聽到後，認為哀公說他不想遵守禮法，難道是不想在魯國終老？況且孔子在世時不能加以任用，死後才來悼念，這根本是不合禮法的。孔子死後葬於魯城北面泗水邊上，此地因此定名為孔里。魯人每年都會定時到墓前祭拜，儒者們也在此講習禮樂，直到漢初，兩百餘年不曾間斷。漢高祖劉邦路過魯地曾以太宰之禮祭拜孔子，諸侯卿相到任也常先到此祭拜孔子後才正式就職視事（史記・孔子世家）。（陳維浩）

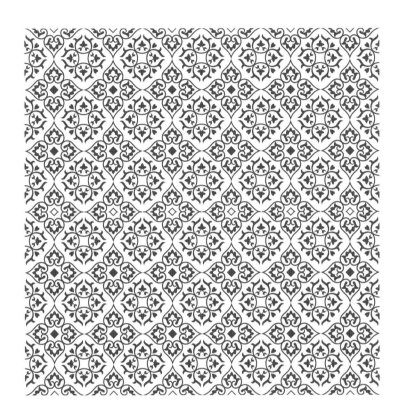

二、人物

二之一、孔子及其弟子

【孔子】孔子,名丘,字仲尼,生於周靈王二十一年,即西元前551年。當時為春秋時代後期,諸侯各自為政,禮樂日趨壞崩。其祖先為宋國人,是殷朝後代,後遷居魯國。他生於鄹邑,三歲時父親叔梁紇去世,由母親顏徵在撫養成長,接受一般鄉村孩子的教育,至十五歲告一段落。而後自己立志學習,終於以博學知禮而聞名。

孔子立志學習的,是做人處事的道理。具體的內容,是五經的知識和六藝的技能。他好學勤問,不止於博學強記,還運用理性省思以求溫故知新,適時印證予以活用改進(1.1;15.3;17.8)。孔子十七歲時,母親過世。二十歲時,娶宋人亓官氏為妻,翌年生子孔鯉。他以管理倉庫、牧場,還有承辦喪禮為業。三十歲時,立身處事皆循禮而行,走上人生正途(8.2)。約當此時就有學生求教追隨,形成一個以講學修德與治國利民為目標的師生團體。孔子念茲在茲於修養德行,講習學問,行義遷善,學問與見識於是漸成系統。到了四十歲,理智已不容易被情緒影響,懂得分辨利害輕重而免於困惑(7.3;12.10)。經過深刻的道德修養與徹底的自我覺悟,五十歲時領悟天命,明白除了無法掌握的命運,人人都有能夠自主實現的行善使命。而他自己的天命是:從事政教活動,使天下回歸正道;努力擇善固執,讓自己走向至善;了解命運無奈,依然盡力而為(18.7)。於是五十一歲時開始從政,陸續擔任魯國的中都宰,小司空,司寇,

五十三歲更行攝相事，協助季氏處理國政。可惜後來主張「墮三都」未果，魯定公與季桓子又被齊國贈送的女樂迷惑，郊祭時又未依禮贈送孔子祭肉，五十五歲時遂決定棄職離鄉，周遊列國宣揚理想，希望得君行道。此後十四年，孔子足跡遍歷衛、曹、宋、鄭、陳、蔡各國。這時年約六十的孔子順從天命，在匡地、在宋國面臨生命危險時都訴之於天，聲明繼承周代文化的自己，是順應天命來實踐德行，只有天能裁決他的命運（7‧23；9‧5）。時人肯定他是明白人生正途的「知津者」，「知其不可而為之」的行為顯示他志節堅定，更有人相信他是上天派來教化人群的木鐸（3‧24；14‧38；18‧6）。六十八歲時，魯國由季康子執政，正式召請孔子回國。晚年的孔子，致力教育，對五經分別有所刪訂或撰述，尤其愛好《易經》。培養出四科十哲，三千弟子，其中身通六藝的有七十二人（史記‧孔子世家）。七十歲時，兒子孔鯉去世，隔年學生顏回去世；同年魯君獲麟、《春秋》絕筆，於現實生命遺憾的同時，在教人為善的著作中，預示了理想的大同世界。七十二歲時，學生子路去世。周敬王四十一年，西元前 479 年，孔子辭世，享年七十三歲。許多弟子為他守喪三年，子貢更再守墓三年。後來，多達百餘戶於孔墓附近築室為家，形成聚落，名為孔里。

　　孔子的哲學思想，在邏輯與知識理論方面是奠基於經驗，強調文化學習也重視理性反省，即知即行。而學、思與行動皆辯證向善，不離於人性與社會的需求，遂有「正名」的主張。「人性向善」是其人性論與倫理學的中心思想，他從生命活動中覺察人性，體認到其中有不可忽視的行善要求，人只要真誠就會湧現無窮力量，讓人在生命歷程中擇善固執，並期望止於至善。他的形上學與宗教哲學，在繼承周人信仰之中又有真知灼見。對天命的領悟，深切關聯著他對人性與生命歸宿的信念與見解。政治哲學是藉正名而正政，由名言的事實判斷提供形式，由人性的價值趨向確立內涵。由之倡導以德行來教化，以禮制來規範的德治，讓人民自動親附，還能走上正途。教育與藝術哲

學重視德行修養，教授五經六藝，為的是啟迪人實現向善的潛能，情意表現合乎節度，亦擁有服務人群的才幹。

孔子的哲學與其生命活動呼應，無所隱瞞，成就弘道典範。他體察向善的人性，堅信人有行善的天賦使命，愛好學習而不拘泥自限，行事通權達變又進退合宜，善用智慧並無懼死亡以成全道義。孔子真誠自主的實現禮的要求，又樂在其中沒有憂慮，所以晚年自道：「七十而從心所欲不踰矩。」（2‧4；8‧13；14‧28）（楊舒淵）

【子夏】卜商，字子夏，衛國人，小孔子四十四歲。名列文學科，善於把握文獻，是唯一被孔子稱許能啟發自己的學生（3‧8；11‧3）。頗有教學成就，孔子去世後他在西河授業，魏文侯請為老師，是弟子中唯一的帝王師（史記‧魏世家）。

向孔子請教《詩》時，子夏「禮後乎？」的追問，讓孔子大加稱讚。他本來不了解《詩》為何寫：只要搭上白色的衣服，美麗的笑顏與深邃的眼神會更顯光彩耀目。但是當孔子提示這與繪彩圖時，最後才會加上白色的原理一樣，他馬上觸類旁通，明白正是由於真誠向善，禮才能點綴出人性的美好，讓個人的真誠心意在人際互動中適當表達（3‧8）。子夏能夠正確理解文獻，更做出優異的聯想，所以孔子讚揚他帶來啟發，同學也樂於向他請益（12‧5；12‧22）。

對治子夏拘謹溫和、有所不及的個性，孔子勉勵他要當氣度恢宏的大儒，不要做志趣褊狹的小儒（6‧13；11‧16）。當他擔任莒父縣長，孔子也提醒他欲速則不達、專注小利反而辦不成大事，行政除了要穩紮穩打，也要有宏圖遠見（13‧17）。後來，子夏這樣向門生指示人生正道：廣泛學習同時堅定志節、懇切發問同時就近省思（19‧6）。這顯示他領會了孔子的教誨，知道要兼顧大本與次序。可惜他的教學還是反映了個性，子游就批評其門人只嫻習灑掃應對而不懂得大道。子夏回應：縱使小節，也是君子應學習的道理，怎能妄加批評？

大概只有聖人能做到有始有終、全面兼顧的教導吧（19‧12）！

　　子夏認為，從政之時行有餘力就該學習，有所心得就該服務人群（19‧13）；教育的意義不在問學聽講等表面形式，而在待人接物時能展現恰當的言行。能做到重視妻子的美德超過美色、侍奉父母盡心竭力、服事君主奮不顧身、對待朋友言而有信的人，子夏認為，能如此者即使自稱未學，也一定要肯定他受過教育（1‧7）。（楊舒淵）

【子貢】姓端木，名賜，字子貢，亦作子贛，衛國人，小孔子三十一歲，與顏回、子路同為孔子最親近的弟子。名列言語科，孟子稱其「善為說辭」，太史公亦稱其「利口巧辭」，可見才思敏捷、辯才無礙正是子貢鮮明的形象（11‧3；孟子‧公孫丑上；史記‧仲尼弟子列傳）。子貢多次與孔子有精采的對話。像是他曾與孔子討論處於貧困與富裕時該有怎樣的表現，最後孔子稱讚子貢領悟過人，能以此知彼（1‧15）。另外，他在請教為政和如何成為堪稱為「士」的讀書人之標準等問題時，也都能層層追問、直探問題的核心（13‧20）。由此種種，我們可以看到子貢聰慧與善辯的表現。孔子曾問子貢，自認與顏回誰較優秀？子貢坦承自己遠不如顏回。這不僅是子貢的知人之智與自知之明，更表現了子貢的寬闊胸襟。因此孔子嘉許子貢，並以「瑚璉」這一宗廟貴器比擬之（5‧3；5‧8）。不過孔子也曾指正子貢喜歡評論他人優劣的習慣，期勉子貢專心於進德修業，由此亦可見兩人親密的師徒關係（14‧29）。在孔子死後，孔門弟子皆為孔子服三年之喪，唯獨子貢服滿兩個三年之喪才能平復心中哀慟之情。

　　此外，子貢所成就的事功亦值得注目，他曾出使齊、吳、晉、越各國以救魯國之危。而另一項重大成就則表現在經商上，孔子曾說子貢在經商方面的判斷相當準確，《史記‧貨殖列傳》中子貢亦名列鉅賈（11‧19）。子貢創造的財富皆用以聯繫交往各國諸侯，這樣的結果使得孔子之學傳播於各國之中，更使孔子名揚天下。太史公稱讚子

貢為傳播孔子之學最有力與最重要之人。（陳維浩）

【子張】 姓顓孫，名師，字子張，陳國人，小孔子四十八歲，是孔子的晚期弟子，後來有傳揚孔子學說的有子張氏之儒一脈（荀子·非十二子；韓非子·顯學）。

子張志向高遠，態度務實，希望從政以推行大道、造福百姓。他提過許多好問題，然而他偏激的個性與急進的言行也常反應在問題裡，需要孔子因材施教（11·16；11·18）。子張曾表示，讀書人的通達是擔任官職後成名於天下。然而這算是結果，也可能只需表面工夫就能得到。所以孔子教導他，真正通達的人，是品性正直而愛好行義，認真的察言觀色並能將心比心，凡事都想謙遜自處的人（12·20；15·42）。子張也請教要如何獲得官職與俸祿？如何暢行於四海？孔子教他要提高品德，也要避免因情緒而迷惑。方法上，多聽多看各種言行，把疑惑的、不妥的放到一邊，選擇有信心、有把握的去做。如此，減少了他人的責怪與自己的後悔，自然得到俸祿。還要要求自己，說話真誠而守信，做事踏實而認真，如此不論身處何地都能通行無阻。子張聽了隨即抄寫在大衣帶上（2·18；12·10；15·6）。

子張曾請教三百年後的制度可否推知。孔子告訴他，禮、樂、法律等等，會配合時代的需要進行調整損益，然而人性是相近的，所以制度的訂定有其普遍的準繩（2·23）。當子張請教推動政務的辦法，孔子詳細的教導他「尊五美，屏四惡」的執政大綱，其原則是處處替百姓設想。推崇的五種美德是：施惠於民但不浪費，勞動百姓但不致引來抱怨，有所欲求但非貪圖私利，神情舒泰但不驕傲，態度威嚴但不兇猛。排除的四種惡行是酷虐、殘暴、害人、刁難（20·2）。

子張強調過：不能堅強的實踐德行，不能深刻的相信理想的人，有他不為多，無他不為少（19·2）！其孤高的個性雖不完美，志向與作為卻難能可貴，孟子稱道他有聖人的部分特點（19·15；孟子·公

孫丑上）。

《論語》有以子張之名為題的子張篇。（楊舒淵）

【子游】言偃，字子游，有時亦稱言游。吳國人，小孔子四十五歲。子游與子夏同列孔子教學四科中，為文學科的傑出學生。文學在當時指詩書禮樂等古代文獻資料。

子游以嫻熟禮樂見稱，並將禮樂教育施行於百姓。他曾擔任魯國武城的縣長。孔子到武城時，聽到彈琴唱詩的聲音，而心情甚佳，就同子游開玩笑說：「割雞焉用牛刀？」子游根據孔子以往的教導回答說，做官的人學習禮樂與典籍中所載的道理，就會愛護眾人；老百姓學習道理，則能遵守禮法，服從政令。由此可見，子游對孔子的道德教育與政治思想是努力實踐與印證的（17‧4）。

子游也曾向重視孝道的孔子請教什麼是「孝」。孔子回答，孝道的根本在於尊敬父母，其次才是在飲食起居上照顧與侍奉父母（2‧7）。

子游對評鑑人品與才識，有一套獨特的見解。他擔任武城縣長時，認為當時有個叫澹臺滅明的人，走路時不抄捷徑，除非公事，不會私下與上司來往，因此肯定他是個奉公守法與有所不為的政治人才（6‧14）。他曾經評論過子張，認為他的所作所為已屬難能可貴，但有時過於激進，所以在德行的修養上，還沒達到「仁」的完美境地（19‧15）。也曾評論子夏的學生，認為他們對灑掃應對進退的枝微末節很嫻熟，但卻不了解做人的根本道理（19‧12）。此外，孔子在《禮記‧禮運》發揮「大道之行也，天下為公」的宏論時，子游隨侍在側。

子游在孔子死後相當活躍，並將孔子之學傳到南方，發揚光大，故有「南方夫子」的稱譽。（陳淑娟）

【子路】仲由，字子路，又稱季路。魯國人，小孔子九歲，名列

政事科，是最常在《論語》中出現的學生（11‧3）。

　　初見孔子時，鹵莽好勇的子路自比天生就是利箭的南山之竹，發出不必學習的狂言。但在明白學習禮樂就像為質樸的竹桿加上箭尖羽尾後，馬上拜師，從此不畏艱難、熱切忠實地追隨孔子（11‧18；孔子家語‧子路初見）。

　　他的志向高尚遠大。對朋友，期許自己樂於分享不計得失，重視情誼更甚物質（5‧25）。對政事，期許自己能在短期內讓內憂外患的大國安定，百姓有勇且明白道理（11‧26）。學習上，他樂於接受指正、聽聞道理就馬上行動，只怕來不及履行（5‧13）。實踐上，擔任季氏宰時致力達成墮三都，調整祭儀的時間來維持與祭者的誠敬，在兵戎與祭祀這兩件國家大事上有所成就（春秋左傳‧定公十二年；禮記‧禮器）。

　　孔子三次提及其優異：第一、忠信果決，判案時沒人敢對他說謊，故只需一面之詞就能斷案。從邾射國在會盟時，寧願相信子路的誓言而不相信魯國的盟約，亦可知其信譽卓著（12‧12；春秋左傳‧哀公十四年）。第二、重視內在，不嫉妒、不貪求，站在身著華服者旁也不會因自己衣著陳舊而慚愧（9‧27）。第三、不畏艱難也樂意追隨孔子行道，敢於諍言，而孔子也願意聽取反省（6‧28；17‧5；17‧7）。

　　孔子也指出子路的不足：暴虎馮河，不懂得戒慎恐懼與深謀遠慮。有治國的自信卻不謙虛，能即刻踐履卻未免過於衝動（7‧11；11‧22）。孔子認同他是盡忠職守、長於實務的具臣，但卻不夠格成為大臣。因為他不懂得無法推行正道就該離去，不明白信守誓言與落實職責都要依歸於道義，要在大信大義上實現人我的適當關係（11‧24；17‧23）。

　　子路率真，重視人的內涵且輕視物質。他有勇氣，可惜缺乏以義變應的智慧，迂直的個性終究讓他在衛國的君位紛爭中遇難（11‧13）。失去顏回後，又痛失這願意與自己遠赴海外發揮理想的學生與

朋友，孔子不禁悲嘆天要阻斷他的行道之路（5‧6；春秋公羊傳‧哀公十四年）。

《論語》有以子路之名為題的子路篇。（楊舒淵）

【**公西赤**】公西赤，字子華，又稱公西華，魯國人，孔子門生。擅長祭祀與國際盟會之禮，曾出使齊國。孟武伯曾問孔子公西赤是否達到仁的標準，孔子說他穿戴整齊在朝廷上，可以派他與貴賓講話，但不知道是否可以行仁（5‧7）。有一次，孔子要弟子們說出自己的志向，公西赤謙虛地說希望能夠在宗廟祭祀或國際盟會中，穿禮服戴禮帽，學習擔任一個小司儀。不過孔子認為公西赤的能力不僅是做一個小司儀而已，有宗廟祭祀的國際盟會，已經是諸侯之國了，如果他只能做一個小司儀，又有誰能夠做大司儀？可知孔子肯定他在禮儀方面的才能，孔子也告訴弟子，如果要學習接待賓客的禮節，可以向他學習（11‧26）。公西赤對於禮儀的熟稔也使他在孔子葬禮中負責殯葬事宜，他仿效夏商周三王的禮儀為孔子治喪，不僅尊師，也保全了古禮。公西赤不僅擅長禮法，更是喜好追求正道的人。有一次他聽到孔子說自己達不到聖與仁的境界，只是以此為目標努力實踐與教誨別人時，他說這正是學生們沒辦法學到的（7‧34）。（解文琪）

【**公冶長**】公冶長，字子長，魯國人，孔子門生。相傳他懂鳥語，可是卻因此被誣枉入獄。故事是：公冶長在路上聽聞鳥兒互相呼叫到清溪吃死人肉，隨後見一老婦為可能遭遇不測的孩子哭泣，便指引她到溪邊找尋。只是當老婦找到屍身，官員懷疑是知道位置的公冶長下手殺人，於是將他下獄。公冶長並不辯白，直到獄卒發現他確實懂得鳥語才被釋放（論語義疏）。孔子評價道：雖然公冶長曾有牢獄之災，但不是他的罪過。寥寥數語，卻透顯孔子對其堅定自信、忍辱不辯的肯定，後來將女兒嫁給了他（5‧1）。

《論語》有以公冶長之名為題的公冶長篇。（楊舒淵）

【公良孺】公良孺，字子正，陳國人，孔子門生。公良孺是陳國的貴族子弟，賢能勇敢且孔武有力，孔子周遊列國時，他常帶著五輛家車隨從護衛。當孔子一行人經過蒲城，正好遇到公叔氏占據蒲城反叛衛國，蒲人為了不讓孔子前去衛國，遂將他們阻擋起來。後來孔子受困匡城，在宋國又差點遇害，在這幾次危險關頭，公良孺都隨侍在旁。以蒲城被圍為例，公良孺不願讓孔子委屈蒙難，遂慨然拔劍，糾集眾人挺身奮戰。經過激烈的搏鬥，蒲人畏懼公良孺的勇武，在要求孔子立下不去衛國的盟誓後就讓他們離開（史記‧孔子世家；史記‧仲尼弟子列傳；孔子家語‧困誓）。（楊舒淵）

【孔鯉】孔鯉，字伯魚，孔子之子。孔子二十歲時與亓官氏結婚，生下他後魯昭公賜鯉祝賀，因而得名。身為父親，孔子與孔鯉保持適當的距離，同時期望他成為依禮而立的君子。作為教育家，孔子要他學習詩，學習禮，依序掌握說話及立身處世的能力（16‧13）。孔子曾詢問他是否仔細讀過側重夫婦相處、勉人修身齊家的《周南》與《召南》之詩，可見孔子教學首重引發人真誠向善的心意，再依禮而行，由己而群來實現人際適當關係（17‧10）。孔鯉早孔子兩年去世，據司馬遷所說，他的兒子孔伋、即子思寫了《中庸》（史記‧孔子世家）。（楊舒淵）

【冉伯牛】冉耕，字伯牛，魯國人，小孔子七歲，名列德行科（11‧3）。《論語》僅記載孔子隔著窗牽他的手探病的事蹟。學者由此推測冉伯牛應是患了傳染病，以及孔子可能懂得診脈。值得注意的是，由孔子對有德的冉伯牛卻患上如此惡疾的感嘆，可以看出孔子對弟子的愛惜，以及對命運的無可奈何（6‧10）。

雖然資料不多，但從孟子將冉伯牛與顏回、閔子騫並舉，說他們善於闡述德行，是「具體而微」的聖人來看，三人雖然格局較小，但已擁有聖人全部優點的傳言，受到孟子的肯定（孟子·公孫丑上）。（楊舒淵）

【**冉求**】冉求，字子有，又稱冉有。魯國人，小孔子二十九歲。名列政事科，擔任季康子家宰超過二十年（11·3）。

　　當孔子進入人口眾多的衛國都市，負責駕車的冉求適時地請教施政的道理。孔子指導他：先繁衍人口，再讓人民富裕，最後要普施教育。冉求知道繁衍與富裕的目的都是教育，所以教育在各階段都要持續推行。對政府來說，教育是不斷追求完備的工作；對個人而言，則是要主動努力。因此他不再追問，顯見他確實理解儒家的施政目的（13·9）。

　　冉求博藝多才，孔子肯定他足以擔任大夫，輔佐卿大夫或治理千戶的城邑也沒有問題。甚至在回答何謂成人時，以冉求的才藝作為理想的人應具備的條件之一（5·7；6·8；14·12）。不過，饒富政才的冉求在行事上較為退縮，因此孔子鼓勵他要果敢，聽到可以做的事情就去做（11·22）。可惜他仍幾次讓孔子失望。身為季氏輔相，當季氏要僭禮去祭祀泰山，為了私利要攻打魯國藩屬顓臾時，孔子不滿冉求不能勸阻，教訓他若無法用正道來服事長官就要辭職（3·6；16·1）。無奈的是，冉求不但沒有辭職，更為富可敵國的季氏加徵田賦來聚斂錢財。這種忘卻大義的作為，讓孔子厲聲疾言冉求不再是他的同道，要同學們敲著大鼓去批判他（11·17）！冉求無法以正道事君，難怪孔子會說他頂多是長於實務的具臣，還不夠格被稱為大臣（11·24）。

　　冉求曾說自己有能力在三年內讓小國富足，只是在禮樂教化方面，還需要更高明的君子來協助（11·26）。這似乎透露出，他也認為自

己缺乏落實禮樂的能力。他也曾說自己缺乏力量，難以持久而擇善固執地走在人生正道，然而他確實富有才藝，所以孔子責備他畫地自限，沒有盡力發揮（6‧12）。（楊舒淵）

【司馬牛】向耕，或名犁，字子牛，孔子門生。是系出宋桓公、家族世代擔任宋國司馬的貴族子弟，故又稱司馬牛。他不認同驕佚暴戾的四位兄長，尤其是想加害孔子的長兄桓魋，故向子夏感嘆沒有兄弟。子夏轉述孔子的教導，要他分辨命運與使命，鼓勵他在能力所及處，態度認真謹言慎行，待人謙恭往來合禮，這樣四海之內的人都會是兄弟（12‧5）。孔子幾次指導他，當他問行仁，答以行仁者都審慎言語，對治其多言而躁的毛病；請教何謂君子，答以君子不會憂愁恐懼，要他別只擔憂兄長的劣行，更要懂得反省自己（12‧3；12‧4）。可惜他未深思力行，仍然憂懼而終。（楊舒淵）

【申棖】申棖，又名申黨，字周，魯國人，孔子門生。《論語》記載，當孔子說他從未見過剛強的人時，旁人舉申棖為例卻被孔子否定。孔子認為，申棖有不少私欲，怎麼能剛毅地堅持人生理想（5‧10）？有私欲就會受制於外，成為事物的奴僕；無私欲則無待於外，面對事物能保持自主。不過，無私欲並非消極無為，還須積極進取謀求公益，並且不可陷於狂妄。對照之下，或許旁人稱道申棖剛強，只是因為他意氣熾盛、剛愎張狂，但這畢竟不是正直之剛。（楊舒淵）

【仲弓】冉雍，字仲弓，魯國人，小孔子二十九歲。名列德行科，是唯一被孔子推薦為可以像天子、諸侯、正卿一樣，面向南方擔任政治領袖的學生（6‧1；11‧3）。

　　仲弓的出身不好，他的父親從事微賤的工作。但孔子把仲弓喻為長著紅毛與整齊犄角的耕牛後代，認為牠就算不被用來祭祀，山川之

神也不願捨棄牠。意指不論仲弓的身世如何，百姓都希望這樣具有賢德的人可以為民服務（6‧6）。不過，也有人批評仲弓口才不佳。對此孔子反過來指出，若只是口齒伶俐而長於爭辯，反而容易惹人嫌惡。相較於口才善巧，不涉及外在條件的內心真誠與實事求是，對於行仁的生命歷程才更為重要（5‧4）。

仲弓在擔任季氏之家的總管時，向孔子請教身為長官該如何推行政務，孔子提示他三點：先於各級官員之前去做，上行而下效；不計較下屬的過失，給予改過與成長的機會；舉用優秀的人才（13‧2）。子貢後來描述仲弓是：不把貧窮放在心上，商請部下做事有如借物般恭敬；和人相處不會遷怒，不會加深怨恨，不會記下昔日的過失（孔子家語‧弟子行）。可見他確實遵行了孔子的教誨。

孔子大力推舉仲弓，但也說不知道他是否可被稱許為仁。知道行仁是終身志業的仲弓向孔子請教，孔子教導他：作為主政者，離開家門後的行止要像接待國賓一樣莊重，差使人民服役要像承辦重要祭典一樣謹慎，這樣百姓才能安心地託付性命。奉行恕道，不把自己不想要的加諸別人。不論在諸侯之國或是大夫之家服務，都要做到無人抱怨（12‧2）。

仲弓一生在人之道上修養，由己而群，要由個人德行努力促成群體和諧。其行為得到類似伯夷、叔齊與顏回的評價，難怪會被荀子比配舜、禹和孔子，並稱為聖人了（荀子‧非十二子）。

《論語》有以仲弓之名為題的雍也篇。（楊舒淵）

【**有若**】有若，字子有，魯國人，小孔子三十三歲，孔子門生。忠勇兼備，當吳王夫差攻打魯國，他加入夜襲的敢死隊，嚇退吳軍（春秋左傳‧哀公八年春）。他可能是《論語》編輯群的業師之一，因為《論語》中只有閔子騫、冉求、有若、曾參被尊稱為「子」。

有若重視務本，對做人、行禮、施政也持本發論。他認為孝順父母與尊敬兄長是做人的基礎，人若能如此，不但行為很少損害社會，

更會引出人生正道，讓個人生活、家族情感、社會秩序都能達致圓滿（1‧2）。他認為禮的應用以形成和諧為可貴，但不可為求和諧而妥協，仍要以禮來節制作為（1‧12）。政事上，有若面對想調高稅率的魯哀公，主張仍收取十分之一的稅。他向哀公表示：只要百姓夠用，君王就不會不夠；若百姓不夠用，君王又怎會夠用？簡明地表達治國之道（12‧9）。

孔子去世後，由於有若與孔子相像，太想念老師的子夏、子張、子游曾想向事奉孔子一樣地事奉他，直到曾參點明無人可以比擬孔子的光明浩蕩才中止（孟子‧滕文公上）。有若未曾出仕，但當他去世，魯悼公仍親臨弔喪，顯見甚受時人景仰（禮記‧檀弓下）。孟子稱有若的智力足以了解聖人，這樣的有若稱道其師：自有人類以來，沒有誰比孔子更偉大（孟子‧公孫丑上）。（楊舒淵）

【巫馬期】巫馬期，名施，字子期，又稱巫馬旗。魯國人，小孔子三十歲，孔子門生。巫馬期性格高潔，志向堅定。子路曾經問他，是否願意以知識與能力不再進步，加上從此離開老師為條件來換取巨富，遭到他斷然拒絕。他與宓不齊同樣擔任過單父縣長，並且都治理得當，然而宓不齊是一派優閒，他卻是披星戴月。他向宓不齊請教，得知兩者的差別在於「任人」抑或「任力」。同樣有良好的品德，知人善任者鳴琴而治，事必躬親者卻案牘勞煩，總需要擔心有所不逮（韓詩外傳）。巫馬期曾經轉述陳司敗的批評給孔子，讓孔子慶幸自己總是有改過的機會（7‧31）。（楊舒淵）

【宓不齊】宓不齊，字子賤，魯國人，小孔子三十歲，孔子門生。治理單父縣時，讓百姓心悅誠服，養成淳厚的民風，德治教化為一時之盛（孔子家語‧屈節解）。宓不齊懂得求取賢才來協助施政，孔子讚許他掌握了堯、舜治理天下的方法，只可惜在小地方服務（孔子家

語‧辯政）。相較於為政事必躬親的巫馬期，宓不齊的知人善任讓他
成就鳴琴而治的佳話（呂氏春秋‧開春論‧察賢）。由於宓不齊出仕後，
懂得從政事印證所學，俸祿有餘會無私地資助親戚，即使公忙也不忘
探望疾病或居喪的朋友，因此孔子稱讚他是君子。從他能找到賢才幫
忙這一點，也肯定了魯國還有君子（5‧2；孔子家語‧子路初見）。（楊
舒淵）

【**南宮适**】南宮适，又名韜，另稱南容，孔子門生。他曾請教孔
子說：善於作戰的羿和奡最後都未能壽終正寢，親自下田耕種的禹和
稷最後都得到天下。由於他的見解尚修德不尚武力，等他離開，孔子
馬上讚揚他是君子（14‧5）！除了崇尚德行，南宮适也一再誦讀《白
圭》之詩：「白圭之玷，尚可磨也；斯言之玷，不可為也。」意指白
玉的瑕疵還可磨掉，說話的瑕疵卻沒有補救之道，以此警惕言行。所
以孔子評價他：國家政治上軌道時，言行都正直的他不會沒有官位；
不上軌道時，行為正直說話委婉的他可以避免受刑與被害。並將哥哥
的女兒嫁給他（5‧1；11‧6）。（楊舒淵）

【**原憲**】原憲，字子思，又稱原思。小孔子三十六歲。孔子門生，
孔子擔任魯國司寇時委任他為家宰（6‧5）。原憲請教何謂恥辱，孔
子表示：國家不上軌道還做官領取俸祿就是恥辱。他再請教孔子：免
除好勝、自誇、怨恨、貪婪，是否算是行仁？由此可見其個性狷介、
清淨守節（13‧21；14‧1）。事實上，他也曾為了保持清廉而拒絕家
宰的俸祿。由於行仁要擇善固執，對略顯偏執的原憲，孔子因材施教，
回答他無法肯定這是否為行仁，並鼓勵他利用俸祿來濟助鄉里。原憲
終身清貧，不為謀求仕途而施行不義，其志節為遊俠義士推崇效法。

　　《論語》有以原憲之名為題的憲問篇。（楊舒淵）

【宰我】宰予，字子我，又稱宰我。魯國人，小孔子二十九歲。名列言語科，善於辯論與外交辭命。孔子曾感嘆自己「以言取人，失之宰予」。（11‧3；史記‧仲尼弟子列傳）

宰我論辯的機巧，時常刺激孔子深論。當孔子提到，行仁者肯犧牲生命來成全人生理想，宰我就問，行仁者會不會因為有人說「井裡有仁」就跟著跳下去？對這樣的巧詰，孔子表明君子尚能並用仁智，不會如此愚昧，更何況是行仁者！回答也點出設問的不適切（6‧26）。宰我也質疑「三年之喪」，他由人文世界的禮樂需要演習，自然世界的穀火有其用度，主張守喪一年。孔子不與其爭論效益，轉而指出他忽略人心的情感需求。三年之喪的倫理規範是為安定人子的心情，心理情感則源自子女三年才能離開父母懷抱的生理特性，所以只要內心真誠，自然願意守喪三年。可惜宰我為了辯論，自認守喪一年就能心安，所以孔子批評他不真誠，但也感嘆他或許不曾受到父母照護（17‧21）。

古代生活日出而作、日入而息，宰我卻曾在白晝貪睡。孔子相當灰心，認為就像腐朽的木材不能用來雕刻，他也無法再要求光說不練的宰我。從此孔子改變評價人的方式，不再只聽信說詞，還觀察言行是否一致（5‧9）。宰我為官時，曾託言周代用栗木立社是為了使百姓戰慄，暗示魯哀公要用武力撥亂反正，解決擅權的三家大夫。然而恐嚇百姓的借喻不當，動武非長遠之計、哀公也非有能之君，所以孔子並不贊同（3‧21）。但宰我畢竟是言語科的高弟，當孔子派他面見楚昭王，他不但充分述說老師的理想，當昭王要賞賜華貴的馬車時更推辭道：老師不是為了馬車，而是為實現照顧百姓的理想而來，只要您願意推行正道，就算步行上朝他也願意。得體篤實的應答，讓孔子欣賞讚揚（孔叢子‧記義）。

孔子歿後，宰我推崇老師的傑出遠超過堯舜，是對比三者的時代環境後給的適切評價（孟子‧公孫丑上）。（楊舒淵）

【高柴】 高柴，字子羔，又稱子皋，小孔子三十歲，孔子門生。生性愚笨，師事孔子後，出入未嘗逾越禮節，欣賞初春花木不忍摘取嫩葉，守喪年間不曾露出笑顏，可見他恪守禮教，有為仁之心，也表現孝行（11‧18；孔子家語‧弟子行）。出仕後，他的孝行感化百姓，為官之道受到孔子讚許。他秉公施政、平等用法，更可貴的是執法時不忍之意現於顏色，不讓受刑人覺得被全盤否定，隱隱鼓勵他們日後走上正途（孔子家語‧觀思）。子路曾安排他擔任費邑首長，他也曾隨子路到衛國做官，當衛國發生繼位紛爭，高柴能順利逃出正是受助於遷善的更生人（11‧25）。（楊舒淵）

【商瞿】 商瞿，字子木，魯國人，小孔子二十九歲，好學《易》，是孔子易學的傳人（史記‧儒林列傳；孔子家語‧七十二弟子解）。從商瞿到田何，孔子易學經過六世的傳承，並以卜筮之書的名義免於秦火，漢興後再由田何廣為傳授（漢書‧儒林傳）。商瞿善於占卦，孔子生病時，他在旁占問老師何時去世，這時孔子請他幫忙取書閱讀（論衡‧別通）。孔子瀕臨死亡仍不厭於學習、渴望聞道，不因身體虛弱而減少求善的真誠心志；親身示範了君子學《易》，目標是要在人生正道上進德不已、修業不輟，成全人性而推廣善行。（楊舒淵）

【陳亢】 陳亢，字子禽，一字子元，陳國人，小孔子四十歲，孔子學生。陳亢請教伯魚，獲知老師對待伯魚合乎父子保持適當距離的傳統，並和教導其他學生一樣，要他學詩、學禮（7‧24；16‧13）。雖然孔子對其子的教誨沒有不同，但真心誠意、守禮合宜正是走在人生正途的憑據。他請教子貢，因而得知老師與各國政要往來的態度是溫和、善良、恭敬、自制、謙退，所以每到一國總能得到該國政治的詳細資料（1‧10）。《論語》還記載陳子禽說仲尼的才德比不上子貢，

但也許此時陳亢尚未拜師，或者「陳子禽」另有其人（19‧25）。（楊舒淵）

【**曾參**】曾參，字子輿，魯國人，小孔子四十六歲，孔子門生。曾參在孔門弟子中以孝順著稱，相傳他著有《孝經》闡揚孝道，又著有《大學》傳播儒家思想，後世儒家尊稱他為曾子、宗聖。

曾參在孔子心中並非資質優異的學生，孔子認為他反應遲鈍，但是他以勤補拙，反而締造很高的成就（11‧18）。他非常重視修身，每日多次省察為別人辦事是否盡心，與朋友交往是否守信，以及是否實踐自己所教導的（1‧4）。他認為讀書人任重道遠，一定要有恢弘的氣度和剛毅的性格，並且要把行仁當成自己終生的責任（8‧7）。對於交友，他主張透過詩文來交往，並應以這樣的朋友協助自己走上人生的正途（12‧24）。當時讀書人修身的目的是期許自己成為一位君子，而曾參理想中的君子是具備節操與能力的，不僅可以託孤，可以交付國家的命脈，在危急時更不會放棄自己的操守（8‧6）。

曾參的言論不僅以修身為範圍，在政治上，他認為一位從政者不應越權，思考時應以自己的職務為範圍（14‧26）。他告訴典獄官陽膚，如果查出人民犯罪的實情，要抱持難過與憐憫之心，因為只有在國家不安定時，百姓才會犯罪（19‧19）。他也告訴孟敬子，在位者的舉止與態度要有威嚴，神情與臉色要端莊，言語和聲調要穩重，這樣才能表現出誠信，不會流於粗暴與狂妄（8‧4）。

曾參以孝著稱，留下許多孝順的言論與事蹟。他謹記孔子所說孝順的根本在於不毀傷父母給與的身體和髮膚，生病時還召集弟子說，自己一生戰戰兢兢地愛護身體，手腳健全，不曾犯法受刑（8‧3）。對於孝道，曾參重視祭祀祖先所引發的社會風氣，他認為執政者若能以哀戚之心謹慎舉行喪禮，並虔誠祭祀祖先，社會風氣就會趨於淳厚（1‧9）。（解文琪）

【曾點】 曾點，字子皙，魯國人，與其子曾參皆為孔子的學生。曾點只在《論語》中出現一次，得到孔子認可他的志向（11‧26）。曾皙與子路、冉有、公西華一同侍坐在孔子身邊，當孔子詢問各人志向時，曾點不像其他人那樣躍躍欲試，而是在一旁彈瑟。

曾點的志向不像前三者那樣關涉具體的政治抱負，而是一種情境的描述。他希望在暮春三月時，穿著春天的衣服，陪同五、六個成年人，六、七個小孩，到沂水邊洗澡、在舞雩台上吹吹風，然後一路唱著歌回家。孔子對曾點的志向發出欣賞的讚嘆。因為，這種和樂優閒的情境，是一個人可以主動掌握的，不論人生際遇如何，我們都可以配合天時、地利、人和，自得其樂，隨遇而安。

《孟子‧盡心下》談到孔子心目中的狂者時，也以曾點作為代表。狂者志向高遠，開口就說「古人啊！古人啊！」考察他們的作為，卻與他們的言論未必吻合。這表示曾點的表現尚未抵達「中道」的理想。

（陳淑娟）

【琴牢】 琴牢，字子開，又字子張，衛國人。可能和子路、曾點同屬於孔子早期的弟子，懂得譜曲奏樂。琴牢在《論語》只出現一次，他轉述孔子「我沒有機會從政做官以發揮抱負，所以學了不少技藝」的自述，幫助我們推敲孔子的學思歷程（9‧7）。至於琴牢本人，孟子認為他和曾點、牧皮一樣，都是志向高遠、然而行為未必跟得上自己言論的狂者（孟子‧盡心下）。琴牢曾想去弔唁忠於主人卻因助長叛亂而亡的友人宗魯，可見他相當重視友情。只是，要走上正途必須與行仁者為友，宗魯雖然忠心但不懂得分辨是非，因而行為不符道義，所以孔子制止了他（孔子家語‧七十二弟子解；孔子家語‧子貢問）。

（楊舒淵）

【閔子騫】閔損，字子騫，魯國人，小孔子十五歲，名列德行科。由於時人都不質疑其親人對他的稱讚，孔子特別讚許他孝順（11‧3；11‧5）。

當魯昭公為了與魯國的三家大夫奪權而擴建國庫，閔子騫認為照舊就好，否則勞民傷財又帶來動亂。對此，孔子說別看他平時不說話，一說話就很中肯。後來魯昭公果然被三家大夫驅逐（11‧14）。此外，在墮三都後，閔子騫也推辭季氏指派的費邑首長一職。他寧願不受季氏之命，也不願為了當官而讓魯國繼續深陷三桓專政的局面，他的正直與遠見，展現出能為大臣的風範（6‧9；11‧14）。（楊舒淵）

【漆彫開】漆彫開，原名啟，小孔子十一歲，蔡國人，孔子門生。孔子曾安排漆彫開去做官，但他認為自己還不具備為官的信心而推辭。孔子樂見漆彫開擁有自我要求的態度，他不受做官可能帶來的利益所蒙蔽，而可以先反省自己，知道尚須進德修業。這種見得思義的態度，正是讀書人走上君子之道的重要條件，所以孔子聽了很高興（5‧5）。孔子去世後，傳聞有漆雕氏之儒一脈傳承，只是此漆雕氏是否為漆彫開就難以考證了（韓非子‧顯學）。（楊舒淵）

【樊遲】樊須，字子遲，又稱樊遲。魯國人，小孔子四十六歲，孔子門生。饒富武勇，魯哀公十一年，齊魯爆發戰爭，二十二歲的樊遲在冉求的部隊擔任車右，他率先攻破壕溝，協助冉求大破齊軍。同年孔子自衛反魯，樊遲正式拜師（孔子家語‧正論解）。

樊遲向孔子請教如何行仁、何謂明智，孔子先指出：愛護別人就是行仁，了解別人就是明智。他沒有聽懂，孔子再提示：安排正直的人居於上位，就能使居處下位的偏曲之人變得正直。他還是不甚了解。直到在教室外請教子夏，子夏舉舜提拔皋陶、湯選拔伊尹為例說明後，才明白孔子的指導（12‧22）。從這裡，再加上樊遲把握駕車、

從遊的時機向孔子求教，可以發現他雖然不夠聰穎，但卻好問勤學。勤能補拙，樊遲開始請教如何增進德行、消除積怨與辨別迷惑等，關於自我修養的深刻提問，也得到孔子「善哉問」的肯定（2‧5；12‧21）。

只是，當樊遲向孔子請教農事與園藝，孔子則批評他缺乏推行仁禮之道的志氣。孔子並非鄙夷農事，他也讚揚親身耕作的禹和稷，只是比起禹稷的時代，這個時代更需要以德行道的君子來教化百姓。樊遲的提問短視近利，所以孔子說他是沒有志氣與遠見的「小人」（13‧4）。（楊舒淵）

【**澹臺滅明**】澹臺滅明，字子羽，小孔子三十九歲，孔子門生。子游擔任武城的縣長時，孔子問他在武城找到什麼人才，此時子游向孔子推薦澹臺滅明。子游說他走路時不抄捷徑，公事之外，從不到我屋裡拜訪。由此可見澹臺滅明奉公守法、有所不為。（6‧14）。據聞他其貌不揚，使孔子承認自己「以貌取人，失之子羽」。孔子去世之後，澹臺滅明南遊至長江，居於楚國有數百名弟子追隨，奉行他設立的行己處事準則，其名也廣為諸侯所識（史記‧仲尼弟子列傳；漢書‧儒林傳）。（楊舒淵）

【**顏回**】顏回，字子淵，又稱顏淵，魯國人，小孔子三十歲，列名德行科第一（11‧3）。孔子推許他為唯一好學的弟子，並認為他能和自己一樣，有人任用就發揮抱負，沒人任用就安靜修行（6‧3；7‧11；9‧20）。孔子甚至認為在徹底領悟道理與觸類旁通的能力上，自己與子貢都比不上能聞一知十的他（5‧8）。可惜顏回不幸早孔子兩年去世，孔子痛失了接續他傳道與行道的希望，不禁發出天亡我也的嘆息（11‧9）。

身為最優秀的弟子，顏回與孔子的問答最能呈現孔子哲學的核心。

當顏回請教如何興革國家，孔子指出要損益虞、夏、殷、周四代禮樂，排除時下流行的靡靡之音，並遠離阿諛的小人；顯示其政治哲學是關懷德行又斟酌時宜，依此損益先王禮樂的時中之道（15‧11）。當顏回請教如何行仁，孔子回答只要自己作主去實踐禮的要求，就是走上人生正路。化被動為主動來踐行禮，就能在個人的意願與群體對秩序的要求之間取得協調，並由內心的真誠引發行善的力量，進而在行善時湧現內在的快樂（12‧1）。正因為顏回志在化除人我界線，也實際展現無私，並能自覺而長期地不背離孔子行仁的教誨，所以他在困難的生活條件下依然快樂（5‧25；6‧7；6‧11）。

當孔子受困匡城，遲來的顏回真摯地說他不敢先老師而死，顯現出情同父子的師生情感（11‧23）。可惜他還是先孔子去世，這讓孔子哭得非常傷心，他為顏回而慟，為大道無法傳承、為天下失去聖賢之才而慟，並且不認為自己是過度悲傷（9‧22；11‧10）。喪禮時，孔子遵守禮法不願借出車子給顏路運棺，也不願踰矩舉辦隆重的喪事，直到最後仍要實現他曾循循善誘教導顏回的文與禮（9‧11；11‧8；11‧11）。

「禹、稷、顏子，易地則皆然。」際遇無法遮蔽德行的光輝，雖然顏回沒有機會和禹、稷一樣造福人群，孟子還是給了他聖人的評價（孟子‧離婁下）。

《論語》有以顏回之名為題的顏淵篇。（楊舒淵）

【顏路】顏無繇，字路，是顏回的父親，小孔子六歲，也是孔子門生。《論語》記載他在顏回死後，要向孔子借車來當運棺的禮車，但被婉拒的故事。孔子依禮說明理由：依照禮儀，身為士的顏回出殯不得使用禮車，曾擔任大夫的自己也不得步行送葬。而在情感上，孔鯉去世時自己也沒有準備禮車，即使視才高的顏回如子，又於情何忍？教育上，既曾以文與禮教導顏回，他也長期的主動踐行，怎忍心讓他

人生的最後儀式有違禮義呢？但孔子沒有責備顏路，因為他的要求是來自深切哀痛的喪子之情（11．8；11．11）。（楊舒淵）

附錄【孟子】

孟子，名軻，字子輿，鄒國人，是受業於子思門人的儒家學者。他以「生民未有」頌讚孔子，平生所願在學習孔子的德業作風（公孫丑上．二）。其生活年代約在西元前372-289年之間，屬東周戰國時代的中期。當時周室名存實亡，有七國爭雄，都想兼併天下。在合縱連橫的謀略盛行之下，孟子周遊列國，面對魏惠王、齊宣王等國君，依然祖述堯舜三代，闡發孔子學說，自信的宣稱「仁者無敵」（梁惠王上．五）。雖然不曾有做到仁者的國君能驗證其說，然而其思想精微深刻，並以著書立說推廣孔子之道，最後流芳千古，並與孔子合稱「孔孟之道」，代表儒家學說。

孟子為孔子的哲學提出更完整的解釋。以好辯聞名，大加批判楊朱墨翟的孟子，在邏輯與知識理論上有「知言」的主張。他提出言詞必須反映客觀事實，尤其要反映倫理價值的真實情況。判斷的標準「唯義所在」，以要求行善的良知，檢視見聞推理得來的知識，從而辨別偏邪虛偽的言論（公孫丑上．二；離婁下．十一）。他善用譬喻，潤色闡發孔子的人性論與倫理學。一方面取法乎上，指明聖人與一般人同類，而且每個人都可以成為堯舜；一方面從人心與生俱有的、可以存養擴充為仁、義、禮、智四個具體善行的「四端」，明辨人與禽獸的根本差異（公孫丑上．六；離婁下．三十二；告子下．二）。然而擁有四端只表示有行善的能力，不意味著人性本善。而且這四端需要依靠人心的「思」，亦即真誠自覺才會存在，否則就會喪失。就像牛山雖然能長出茂盛的森林，若天天砍伐不去養護，終將淪為一座禿山（告子上．八；告子上．十五）。而真誠必定樂意行善，能夠感動他人，就像水沒有不向下流一般的「沛然莫之能禦」，終致成為德行完備的「大人」（離婁上．十二；盡心上．十六）。在形上學與宗教哲學，

孟子活用《詩》《書》等傳統經典，清晰地闡述「天」的歷史背景與根據。進而明確的把孔子對天的領悟，擴展為人類的共同處境，肯定「天」的普遍意義。他一方面把聖人當作喚醒後知後覺者的「天吏」，以言行為表率，讓人了解天賦之性可以成就完美人格；一方面要人明白，肩負行善使命的人，要如《詩》說的「永言配命，自求多福」，得志與否交由命運，應對進退依然自主循禮，願意捨生取義，實現人性向善的要求（公孫丑上‧四；萬章上‧八）。真誠呼應人性，實現價值使命，就是「盡心知性知天，存心養性事天」，不論命運如何都堅持到底，於是人生將無所欠缺，「樂莫大焉」（盡心上‧一；盡心上‧四）。

《孟子》一書共有七篇，每篇又分上下，故有十四個部分。篇名依序是：梁惠王，公孫丑，滕文公，離婁，萬章，告子，盡心。本書記載孟子的言論與事蹟，內容有一部分由孟子執筆，再由其學生萬章、公孫丑等人在他過世後編寫出版。考量戰國時代的趨勢，孟子的學說顯然不切實際，從具體遭遇來看，連他自己也承認並未成功。然而孟子要國君認真辦理學校教育，滋養孝悌之情的教育觀點，以及養民、教民、與民同樂的仁政主張，卻恆常順應人性的趨向與歸宿；在亂世中周遊辯論，堅持闡揚仁德與義行，意欲端正人心、消滅邪說惡行的精神，也成為後代讀書人推崇效法的典型（梁惠王上‧三；梁惠王上‧七；滕文公下‧九）。（楊舒淵）

附錄【荀子】 荀子，名況，又稱荀卿、孫卿，趙國人，儒家學者。可能師承自仲弓或馯臂子弓一脈，是繼孔子與孟子之後，古典儒家的第三位代表。生活年代約在西元前 313-238 年之間，屬東周戰國時代晚期。《史記》記載，荀子曾在設置稷下學宮、廣納賢才的齊國三次擔任祭酒，學術地位崇高。受讒言後轉仕楚國，任蘭陵縣長，卸任後長居蘭陵。李斯曾向荀子學習「帝王之術」，學成仕秦拜相，協

助秦國於西元前 221 年統一天下。司馬遷亦記錄韓非與李斯一同「事」荀卿，雖然無法確知韓非有否師事荀子，但或有服事之實。

荀子肯定自己是熟習禮義的「仁人」，肩負的任務是取則效法舜、禹的制度，孔子、子弓的義理，來平息危害天下的學說（非十二子）。面對玩弄名實，攪亂事實與價值的學者，荀子進一步發展了孔子「正名」的主張。他強調三點：第一，名詞務必指涉事實，根據感官經驗來辨別同異，讓思維不致混亂；第二，使用言詞要順從約定俗成，培養「心」的徵知能力來檢驗詭辯，由此溝通思想形成共識；第三，要發揮名言的評價功能，透過正名而正政，根據聖王的言論和禮儀文化來端正視聽與名分，必要時訴諸刑法（正名；解蔽）。在建構道德知識上，荀子的「心」能主宰其他官能並自決如何行動，有認知、解蔽、評價、訓令的作用。當君子採取「虛壹而靜」的修養方法，以此去除成見、專心致意、平心靜氣，心會變得「大清明」，能全面的知道禮義，在人間代興「天德」，裁制貨物及治理人民（不苟；天論；解蔽）。

荀子雖主張「性惡」，但其觀點亦不違背「人性向善」之說。他認為人之所以異於禽獸的特質有二：能辨，「辨」包括分辨是非善惡的判斷力；有義，可發展能適當分配資源的禮。然而荀子不像孔孟，契合天命與向善要求來談「性」，反而曲解孟子的「性善」為「人性本善」，又可能是受到稷下黃老學風的影響，談「天」偏重其自然義。他雖然也表示禮的效應可以參贊天地化育，但建構理論時卻未著重於聯繫天人、指引價值的「天命」（禮論；性惡）。於是荀子一方面區別「心」「性」，強調人之心與人之性的欲望面，人之心會好佚好利，毫無節制的發揮人之性，更會造成結果上「偏險悖亂」的惡行（王霸；性惡）；一方面關注天的自然義，批評子思和孟子不明白天和人有所分際，把「聖」和「仁、義、禮、智」混淆成「五行」（非十二子；帛書及竹書五行）。荀子雖也肯定人之性可被教育與禮義更化、人之心致誠就會守仁行義、人能「不避義死」做出「正理平治」的善行比

二、人物

57

配大禹，但是他為了折衷當時思潮，反而難以完備健全的解說道德要求之基礎；其做法在唐宋以後又招致誤會，以為他肯定「人性本惡」，使得他與同樣主張人有成全善行的潛能，高舉仁、義、禮來為政施教的孟子，評價迥異（不苟；性惡）。

《荀子》一書共有三十二篇，是由西漢的劉向編校刪訂當時流傳的三百二十二篇而輯成的，唐代的楊倞又重新安排篇序，成為今本的原型。內容應包含荀子親著以及學生的記錄，根據《史記》，部分內容在荀子生前應已流傳於世。（楊舒淵）

二之二、政治及知名人物

【子文】 子文，姓羋，字於菟，又稱鬪穀於菟。楚國的宰相。在孔子回應子張關於「仁」（5‧18）之標準的對話當中，子張曾先後舉兩人為例來提問，其中一人即是子文。由子張的敘述中，可知子文在三次出任宰相時，沒有得意的神色，三次從宰相去職時，也無不慍的神色，並且交接職務時，一定將過去的政務，告訴接任的人。孔子對子文這樣的態度，給予盡忠職守的肯定。至於這樣是否合乎行仁的要求，則孔子未下斷語。（陳弘智）

【子羽】 姓公孫，名揮，字子羽。鄭國行人，「行人」為古代外交官名。孔子曾肯定鄭國發布外交文件時非常慎重，並提及子羽的才能。子羽當時的工作是修改調整經裨諶以及世叔所擬寫的外交文稿。由此足見子羽在修飾外交辭令方面的能力，在當時備受重視與信任，也得到孔子的肯定（14‧8）。（陳弘智）

【子西】 子西，鄭國的公孫夏。為子產的同宗兄弟，先子產而執政。曾有人請教孔子如何評價子產、子西、管仲三人。相較於子產、管仲兩人皆能以功業造福百姓，孔子對於子西在政治上或社會上的表現，認為皆無功於民，也無足以稱述之處（14‧9）。（陳弘智）

【**子服景伯**】姓姬，氏子服，字伯，諡號景，又稱子服何。魯國大夫，為孟孫家族的人，因此自認為有些勢力。子服景伯曾為孔子及其學生子路打抱不平。一次是叔孫武叔在朝廷上對大夫們宣稱孔子的才德不如子貢，子服景伯轉告子貢，子貢巧妙而鄭重地否定其說（19‧23）。一次是公伯寮在季孫面前誹謗子路，子服景伯憤而欲殺公伯寮，使其屍首在街頭示眾，後來孔子以命運之說婉轉開導他，化解了此事（14‧36）。由此可見，子服景伯對孔子保持敬重的態度。（陳弘智）

【**子桑伯子**】子桑戶，名可，又稱子桑雽、子桑伯子。《莊子》記載，他與孟子反、子琴張是忘掉肝膽耳目，遨遊於世俗之外，逍遙於無事之始的人。在他們看來，世界既是虛幻的，人應表現真情，不拘泥於禮儀，禮儀又怎屬真實（莊子‧大宗師）。而孔子可能曾與他談過自己蒙難的事（莊子‧山木）。在《論語》，當仲弓請教子桑戶的作風，孔子評價他凡事求簡便。仲弓繼續請教，提出在治理人民時，若本身態度嚴肅，行事簡便就沒問題；要是態度與行事都簡便，豈非太過簡便？孔子認可他的說法（6‧2）。可見在與人互動方面，孔子重視彼此之間的適當關係。（楊舒淵）

【**子產**】名僑，鄭國大夫，是鄭穆公的孫子，也被稱為公孫僑。子產是春秋時期的大政治家，在位期間，勤修內政，劃分地域疆界，徵收賦稅；注重法治，把法律條文鑄在鼎上；獎勵忠誠勤勉的大夫，處分驕奢淫佚的大臣，使鄭國大治，鄭國百姓很愛戴他。

　　子產有不毀鄉校一事為人稱頌。鄭國人一向在鄉校聚會，議論政治得失，有人建議子產毀去鄉校，但他說百姓認為好的事情就應該推行，不好的就應該改正，他認為人民是他的老師，不該用毀校的方式限制民意，孔子認為子產這番話透顯出他是行仁的。

子產執政二十六年，鄭國夜不閉戶，路不拾遺，人民不欺。他使內亂與外患頻仍的鄭國走向穩定安樂。當他去世時，鄭國百姓像失去親人一樣悲傷。孔子也說子產的仁愛有古人的遺風。

孔子曾去過鄭國，與子產親如兄弟。孔子認為他是一位照顧百姓的人。孔子也評論子產在容貌態度上保持恭謹，服事君上時出於敬意，照顧百姓時廣施恩惠，役使百姓時合於分寸，在這四方面表現了君子的作風（5‧15）。（解文琪）

【公山弗擾】 可能是季氏的家臣公山不狃，字子洩。公山弗擾起兵反叛季氏，占據費邑時，曾召請孔子幫忙。當時雖然子路反對，不過孔子認為公山弗擾以季氏家臣身分反叛可能是為了支持魯君，因此有意前往（17‧5）。但是後來並未成行。（陳弘智）

【公伯寮】 姓公伯，名寮，魯國人。公伯寮曾在季孫前面誹謗子路，子服景伯憤而告知孔子，並且想讓公伯寮的屍首在街頭示眾，後來孔子以命運非公伯寮可左右的說法，來回應子服景伯（14‧36）。由孔子聽聞公伯寮所作所為之後的回應，可知孔子認為政治理想的實踐與否，也與命運有關，而非全屬人為。（陳弘智）

【公叔文子】 公孫拔，「文」是他的諡號。衛國大夫。公叔文子由於提拔家臣僎擔任大夫，有「錫民爵位」的德行，所以孔子肯定他的寬闊心胸，足以擔當「文」的諡號（14‧18）。孔子通常在經過全面的了解之後，才對人做出評價。他向公明賈詢問公叔文子是不是真如傳言所說的，平常不說話、不笑、也不拿取財物？公明賈告訴他，公叔拔在適當的時候才說話，真正高興了才笑，應得的財物才拿。這樣的回答遠比傳聞的更誇張，所以孔子在肯定他善於回答時，也對其回答持保留態度（14‧13）。（陳弘智）

【公明賈】 姓公明，名賈。衛國人。孔子曾向公明賈詢問關於公叔文子的傳聞，而公明賈的回答把公叔文子說得比傳聞的還要更好。他說公叔文子在適當的時候才說話，所以別人不討厭他說話；真正高興了才笑，所以別人不討厭他笑；應得的財物他才拿，所以別人不討厭他拿。孔子肯定公明賈善於應答，但對他說的內容持保留態度。孔子的做法，展現出聽取評價應留意的原則之一（14‧13）。（陳弘智）

【公孫朝】 公孫朝，衛國大夫，因為春秋時期的魯國、楚國、鄭國皆有同名者，又稱衛公孫朝。公孫朝曾經詢問子貢，孔子是在何處學習？子貢回覆他，由於周文王與武王的教化成就並未完全失傳，而是散落在人間，由才德卓越的人把握住重點，才德平凡的人把握住末節，同時任何地方都看得到這些成就。因此孔子無處不能學習，也不需要有固定的老師。「無常師」的說法，配合著曾向老子、郯子、師襄問禮學琴等事蹟，更凸顯出孔子每事問、多聞多見、不落固陋、擇善而從的學習態度與方法（19‧22）。（楊舒淵）

【比干】 比干，又稱王子比干。沬邑人，殷商宗室，紂王的叔父，當時擔任三公之下、卿大夫之上的少師一職。時紂王作炮烙之刑，暴虐無道，比干憐憫人民憂心政治，認為君王無道但百姓何辜，不畏死難直言勸諫。相傳紂王聞言暴怒，說他聽說過聖人之心有七竅，遂剖殺比干，取其心來觀視。因為比干和微子、箕子一樣，無懼艱難的依其使命擇善固執，所以孔子稱道身處商朝末年的他們，皆是行仁的「仁者」（18‧1）。（楊舒淵）

【孔子祖先】 殷商宗室微子啟與孔子關係密切，孔子的先祖微仲，是微子啟之弟。微仲，姓子，名衍，宋國第二任國君。而後由宋

公稽、丁公申、湣公共傳承。到了湣公共長子弗父何時，由於弗父何將國君之位讓於其弟，孔子一脈從此由諸侯轉為公卿之家。公卿爵位則由弗父何之子繼承，名為宋父周，而後由世子勝、正考父、孔父嘉傳承。

孔父嘉這一代正逢周禮制度的「五世親盡，別為公族」，也就是宗法規定，公室成員傳五世後，不能再繼續列入公室，需要別立一族。孔父嘉就此以孔為氏。而後由木金父、祁父、防叔、伯夏、叔梁紇傳承。叔梁紇是孔子的父親，名紇，字叔。叔梁紇先娶施氏，生育九女而無子，而後與妾生下孟皮，但孟皮病足有殘疾，不合古人要有健康子嗣以祭祀祖先之規定；年過六十之後才又娶了孔子之母顏徵在，生下孔子（孔子家語‧本姓解）。（陳弘智）

【孔子後代】孔子有一子，名鯉，字伯魚，於孔子七十歲時去世。孔鯉也有一子，名伋，字子思，《中庸》可能是他的作品，而孟子是他的再傳弟子。孔伋的兒子，名白，字子上，相傳他也是博覽群書。之後孔氏則有孔求，孔箕，孔穿，孔謙，孔鮒等子嗣相傳而下（史記‧孔子世家；史記‧孟子荀卿列傳）。（陳弘智）

【卞莊子】魯國卞邑大夫，有勇名。當子路請教怎樣才是理想的人，孔子列舉魯國的知名人士，各舉其長來組成「知、不欲、勇、藝」四項條件，並指出再加上禮樂教化，才可稱為成人。卞莊子即是勇敢的代表（14‧12）。卞莊子能夠獨力打虎，相傳他與家臣卞壽在路上遇到兩隻老虎分食一隻牛，欲上前用劍揮殺。家臣建議他可以等待兩虎相鬥，有所傷亡再動手。之後確如家臣所言，卞莊子遂得順利殺虎（論語義疏）。卞莊子的勇名，也曾為卞邑免除戰禍。有一次齊國想要攻打魯國，正是因為忌憚卞莊子，所以軍隊不敢經過卞邑（荀子‧大略）。（楊舒淵）

【少連】少連，孔子舉陳的七位逸民之一，東夷人。《禮記》記載，孔子說少連很懂得服喪的道理，面對喪禮繁瑣的準備工作，及期間莊嚴而複雜的儀式，長期下來都循禮而行無所懈怠。而且居喪期間心情都悲悽哀傷，為父母守喪三年都懷抱憂愁。孔子曾說，行禮時與其儀式周全，不如心中哀戚，才是禮的根本道理。少連有真誠的心意，辦理喪事合乎禮儀，所以孔子評價他「善居喪」。從心底堅持行善的少連，孔子說他和柳下惠一樣，雖然不得志又受辱，可是言語合乎規矩，行為經過考慮（3‧4；18‧8；禮記‧雜記）。（楊舒淵）

【王孫賈】衛國大夫。當時流行著與其討好尊貴的奧神，不如討好當令的竈神的俗諺，王孫賈向孔子請教這句話的意思，想知道孔子在衛國會支持宮廷派還是大臣派（3‧13）。孔子接受周人的信仰，以天為至高神明與萬物主宰，因此清楚的向王孫賈指出：人不必討好鬼神，無論祈禱或獲罪，都以天為最後的及最高的對象。而孔子在肯定衛靈公能夠用人得宜時，也曾提及王孫賈，認為他統率軍隊的能力值得肯定（14‧19）。（陳弘智）

【世叔】游吉，又作子太叔，鄭國大夫，卒於西元前 507 年。他是公孫蠆的兒子，於西元前 522 年繼子產之位執政。孔子曾談到鄭國發布外交文件時非常慎重，並提及世叔的才能。世叔當時的工作是推敲斟酌裨諶所擬的文稿，可見世叔在這方面的能力，在當時備受重視與信任，也得到孔子的肯定（14‧8）。（陳弘智）

【史魚】字子魚，又稱史鰌。衛國大夫。史魚至死都不忘勸諫衛靈公重用蘧伯玉而遠離彌子瑕。孔子曾稱讚史魚，無論政治是否上軌道，言行都能夠像箭一樣直。對於史魚推薦的人才蘧伯玉，孔子更肯

64

定他是位君子。由此可見，孔子相當認同史魚的人格與眼光（15‧7）。
（陳弘智）

【左丘明】魯國太史。司馬遷稱其姓左丘，名明，是魯國的君子。生活年代或與孔子同時，較晚去世（史記‧十二諸侯年表；漢書‧楚元王傳）。左丘明與孔子的好惡相同，都樂意真誠待人，不願虛與委蛇。都覺得說話美妙動聽，表情討好熱絡，態度極其恭順的行為可恥；都覺得內心怨恨對方，表面上卻與他繼續交往的行為可恥（5‧24）。

相傳孔子曾與左丘明一同觀看魯國史記，後作《春秋》。《春秋》是連子夏都不能再增刪字句的，然而其特殊的筆法，加上微言要義，卻導致弟子在孔子去世後各有見解。左丘明害怕眾說紛紜會失去真意，遂作《左氏春秋》，翔實補述史事，佐證孔子並非空言說經。不稱「左丘氏春秋」是為了避孔子之諱（史記‧孔子世家；漢書‧藝文志）。（楊舒淵）

【伊尹】氏伊，名摯，尹為官名。商初大臣，曾輔助商湯滅夏。子夏解讀孔子回應樊遲關於如何行「仁」的對話，曾經舉例說明，提拔正直的人並使他們位於偏曲的人之上，可以使偏曲的人也變得正直。就像湯統治天下時，在眾人中挑選，把伊尹提拔出來，不走正路的人就自然疏遠了（12‧22）。由此可見後世對於伊尹的貢獻極為肯定。孟子認為伊尹是「聖之任者」，為聖人中負責任的（孟子‧萬章下）。
（陳弘智）

【仲叔圉】孔圉，又稱仲叔圉，諡「文」，故又稱孔文子。在衛靈公所任用的人才當中，孔子認為仲叔圉的外交能力確實有其長處，值得予以肯定（14‧19）。子貢曾請教孔子，為何仲叔圉可以得到「文」的諡號？孔子告訴他，這是由於仲叔圉聰明又愛好學習，並且不以放

下身段向人請教為恥。而《周書‧諡法》的「文」有六個等級，仲叔圉做到了「學勤好問」，所以得到「文」的諡號（5‧14）。（陳弘智）

【夷逸】夷逸，孔子舉陳的七位逸民之一。相傳《尸子》記載夷逸是夷詭諸之後裔，但不能確定這與孔子說的是同一人，然而其事蹟似可呼應孔子的評語。根據記載，有人勸夷逸出仕，但夷逸把自己比喻為牛，說他寧可背負軛具在田野耕作，也不願成為披上錦繡高放在廟堂的犧牲。夷逸或許是寧願與百姓一起踏實做事，也不想看起來衣冠楚楚，實際卻有志難伸。莊子在拒絕楚王仕官的邀約時，也有相近的說法。他說自己寧可做隻在泥地爬行的烏龜，也不願成為被供奉在廟堂的神龜（莊子‧秋水）。孔子評論夷逸和虞仲一樣，不得志但能善用明智，隱居起來放言高論，人格表現廉潔，進退合乎權宜（18‧8）。（楊舒淵）

【朱張】朱張，孔子舉陳的七位逸民之一。朱張的生平已不可考，而且他是唯一未被孔子評述的人物。根據清代學者劉寶楠的研究，孔子未評述的原因，很可能是朱張的事蹟在當時已經失傳，但在談論逸民時為求審慎，仍將朱張之名列於其中。王弼另有朱張即是荀子所推崇之子弓的說法，然而若依照楊倞的《荀子注》，視「子弓」為孔子的學生仲弓，則此說不可信。若取此說，就會變成孔子將其學生陳於先賢之列，還拿自己與他比較了（18‧8；論語正義）。（楊舒淵）

【老彭】殷代的賢大夫。他對古代文化既相信又愛好，只傳述先王之道而不自行創作。孔子是殷人之後，曾親切並謙虛的說自己在這點上和老彭相像（7‧1）。《大戴禮記》記載，孔子曾向魯哀公提到老彭教導人的方法。說他教大夫治理政事，教士人擔任官職，教庶民各種技藝的時候，學生太得意的就壓抑，太退縮的就鼓勵，務必使他

們不遠離中道。同時要求修養德行，委任做事也不會只考量言談的能力。因為言談雖能裝飾外在，但重要的還是內在的實力（大戴禮記・虞戴德）。（楊舒淵）

【伯氏】 齊國大夫。曾經有人請教孔子如何評價子產、子西、管仲三人，孔子在回答有關管仲的作風時，提及伯氏。伯氏被管仲分走三百戶駢邑，只能以粗食生活，卻終身沒有抱怨管仲。孔子認為，這可能是由於伯氏本身獲罪，加上管仲對國家有大功的緣故（14・9）。另有一說，伯氏名偃，而駢邑是他的封地，駢為地名。（陳弘智）

【伯夷】 伯夷是商紂時期孤竹國君的長子。孤竹國君想立伯夷之弟叔齊為君，叔齊不願奪取兄長的王位，伯夷也不願違背父意，兩人於是離開國家，投奔西伯姬昌，也就是後來的周文王養老。文王過世後，武王決定討伐紂王，伯夷、叔齊力勸武王勿以臣子身分殺害君王，背負不仁之名，但武王心意已決。殷朝滅亡後，天下歸順於周，伯夷兄弟以此為恥，堅持不吃周朝的糧食，並隱居於首陽山，以野菜為食，最後飢餓而死。

伯夷的高風亮節深受孔、孟稱許，孔子認為伯夷兄弟雖不得志，但志節與人格都不受侮辱，他們求的是行仁，也得到了行仁的結果，兩人的卓越德行，到今天還被人們稱頌（7・15）。相較於孔子只是稱揚伯夷的行徑，孟子更提升他的地位，認為他是百代人的老師，是清高的聖人。他說伯夷眼睛不看邪惡的事物，耳朵不聽邪惡的話語，不去服事不好的君主，也不使喚不理想的百姓。天下動亂時就隱居，不住在施行暴政的國家。因此，聽說了伯夷作風的人，貪婪的會變為廉潔，懦弱的會立定志向。（解文琪）

【伯禽】 姬伯禽，周公旦的長子，封於魯，故稱魯公，是魯國的

第一任國君。周武王破殷之後，封周公旦於曲阜，但是周公為了留佐武王，遂不就封。武王駕崩後，周公為了輔佐年幼的成王，於是讓伯禽代為就封，成為魯公。《論語》記載周公於伯禽就封時，訓誡他身為一國的政治領袖，要齊家治國就不可以疏忽怠慢親族，當委用大臣不可以讓他們抱怨未受重用；要照顧長期追隨的臣屬，沒有嚴重過失就不要開除；不要對一個人要求十全十美，而是要期許自己能知人善任，隨才任事（18‧10；史記‧魯周公世家）。（楊舒淵）

【佛肸】晉國趙簡子專政時，攻打范氏、中行氏，以及中牟縣，當時佛肸是中牟縣長，據地反叛趙簡子。孔子曾經想應佛肸的召請前往幫忙，子路認為君子不應前去公然行惡之人那裡，並勸阻孔子。孔子對此並不否認，同時提出比喻來說明。比喻是說：最堅硬的東西是不會被磨薄的，最潔白的東西也不會被染黑，最後還表示自己不只是供人觀賞的匏瓜星而已。孔子藉此表明他不認為佛肸對於自己能有所影響（17‧7）。（陳弘智）

【宋朝】宋國公子，名朝，是當時的美男子，在衛國擔任大夫。宋朝多淫欲，他與衛靈公的夫人、宋國人南子私通，甚得寵幸。衛靈公曾為南子召回出奔的宋朝，宋國平民遂將南子與宋朝比做豬，說「既定爾婁豬，盍歸吾艾豭」，諷刺南子既已獲得滿足，何不讓宋朝歸國呢（左傳‧定公十四年）？孔子曾評論衛國的政局，表示衛國不重視祝鮀等有能的官員，卻重視宋朝的美貌，這樣一來，在當前各國爭強的情勢下，恐怕是難免於災禍的。果然在還能合宜用人的靈公去世後，衛國就內亂頻仍（6‧16；14‧19）。（楊舒淵）

【叔氏】魯國三家之一。三家為孟氏、叔氏、季氏，皆為魯桓公之後，故又稱三桓。魯桓公之繼位者為莊公，另三子為慶父、叔牙、

季友，分別稱為仲孫、叔孫、季孫，仲孫也就是後來的孟孫。三家之繼位者皆為卿，分別為司空、司馬、司徒。（陳弘智）

【叔孫武叔】 叔孫州仇，魯國大夫。諡「武」，故稱叔孫武叔。他曾在朝廷對大夫們宣稱子貢的才德高過仲尼，藉以譏笑孔子；也曾經「毀仲尼」，發表誹謗孔子的言論。子貢聽到這些說法有何回應呢？他以房屋的圍牆高度，比喻別人理解自己與老師的學問之難易度。他的圍牆只及肩，屋內的美好布置可被直視；老師的圍牆卻有好幾丈高，如果找不到大門進去，就看不到裡面的宏偉景致。而叔孫州仇應該就是找不到大門的人。更何況孔子的才德有如日月，無可超越。一個人若想斷絕與日月的關係，除了顯得他不知道自己的分量，對於日月又有何損傷（19‧23；19‧24）？（楊舒淵）

【叔齊】 姓子，氏墨胎，名致，字公達，諡號齊。殷代末年，孤竹國的國君之子。叔齊是伯夷的弟弟，卻被認定為王位繼承人，因此兩人互以王位相讓。後來更一起逃往西伯昌的領地，勸阻武王伐紂而未成，最後以不願「食周粟」，餓死於首陽山。孔子曾稱讚他們兄弟，心中不記著別人過去的惡行，而且對於「行仁」也能求之得之，是古代的有德之士（5‧22；7‧15）。（陳弘智）

【周公】 姓姬，名旦，諡文，稱作周公旦、叔旦，周文王之四子，周武王之弟。因采邑在今陝西岐山附近的周城，稱為周公，另稱周文公；周公的後代封於魯國，又稱魯周公。周公輔助武王伐紂滅商，並立紂王之子武庚於殷。武王逝，周公輔佐武王之子成王治理天下，奠定周朝的基業。並確認嫡長子的繼承權，不僅可以繼承財產，亦可以繼承政治地位。

治理周朝初期，因管叔、蔡叔奉周公之命監國於殷，卻與武庚勾

結叛周，起兵作亂。周公奉成王之命東征，歷時三年之久，誅殺武庚和管叔，流放蔡叔，平定了三監之亂。周公東征後，掃滅了殷商殘留的勢力與周朝宗室內部的反對力量，對周王朝的鞏固具有重要的政治意義。

周公依據夏、殷兩朝的禮樂來制定周朝的制度，為西周初年制禮作樂的聖人，後世稱為「周禮」或「周公之典」；制禮作樂不僅幫助社會安定，也完善了典章制度。禮樂的背後就是人文化成的偉大理想。

周公之子伯禽，受封於魯，稱為魯公。在《論語》中，周公對魯公說明君子在政治上的表現行為：君子不會疏忽怠慢其親族，也不會讓大臣抱怨沒有受到重視，長期追隨的屬下若沒有嚴重過失，就不開除；不要全面要求一個人具備各種條件（3‧14）。孔子志在學習周公，以長久未能夢見周公來感嘆自己的衰老（7‧5）。他希望追隨周公的志業是：以文化陶冶人才，以人才發揚文化，兩者同時兼顧，既能制禮作樂又能匡正天下。（陳慧玲）

【**周文王**】姬昌，季歷的兒子。季歷的父親古公亶父認為他可以使家族興盛，於是把王位傳給少子季歷。季歷即位後，周有顯著的發展，引起殷王畏懼，於是殺害季歷，由昌繼承西伯之位，稱為西伯昌。

西伯昌治理周人時，施行仁政，禮賢下士，有很多賢者前來投奔，後來崇虎在紂王面前中傷他，於是被囚禁在羑里，相傳他在此時製作了《周易》。周人這時也以美女、駿馬賄賂商紂，他才得以被釋放。西伯歸國後，一方面使周附近的一些部落歸附，另一方面擴張武力，準備伐殷，當時領土已是「三分天下有其二」。他臨死前囑咐其子發滅殷，後來發即位為武王，打敗殷朝，定都鎬京，追封其父為文王（史記‧周本紀）。

孔子在匡城被圍困時曾說自己是文王死後文化傳統的繼承者，孟子也提及文王雖以民力建造高臺深池，但百姓非常喜歡，這是因為他

能夠與人民一起享用，且文王發布政令時一定先考慮鰥、寡、孤、獨四者，所以當伯夷與姜太公避開商紂，住在海邊時，一聽到文王興起，就想去投奔他，這是因文王施行仁政與重視百姓（孟子・梁惠王；孟子・離婁）。（解文琪）

【周任】古代的一位史官。季氏準備攻打顓臾時，冉有與季路向孔子詢問意見，孔子引用周任說過的話來責備冉有。周任認為能夠貢獻力量，才去就任職位，做不到的人就下台。孔子就是引用這個觀點，指出既然為人臣子，就應該負起輔助的責任（16・1）。（陳弘智）

【周武王】姬發，周文王的兒子，周朝開國君主。文王臨終前囑咐早日推翻殷商，武王即位後，重用太公望（即姜太公，呂尚）、周公旦等人，國家日漸強盛。他曾在盟津大會諸侯，舉行誓師儀式，前來會盟的諸侯有八百多個。即位十一年後在牧野討伐紂王，殷商軍隊無心應戰，倒戈相向，紂王在鹿臺自焚，殷商滅亡。

周朝建立後，武王以公、侯、伯、子、男五種爵位分封親屬和功臣，讓他們建立諸侯國，穩定天下局勢。武王克殷三年後因病去世，由年幼的成王繼位，周公旦輔政，周朝政局從此邁向穩定（史記・周本紀）。

孟子曾多次讚揚武王的仁德與勇氣。齊宣王質疑武王以臣的身分討伐商紂並不合禮，孟子回答商紂既破壞仁德又破壞義行，所以武王殺的是一位獨夫，不是國君。武王的勇在於他認為紂王橫行天下很可恥，所以一怒之下討伐紂王，安定天下的百姓。孟子也說武王從不輕慢身邊的臣子，也不遺忘遠方的臣子。攻打商紂時，告訴殷商百姓他是來安撫百姓的，不與他們為敵，於是獲得民眾歡迎尊敬，順利滅殷（孟子・梁惠王下；孟子・離婁下）。（解文琪）

【孟之反】姓孟，名之側，字之反。魯國大夫。孔子曾經讚許孟之反不願誇耀自己。孟之反在魯軍戰敗撤退之時負責殿後。他說不是自己敢於殿後，而是所乘之馬不肯快走的緣故。一個人有功而不誇耀，不僅表現謙虛的美德，別人也樂於推崇他（6‧15）。（陳弘智）

【孟公綽】魯國大夫，據說為人淡泊寡欲。孔子兩度提及孟公綽，一次說他了解孟公綽因為自身寡欲安詳的心態，所以只適任大國之卿的家臣，而無法做小國的大夫（14‧11）；另一次則是孔子回答子路關於具備哪些條件，才是理想之人的問題時，提到孟公綽的少欲。由此可知孟公綽在「不欲」方面的修養受到孔子肯定（14‧12）。（陳弘智）

【孟氏】魯國三家之一。三家為孟氏、叔氏、季氏，皆為魯桓公之後，故又稱三桓。桓公之繼位者為莊公，另三子為慶父、叔牙、季友，分別稱為仲孫、叔孫、季孫，仲孫也就是後來的孟孫。三家之繼位者皆為卿，為司空、司馬、司徒。

　　孟氏家族中，孟懿子曾奉其父孟僖子之命，向孔子學禮。而他和其子孟武伯，都曾向孔子請教孝道。孔子告訴孟懿子不要違背禮制就是孝，告訴孟武伯不要讓父母擔心疾病以外的問題就是孝。合而觀之，孔子的回答包括了謹守禮制規範來事奉雙親，以及要設身處地的為父母著想，兼顧了孝道的規範面和情感面（2‧5；2‧6）。（陳弘智）

【孟武伯】出自魯國孟氏家族，姓姬，氏仲孫、即孟孫，名彘，謚號武。孟懿子之子。孟武伯曾向孔子請教過關於「孝」與「仁」的問題。孔子提醒孟武伯，為人子女者應當各方面都表現良好，讓父母只關心他們的健康而不必擔心其他問題。可見孔子對於學生確實是因材施教（2‧6）。在「仁」的問題方面，孟武伯因為聽說孔子稱揚「仁」，卻不知其意，所以舉孔子的幾位學生為例來請教，希望辨明「仁的標

準」（5‧7）。（陳弘智）

【孟敬子】姓姬，名捷，謚號敬，又稱仲孫捷。孟武伯之子，為魯國大夫。曾參生病時，對於前來探望他的孟敬子曾經有過勸誡。曾參告知孟敬子為政者所必須把握的三個原則：舉止與態度要威嚴，如此可以讓自己避免粗暴與怠慢；神情與臉色要端莊，如此可以讓自己容易表現誠信；言語與聲調要穩重，如此可以讓自己避免鄙陋與狂妄。曾參更以「人之將死，其言也善」一語，來肯定自己的話有道理（8‧4）。（陳弘智）

【孟懿子】出自魯國孟氏家族，姓姬，氏仲孫、即孟孫，名何忌，謚號懿，又稱仲孫何忌。孟武伯之父，魯國大夫。小孔子二十歲，卒於西元前 546 年。魯國當時被孟、叔、季三位大夫把持朝政，並且常常違禮僭禮。因此其父孟僖子曾命孟懿子向孔子學禮。孔子在孟懿子請教「孝」的意義時，因材施教，提醒他謹守禮制來侍奉父母，不單單只在於雙親在世之時，即使雙親過世後，也必須依禮的規定來安葬及祭祀（2‧5）。（陳弘智）

【季子然】季氏子弟。曾經請教孔子，子路與冉求是否稱得上是大臣？孔子表示，能以正道來服事君主，行不通就辭職，毫不戀棧職位的才是大臣。而子路與冉求只可以做到盡忠職守，所以只稱得上是「具臣」，也就是專業的臣子。季子然繼續追問他們會不會唯命是從？孔子回覆道，他們雖然只是具臣，但也不會做違背正道的事（11‧24）。（陳弘智）

【季氏】魯國三家之一。三家為孟氏、叔氏、季氏，皆為魯桓公之後，故又稱三桓。魯桓公之繼位者為莊公，另三子為季友、慶父、

二、人物

叔牙，分別稱為仲孫、叔孫、季孫，仲孫也就是後來的孟孫。三家之繼位者皆為卿，為司徒、司空、司馬。尤以季氏權力最大，把持魯國朝政。

孔子三十五歲左右，季平子曾在家廟的庭前舉行天子所專享的八佾之舞，以大夫的身分僭用天子之禮樂，孔子極為不滿，有「是可忍也，孰不可忍也」的強烈批判（3‧1）。與孔子同時的季氏人物，還有季桓子與季康子。

《論語》有以季氏之名為題的季氏篇。（陳弘智）

【季文子】出自魯國季氏家族，姓姬，諡號文，又稱季孫行父。魯國大夫。卒於西元前 568 年。由於季文子在孔子出生前十三年已去世，因此孔子對他的認識，來自於別人的描述。季文子被描述為一個思想謹慎的人，凡事都要「三思而後行」，考慮許多次才去做。而孔子則認為謹慎固然重要，但是想得過度可能會錯失行動的時機，或者陷於猶豫不決的情況（5‧19）。（陳弘智）

【季平子】出自魯國季氏家族，姓姬，氏季，諡號平，名為季孫意如，又稱季平子。魯國當權卿大夫，卒於西元前 505 年。曾將魯昭公驅逐出國，另立昭公之弟為定公。定公即位時，孔子四十三歲。孔子曾批評季平子，對於他在家廟的庭前舉行天子所專享的八佾之舞，表達無法容忍之意（3‧1）。（陳弘智）

【季桓子】出自魯國季氏家族，姓姬，氏季，名斯，諡號桓，又稱季孫斯。季平子之子，魯國執政上卿，卒於西元前 492 年。孔子曾批評季桓子之父，也就是對季平子的所作所為，表達強烈不滿。（3‧1）到了季桓子執政時，齊國送了一隊能歌善舞的女子給魯國，季桓子不但接受，還與魯定公連續三天不問政事，因此當時任官司寇的孔

子，雖然頗有政績，卻毅然辭官離去。此事發生於魯定公十三年，孔子五十五歲時（18‧4）。（陳弘智）

【季康子】
季孫肥，春秋時魯國大夫季桓子之子，繼桓子擔任魯哀公的卿相。當時魯國國室衰弱，以季氏為首的三桓強盛，季康子位高權重，是魯國的權臣。

孔子周遊列國期間，季康子任用冉求和齊作戰。冉求打敗齊兵後，季康子問他是否可以召請孔子回國，冉求回答若要召請孔子，必須信任他，不可讓小人阻礙，於是季康子備妥周禮迎接孔子，孔子回到魯國。

季康子曾多次請教孔子治國的道理，孔子告訴他要先端正自己，自己走上正道，人民也會走上正道。政治領袖的言行像風，百姓的言行像草，風吹在草上，草一定跟著倒下；同樣的道理，從政者如果不貪求財貨，即使獎勵人民，人民也不會偷竊（12‧17；12‧18；12‧19）。進一步來說，如果要百姓尊敬、效忠與振作，從政者就要以莊嚴的態度、仁慈的心面對百姓，提拔好人並教導能力不足的人（2‧20）。

季康子也請教孔子如何用人，孔子告訴他要提拔正直的人，把他們放在偏曲者之上，偏曲者自然會正直。季康子也想推薦孔子的弟子從政，曾徵詢子路、子貢、冉求三人的能力，孔子都肯定他們（6‧8）。
（解文琪）

【季歷】
季歷，又稱周公季、周王季。周朝先祖古公亶父有三子：長子泰伯，次子仲雍，季歷是少子。季歷有賢德，其妻太任也是賢婦人，生子姬昌又有聖德端倪。古公亶父認為，姬昌當能使氏族興盛，所以有意傳位給季歷，讓姬昌能夠繼位。泰伯與仲雍體貼父親的心意，遂採藥為父治病，遠走到吳越之地，多次讓國使季歷得以繼位。季歷

接位後，延續父親積德行義的作風，讓更多諸侯國順服親近，為其子姬昌，也就是周文王，以及其孫武王開創周朝奠定了基業（8‧1；史記‧周本紀）。（楊舒淵）

【長沮】隱者，長沮不是其真實姓名。長沮以及桀溺這兩位隱者一起耕田，孔子經過時吩咐子路去向他們詢問渡口的位置。長沮沒有回答子路的問題，反而問他隊伍中手拉韁繩的人是誰？在確定手拉韁繩的人是魯國的孔丘後，依舊沒有回答渡口的位置，只說孔子早就知道渡口在哪裡了。長沮的回答，透露出對孔子的肯定，表示孔子知道何去何從。雖然彼此的信念不同，但長沮仍然佩服孔子能夠有所堅持（18‧6）。（陳弘智）

【南子】衛靈公夫人，原為宋國宗室。相傳南子雖貴為衛靈公夫人，卻與他人私通，因此名聲極差。孔子曾經依循禮節應邀與南子相見，對此子路甚為不悅，原因可能是由於孔子教訓過他「名不正則言不順」的一番言論（13‧3）。事後孔子則以堅定的語氣發誓，來回應子路的質疑。由孔子的誓詞可見，其所信者為天，並且對自身的行為是否合乎天命方面，有深刻的信心（6‧28）。（陳弘智）

【柳下惠】魯國賢者展獲，字禽，又名展季，春秋時期魯國人，「柳下」是他的食邑，「惠」他的諡號。

柳下惠曾做過魯國大夫，後來不得志而成為逸民。孔子認為他志節受委屈，人格受侮辱，可是言語合乎規矩，行為經過考慮，是品格高尚的人。孔子也曾因魯國大夫臧文仲不任用柳下惠而批評臧文仲沒有仁德（15‧14；18‧8）。

柳下惠是一位堅持原則的人。在他擔任典獄官時，多次被免職。有人勸他離開魯國，他卻說堅持原則為人工作，到哪裡都會被免職，

但如果放棄原則為人工作，到哪裡都行得通，也沒有必要離開自己的國家（18‧2）。

孟子也十分推崇柳下惠，他認為柳下惠不因做大官就改變操守，不因君主不聖明而感覺羞恥，也不因官職低而感到卑下。他入朝做官時，不隱藏才幹，但一定遵守自己的原則。離開官職時不抱怨，窮困潦倒時也不憂愁。能隨和的與任何人相處而不失去自己的風度，所以聽到柳下惠作風的人，狹隘的變為開朗，刻薄的變為敦厚。孟子甚至將他視為聖人，認為他是聖人中隨和的代表，與伯夷、伊尹、孔子並列。（解文琪）

【**禹**】姒姓，夏后氏部族首領，名文命，號禹，後世尊稱禹王。堯在位時他被封為夏伯，史稱伯禹、夏禹、大禹、崇禹、戎禹。禹幼年隨父親鯀東遷，來到中原，其父鯀被帝堯封於崇，也就是中嶽嵩山。帝堯時，中原洪水氾濫造成水患災禍，百姓痛苦不堪。帝堯命令鯀治水，歷時九年未能平息洪水災禍，因此，命鯀的兒子禹繼任治水之事。

禹視察河道，並檢討鯀治水失敗的原因。禹改革治水方法以疏導河川治水為主導，利用水向低處流的自然趨勢，疏通了九河。經過了十三年治理，三過家門而不入，終於消除中原洪水氾濫的災禍。大禹整治黃河水患有功，因此受舜禪讓繼帝位。禹登天子之位，並以自己的封國夏為號，宣告夏王朝正式建立。

禹以安邑、即今天的山西夏縣為都城，並分封丹朱於唐，分封商均於虞。禹死後葬於會稽。相傳禹改定日曆稱為夏曆，以建寅之月為正月；又收取天下的銅，鑄成了九鼎，作為天下共主的象徵。《說苑》記載大禹「卑小宮室，損薄飲食，土階三等，衣裳細布」，生活極其儉樸。

禹在統治上知人善任，雖然看似不參與實際政務，但百官分層負責，有秩序地治理國家。孔子讚頌舜和他都是德行崇高的領袖，因為

兩者都能擁有天下而不刻意去統治（8·18）。在日常生活上，禹吃得簡單、穿得粗糙、住得簡陋，然而作為領袖，他總是講究祭儀的供品與衣冠，把全部的力量用在改善溝渠水利上。重視信仰的價值，努力為民服務，因此孔子對他毫無批評，充分肯定其德行（8·21）。（陳慧玲）

【紂】姓子，名受，諡號紂，又稱帝辛、受德。商朝最後一位君主，遭周武王討伐而滅國。孔子曾經稱讚商朝末年三位行仁之人。這三位能夠擇善固執的人分別是比干、微子以及箕子。比干為了勸諫紂王而被殺害；微子離開紂王的宮廷；箕子淪為紂王的奴隸。這三位仁者都是在紂王的暴政惡行下，見證了人格的價值與人性的尊嚴（18·1）。子貢認為，商紂的罪惡不像傳聞中的那麼嚴重，但因目標太明顯，而導致天下壞事都算在他身上。所以君子要提醒自己不要「居於下流」（19·20）。（陳弘智）

【羿】夏代有窮國之君，以善射聞名。相傳被其臣寒浞所殺。羿與寒浞之子奡，這兩人曾被南宮适提及，以請教孔子尚德不尚力的佐證，孔子當場沒有任何回應。但是由孔子事後所說的話，可以了解孔子對於尚德不尚力相當讚賞，並且認為武力這方面的經歷與專長，對於德行方面並無直接的關聯與助益（14·5）。（陳弘智）

【原壤】魯國人，孔子的舊友。孔子有一次見到原壤伸開兩腿坐在地上等著他來，便對他的態度做出直接而嚴厲的評論。孔子指出，原壤年少時的言行表現不謙遜也不友愛，長大之後也沒有值得傳述的作為，到了這麼老了還不死，簡直是傷害了做人的準則，意即為人生立下了負面的示範。孔子在講完之後，還以拐杖敲他的小腿。由此一事件看來，孔子與原壤的交情並非泛泛，但是孔子對於原壤的表現非

常不滿（14‧43）。（陳弘智）

【師冕】魯國樂師。古代樂師一般由瞽者擔任，師冕正是一位盲眼的樂師。師冕曾到孔子家拜訪，孔子親自接待他。當他走到台階前，走到坐席旁，孔子都會出聲引導。當眾人坐定，孔子也一一告訴他各個位置坐的是什麼人。師冕離開後，子張請教孔子，像這樣子出聲指點，是不是與瞽者說話應有的方式？這個問題得到孔子肯定的回答。由此可見，孔子對人的態度富有同理心，他真誠而自然，將心比心、設身處地為人著想。於是能從容合宜地與人互動，行為也合乎禮儀（15‧42）。（楊舒淵）

【師摯】魯國的大樂官，又稱大師摯，「大」音「太」，「大師」即樂官之長。魯哀公時樂官流散各地，師摯前往齊國。孔子曾經稱道師摯，表示從他開始演奏，到結束於《關雎》一曲，美妙的音樂一直洋溢在自己的耳中。孔子結束周遊、返回魯國後，也很可能跟師摯談過音樂的原理。他透過一些比喻，說明音樂是可被理解的。孔子表示演奏開始時，樂音陸續出現，顯得活潑而熱烈；隨後轉為和諧而單純，節奏清晰而明亮，旋律連綿往復直到曲終。比喻式的說法，指出需要主觀體驗的藝術欣賞，其感受無法以具體的方式表達明白（3‧23；8‧15；18‧9）。（楊舒淵）

【師襄】魯國樂官，又稱師襄子，因為善於擊磬，又稱擊磬襄。魯哀公時樂官流散各地，師襄移居海邊。孔子曾向師襄學琴，一首曲子彈了十日，仍不願練習別首。師襄屢次建議他可以換彈別首，但孔子一次次的婉拒。理由分別是：一開始雖然學了曲調，但技藝尚未熟練；技藝熟稔後，又還未體會曲中意趣；領略意趣後，又尚未懂得作者的精神人格。直到某日，孔子終於感悟作者的為人，怡然讚嘆這首流露

二、人物

周文王人格氣象的曲子一定是文王所作。至此，師襄「辟席再拜」，佩服孔子可由習曲而感通作者的品行。能由演習明白原理，正是孔子得以評論《韶》樂、《武》樂的根據（3·25；18·9；史記·孔子世家）。

（楊舒淵）

【晉文公】 姓姬，名重耳。晉獻公之子，為春秋五霸之一，生於西元前 697 年，繼位於西元前 636 年，卒於西元前 628 年。晉文公在位僅九年，行事卻以權詐出名。孔子曾說他善用權謀而不循正途，並以此對照出齊桓公的依循正途而不用權術。由此可見，孔子在此所考慮的重點在於「依循正途」（14·15）。（陳弘智）

【晏平仲】 名嬰，字仲，諡號平，又稱晏子。晏弱之子，齊國大夫，卒於西元前 500 年。孔子三十五歲時曾旅居齊國，當時齊景公有意任用他，後來卻遭晏平仲反對而作罷。不過孔子仍然肯定晏平仲，認為他懂得與人交往的道理，交往得越久，別人越敬重他（5·16）。

（陳弘智）

【泰伯】 泰伯，亦即太伯，周文王的大伯。周朝祖先古公亶父有三子：長子泰伯，次子仲雍，少子季歷。仲雍又名虞仲，季歷生子姬昌，也就是後來的周文王。古公亶父想讓表現出聖德端倪的姬昌得以繼位，也有此想法的泰伯，遂託言要採藥為父親治病，與仲雍主動出走到吳越之地。又斷髮紋身，表示自己不問政事，多次借事託詞將天下讓給季歷，以後才有周文王與其子武王建立周朝。孔子稱讚泰伯不但真誠勇敢，也善用智慧成就孝悌與安民等德行，不落痕跡的實現至德，讓百姓找不到具體的德行來讚美他（8·1）。後來，推崇泰伯德行的吳越百姓，擁立泰伯為吳太伯，成為周朝時吳國的始祖（史記·周本紀；史記·吳太伯世家）。

《論語》有以泰伯之名為題的泰伯篇。（楊舒淵）

【殷高宗】 武丁，商朝的第二十三位君王。《書經》記載，殷高宗守孝時，住在守喪的屋子，三年的喪期間都不問政事。由於春秋末年已無人如此，而且無人領導恐致禍亂，所以子張向孔子請教其意。孔子表示不只是高宗，古代在國君死後，新君都是三年不問政治，讓百官聽命於宰相，各居其職（14‧40）。理由在於，新君要為父親守孝，不敢改換與父親相同的君王服式，不敢登父親之位聽政。然而國家不可一日無君，遂委任宰相，領導百官行政。這也展現了古代君臣重視孝悌忠信，奉公守禮的精神與事蹟（論語注疏；論語正義）。（楊舒淵）

【桓魋】 向魋，又稱桓魋。宋國司馬，即軍事統帥。聽說孔子曾經批評自己，所以桓魋獲知孔子與其弟子周遊到了宋國，就想殺害他。此事發生在孔子五十九歲時。當時孔子是知天命之後的順天命時期，因此立即訴求於天。他說：「天生德於予，桓魋其如予何？」表示上天是我這一生德行的來源，桓魋又能對我怎麼樣？孔子原與弟子在一棵大樹下講學，桓魋趕到時，孔子一行人已逃出邊境，桓魋氣憤之餘砍掉了那棵大樹（7‧23）。（陳弘智）

【祝鮀】 祝鮀，字子魚。衛國大夫。祝是掌管宗廟的官，因此祝鮀掌管國家的祭祀大典。孔子曾二度論及祝鮀。一次是談及國君應該重視祝鮀的口才，而不該重視宋朝的美貌，是惋惜他的口才在衛國不被重視（6‧16）。另一次則是肯定衛靈公對他還算能夠知人善任，也因而成為穩定政局的原因之一（14‧19）。由此可見孔子對他的專長與貢獻知之甚詳。（陳弘智）

【崔子】 姓姜，氏崔，名杼，諡號武，又稱崔子、崔武子。齊國

大夫，卒於西元前 546 年。於孔子四歲之際，崔子弒其君莊公，後來立齊景公為國君。在孔子回應子張關於「仁」之標準的對話當中，可以發現，孔子批判崔子以下犯上的行徑，並且肯定齊國大夫陳文子潔身自愛，因為他不願與這種人同流合汙。孔子的意思是，像忠與清都是某種特定的德行，未必等同於仁，因為仁是要擇善固執並且生死以之的（5‧18）。（陳弘智）

【接輿】接輿在古代資料中已被當作特定的人名使用。不過這是真實姓名，還是描述「接孔子之輿而歌」，已經無從考證。楚國接輿的性格狂放不羈，曾在孔子的馬車旁唱著歌，以歌詞暗喻孔子雖然志行高潔，風格卻變得落魄，歌詞最後還指出當時從政之人的危險處境，意圖勸阻孔子。但隨即避開下了車的孔子，讓孔子沒有辦法同他說話（18‧5）。（陳弘智）

【陳文子】名須無。齊國大夫。春秋戰國時，陳姓也是田姓，因此陳文子也作田文子。在子張向孔子請教有關「仁」之標準的對話中，子張認為陳文子能夠捨棄身外財物，表現值得稱讚。孔子肯定陳文子這種不願與崔子同流合汙的態度，確實稱得上是潔身自愛。不過，能夠如此清高，並不代表達到行仁的標準。孔子側重「行仁的要求」，必須擇善固執，終身以之，而不是只靠一種德行就可以蓋棺論定（5‧18）。（陳弘智）

【陳司敗】陳國大夫，司敗是官名，負責管理治安。也有一說，認為司敗就是司寇一職。陳司敗曾經就「魯昭公娶吳孟子」一事請教孔子是否合乎禮制。不過這個問題有違當時「不言君親之惡」的規範，使得孔子在回答時頗覺為難。他在聽人轉述陳司敗對他的批判之後，承認自己很幸運，只要一犯錯，別人就會知道（7‧31）。（陳弘智）

【陳成子】陳恆，齊國大夫。春秋戰國時，陳姓也是田姓，因此陳成子也是田成子，又名田常。陳成子於西元前 485 年曾教唆齊國大夫鮑息謀殺齊悼公，並改立齊簡公。到了西元前 481 年，又動手殺害齊簡公，改立齊平公。陳成子弒君之事發生在魯哀公十四年，正值孔子七十一歲。孔子曾為此而慎重齋戒沐浴，然後奏請魯哀公出兵討伐陳成子，雖然建議沒有被魯哀公及三卿採納，不過孔子仍然認為曾擔任大夫的他，有責任報告篡逆之事，並且要求出兵聲討（14‧21）。（陳弘智）

【堯】五帝之一。祁姓，名放勳，相傳為帝嚳之子，又稱陶唐氏，起初被封於陶，後遷徙到唐，亦稱唐堯，定都平陽，即今山西臨汾。《史記》記載，帝嚳有兩個兒子：摯和放勳。帝嚳死後，摯繼承帝位，為帝摯；堯則受命輔佐帝摯，帝摯於繼位九年後，將帝位禪讓於堯。堯晚年禪位於舜，提醒舜要忠實把握正義原則，因為天的任命已經落在他身上，如果天下的百姓都陷於困苦貧窮，那麼天的祿位也將永遠終止（20‧1）。

堯勤於政事，治理國家有方，仁慈愛民，盛德聞名天下。每個人與天下人之間皆有其適當關係，博施濟眾是一切適當人際關係的適當實現，通常只有充分實現其向善之性的帝王可以做到，而堯與舜就是這樣的帝王（6‧30）。孔子稱讚堯為崇高的天子，天是最偉大的，而只有堯是效法天的；堯的恩澤廣博，讓百姓不知如何去形容，不論是堯所設立的典章制度，或是輝煌的豐功偉業，都使人景仰（8‧19）。

孔子認為君子要修養自己，如此才能認真謹慎面對一切，進一步能安頓四周的人，最終能夠安頓所有的百姓。這就是「修己以安百姓」，先從自己做起，再將範圍擴大至所有的百姓身上，連堯與舜這樣的帝王都會覺得很難做到。可見孔子的思想重點是放在個人與群體

的關係上（14·42）。

《論語》有以堯之名為題的堯曰篇。（陳慧玲）

【奡】奡，又名澆。夏代寒浞之子。南宮适請教孔子尚德不尚力的佐證問題時，曾提及奡雖然精於水上作戰，卻未能壽終正寢。孔子當場並沒有任何回應，但是事後所說的話，卻表現出對此佐證並無否定，並且認為武力這方面的經歷與專長，對於德行方面並無直接的關聯與助益（14·5）。（陳弘智）

【棘子成】衛國大夫。棘子成曾經就君子的文飾與質樸方面提出意見，認為只要質樸就可以。孔子的學生子貢對此做出回應，強調君子的文飾與質樸同樣必須謹慎注意（12·8）。子貢的評論是基於孔子「文質彬彬」的觀點，也就是君子在修養方面，必須文飾與質樸搭配得宜（6·18）。（陳弘智）

【湯】姓子，名履，又稱商湯、武湯、天乙、成湯、成唐、大乙、太乙、高祖乙。商朝君主，在位期間三十年，前十七年為夏朝諸侯，滅夏之後為商王，統治天下十三年。子夏解讀孔子回應樊遲關於如何行「仁」的對話，曾經舉例說明，提拔正直的人並使他們位於偏曲的人之上，可以使偏曲的人也變得正直。就像湯統治天下時，在眾人中挑選，把伊尹提拔出來，不走正路的人就自然疏遠了（12·22）。（陳弘智）

【甯武子】姓甯，名俞，諡號武，又稱甯武子。衛國大夫。孔子曾經讚許他明智，也直言說他愚。但是孔子並非前後觀點矛盾，而是肯定甯武子能夠依據國家情勢，表現自己盡忠職守。他在國家太平時，顯得十分明智；但是在國家混亂時，他就顯得愚昧了。孔子認為他的

這種愚昧是別人趕不上的（5‧20）。（陳弘智）

【舜】 舜，名重華，姚姓，為五帝之一，受堯禪讓而稱帝於天下，都城於蒲阪，即今山西永濟，其國號為「有虞」，亦稱為虞舜。舜為部落首領，帝舜、大舜、虞帝舜、舜帝皆為舜的帝王號，後世以舜簡稱之。《史記‧五帝本紀》有「南巡狩，崩於蒼梧之野。葬於江南九疑，是為零陵」的記載，指出舜葬於九疑，即今湖南寧遠。《孟子‧離婁下》亦記載舜是出生在諸馮，遷居到負夏，最後死於鳴條，是個東方邊遠地區的人。

《史記‧五帝本紀》又有「舜耕歷山，漁雷澤，陶河濱，作什器於壽丘，就時於負夏」的記錄，顯示舜曾先後做過農耕、漁業、陶工、商貿等工作。《墨子‧尚賢中》亦說：「古者舜耕歷山，陶河濱，漁雷澤。堯得之服澤之陽，授之政，天下平。」

舜年老時禪位於禹，確定了治水有功的禹為繼任者，使天下人民安居樂業，中國歷史上，舜與堯都是禪位讓賢的聖王。《史記‧五帝本紀》記載：「天下明德，皆自虞舜始。」舜也是儒家倫理的典範，儒家重視孝道，舜則以孝著稱，亦是《二十四孝》中的孝子之一。

孔子表示，舜是能夠「無為而治」、無所事事而治好天下的人。而他所做的，不過是以端莊恭敬的態度坐在王位上而已。作為君王，舜善盡修德與盡職的責任，知人善任而分層負責，所以能無為而治。而能夠擁有天下而不刻意去統治的舜和禹，孔子以「巍巍乎！」讚頌他們崇高的德行（8‧18；15‧5）。（陳慧玲）

【陽貨】 名虎，字貨，魯國季氏家臣。季氏數代把持魯國朝政，到了孔子之時陽貨又把持季氏家族的權柄。後來他圖謀剷除三桓，失敗後逃往晉國。陽貨當權時，趁孔子不在家送去一隻燒豬，孔子依禮必須去他府上拜謝。孔子趁陽貨不在家時登門拜謝，結果在途中與其

相遇。陽貨對孔子表示：具備卓越才幹卻讓國家陷入困境，是違反行仁的道理；而喜歡從政卻屢次錯過時機，則是不明智的行為。最後更以歲月易逝不可拖延，力勸孔子從政為官。聽完陽貨的話，孔子表示他將會去做官。兩年之後，孔子開始從政，擔任中都宰（17‧1）。

《論語》有以陽貨之名為題的陽貨篇。（陳弘智）

【微子】微子，名啟，又稱微子啟。殷商宗室，為商紂王同母長兄，也是孔子先祖微仲的兄長。因母親先為帝乙之妾，後立為妻，再生紂，所以由紂繼王位。微子本有封國，回朝擔任卿士，屢次勸諫暴虐的紂王皆未成功。微子觀國必亡，本欲死諫，在其他大臣的勸告下，決定遠走他鄉，保留宗室血脈。周朝建立後，周武王復微子之位，封國於宋。

孔子認為身處商朝末年的微子、箕子與比干，皆因不忍世道喪亂民心不安，各擇其善而固執之。下場雖有不同，卻都合乎行仁的要求，肯定他們是走上人生正途，完成人生理想的「仁者」（18‧1）。

《論語》有以微子之名為題的微子篇。（楊舒淵）

【微生畝】姓微生，名畝。微生畝曾經直呼孔子為「丘」，並且懷疑孔子修飾威儀只是為了討好別人，孔子回應時說明自己努力推廣禮樂教化，是因為厭惡固陋。由這一段對話可以推測，微生畝可能比孔子年長些，才會直呼孔子之名；並且微生畝可能對孔子有些誤解或不滿的態度，才會質疑孔子所作所為是為了討好世俗（14‧32）。（陳弘智）

【微生高】姓微生，名高。魯國人。孔子曾經評論微生高不能算是直爽，因為有人向微生高要一點醋，他自己沒有，卻不坦白說清楚，轉而去向鄰居要來給人。微生高這樣的行為也許是出於好意，但是孔

子卻認為，不夠真誠坦白的態度，是與直爽不相符的（5‧23）。（陳弘智）

【**楚昭王**】氏熊，名珍，又稱熊壬。楚國君主，楚平王之子。平王死時，由不滿十歲的太子熊壬繼立，並改名熊軫，是為楚昭王。楚昭王十年，遭吳軍攻入郢都，昭王出逃。後來由秦哀公出兵相救，昭王因而遷都，更換首都之後依舊稱其為郢，是為「載郢」。孔子周遊列國期間，昭王欲招聘孔子任職，陳、蔡兩國聽聞此事，便派兵圍困孔子。後孔子派子貢到楚國求援，昭王遂興師來解救。昭王本來有意封七百里地給孔子，然而因為楚國令尹子西認為這可能讓孔子坐大勢力危害楚國，故昭王終未任用孔子（史記‧孔子世家）。（陳弘智）

【**葉公**】原名為沈諸梁，字子高，是春秋時期楚國大夫，因擔任葉地縣長，所以稱為葉公。葉公較為著名的事蹟，是平定楚臣白公勝的叛亂。白公勝為奪取政權殺死令尹子西、司馬子期，並劫持惠王想要自立，葉公出兵平定叛亂，為國立功。葉公身材短小，彷彿撐不起衣服，荀子由這一點說明不應該以一個人的身形論其功業和道德。

　　孔子帶領弟子周遊列國時，從蔡國專程到葉地拜訪葉公。葉公請教孔子為政之道，孔子告訴他應該重視民心，使境內的人高興，使境外的人來歸（13‧16）。葉公也曾就正直的標準和孔子討論。葉公說他們鄉里有一位正直者，父親偷了羊，兒子親自去檢舉。孔子回答他，自己鄉里正直的人做法並不一樣，是父親替兒子隱瞞，兒子也替父親隱瞞。依孔子想法，正直來自真誠的情感，父子互相隱瞞才是順乎天性與人情的（13‧18）。有一天葉公向子路詢問孔子的為人，子路沒有回答。孔子知道後，告訴子路：你怎麼不說他這個人，發憤用功就忘記吃飯，內心快樂就忘記煩惱，連自己快要衰老都不知道，如此而已（7‧19）。（解文琪）

【虞仲】虞仲，孔子舉陳的七位逸民之一。孔子說的「虞仲」確指何人已難以考據，可能是周朝祖先古公亶父的次子仲雍，也可能是仲雍的曾孫周章之弟，又或者是春秋時代虞公之弟，各有理據。若是指仲雍，他和其兄泰伯為了成全父親讓季歷繼位進而傳位給姬昌、即後來的周文王的心意，遠赴荊蠻隱居，紋身斷髮讓季歷得以即位的事蹟，可能就是孔子讚揚他的原因之一。孔子說他和夷逸一樣，雖然不得志，卻能善用明智，隱居起來放言高論，人格表現廉潔，進退合乎權宜（18‧8）。後來，荊蠻百姓擁立泰伯為吳太伯，泰伯無子，去世後由仲雍繼任。（楊舒淵）

【僎】僎，衛國大夫。僎原本是公叔文子的家大夫，頗有才能，公叔文子於是將他推薦給衛君，與自己同樣擔任朝廷大夫。這件事顯示出公叔文子懂得辨別人才，胸懷也坦蕩無私，不將人才留為一家之用而舉薦於公朝，也不嫉妒原本的下屬晉升高位，與自己齊列同班。孔子聽聞這件事，肯定公叔文子足以擔當「文」的諡號。根據《周書‧諡法》，「文」有「經緯天地，道德博厚，學勤好問，慈惠愛民，愍民惠禮，錫民爵位」六個等級，公叔文子所做的是「錫民爵位」，所以得到「文」的諡號，以表彰一生的優良言行（14‧18）。（楊舒淵）

【箕子】箕子，名胥餘。殷商宗室，紂王的叔父，當時擔任父師，位列三公。箕子屢次勸諫暴虐的紂王皆未獲聽從，本想去國或死諫，但自覺職分責任，也期望有朝一日還能貢獻一己之能，又不忍因此彰顯君王的惡行，遂決定裝瘋賣傻，於是被囚為奴。因為他和微子、比干一樣，各自擇其善而固執之，所以孔子稱道身處商朝末年的他們，皆是行仁的「仁者」（18‧1）。《尚書‧洪範》記載，周武王革命成功後，曾向箕子請教如何治國，箕子告訴他殷朝繼承自夏代的「九

疇」。這九項治國大法依序是：五行，五事，八政，五紀，皇極，三德，稽疑，庶徵，五福六極。（楊舒淵）

【管仲】管仲，名夷吾，齊國人。他早年喪父，生活貧苦，與鮑叔共同經商，常占他便宜，鮑叔從不計較自己吃虧。後來管仲在仕途上不順利，打仗時失敗逃跑，鮑叔一再包容，甚至把他推薦給齊桓公，管仲曾感慨：生我的是父母，了解我的卻是鮑叔。

管仲擔任齊相的時候，經常聚會各國諸侯，匡正天下，成就齊桓公的霸業，孔子曾說，如果沒有管仲，我們可能淪為夷狄，披頭散髮，穿著左邊開口的衣襟了（14・17）。

管仲主張以法治國，但認為經濟發展與治國有重要關係。他認為倉庫充實，人民才能知道禮節；衣暖食飽，人民才知道榮辱。他的治國思想也包括順應民心，認為如此才會使國家興盛。

孔子的弟子質疑管仲追隨的公子糾被齊桓公殺死，他不但沒有以身殉難，還去輔佐桓公，不是仁者所為。孔子卻認為，管仲輔佐桓公使天下沒有戰事，這就是他行仁的表現。不過孔子也批評管仲有三個住處，每個住處人手完備，手下不必兼職，又仿效國君在宮室的大門內設置屏障與安置放酒的土台，認為他不夠節儉，也不懂得禮（3・22）。（解文琪）

【臧文仲】姓姬，名辰，諡號文。伯氏瓶之子，為魯國大夫，歷任魯國莊公、閔公、僖公、文公四朝，卒於西元前617年。孔子曾兩度提及臧文仲。一次是評論臧文仲並不如大家所說的明智，因為他在供養大龜的屋子裡，把柱頭刻成山的形狀，在梁上短柱上畫著海藻（5・17）。另一次則是批評臧文仲為官並不負責，因為他明知柳下惠有卓越才德卻不給予適當的官位（15・14）。由此可見，孔子對於臧文仲的行為並不欣賞，且對其修養頗有微詞。（陳弘智）

【臧武仲】姓姬，氏臧，名紇，諡號武，又稱臧孫紇。臧宣叔之子，魯國大夫。孔子曾經回答子路，關於具備哪些條件才是理想之人的問題，答覆當中就提到臧武仲的明智，可見臧武仲在「知」方面的表現受到孔子肯定（14．12）。可是對於臧武仲否認自己要挾魯君，請求在魯國為自己家族冊立後代之事，孔子則完全不予信任（14．14）。可見孔子的評價準則，是根據全面的觀察與考量，不會單就某一方面的專長或才智而下定論。（陳弘智）

【裨諶】裨諶，又作裨湛、卑諶、卑湛。鄭國大夫，力薦子產為相。裨諶足智多謀，鄭國外交文件的草稿多交由他擬定。然而他有一個特別的習慣，一定要離開城邑到郊野思考才會有所收穫。有一次鄭國有外交事務，主政的子產就與他一同乘車到郊外，請他謀劃策略（春秋左傳・襄公三十一年）。鄭國在簡公時，發布外交文件會先經裨諶草創，再讓世叔斟酌，子羽修飾，最後由子產潤色完稿，四位大夫各依專長分工合作，又謹慎求全地面對國家大事，獲得孔子稱道（14．8）。（楊舒淵）

【齊桓公】齊僖公之子，襄公之弟，姓姜，名小白，在襄公和公孫無知相繼死於內亂後，逃往國外的小白與公子糾爭奪王位，小白先進入齊國，成為齊桓公。桓公即位後任用管仲為相，選賢與能，改革內政，實行軍政合一制度，齊國於是富強。

桓公曾在與魯莊公會盟時被魯將曹沫以匕首挾持，允諾歸還所占領的魯國土地。會後依約履行，得到其他諸侯信任，有意依附，於是桓公在甄地與諸侯會盟，開始稱霸於諸侯。

桓公稱霸後，北伐山戎，平定狄亂，並協助周襄王解除王室之禍。他尊周王，攘夷狄，九合諸侯，一匡天下，成為春秋時期第一個霸主，

可惜晚年昏庸，任用小人為臣，使國政混亂，死後才由宋襄公平定齊國內亂。

孔子認為齊桓公是一位依循正途不濫用權謀的人，對於管仲輔佐齊桓公多次主持諸侯會盟稱讚不已，認為如果沒有管仲，中原百姓早就淪為夷狄（14‧17）。孟子則於齊宣王召見時稱病不去，被景子質疑失禮時，舉齊桓公不隨便召喚管仲，先向他學習才任用為大臣，因此能夠稱霸天下為例，提出要想有作為的君主，應該親自請教良臣，不該任意召喚良臣（孟子‧公孫丑下）。（解文琪）

【齊莊公】姓姜，名光。齊國君主，齊靈公太子。齊靈公本想改立公子牙為太子，大夫崔杼卻迎回太子光，是為齊莊公。而後崔杼之妻與齊莊公有染，崔杼弒殺莊公，另立齊景公為國君。在孔子回應子張關於「仁」的對話中，可以發現孔子厭惡崔杼弒其君的行為（5‧18）。（陳弘智）

【齊景公】是齊國在位時間很長的一位君主，他以晏嬰為相，希望復興桓公的霸業，也能虛心接納晏嬰的勸諫，所以在位期間，國內政局穩定。

景公雖努力治國，卻也貪圖享樂。他生活奢侈，向百姓徵收重稅，對犯罪的人施以重刑，也喜歡豢養犬馬，曾因心愛的馬病死要處死養馬的官吏，後因晏嬰勸諫才停止。孔子說景公有四千匹馬，臨死的時候，百姓找不出他有什麼德行可以稱述（16‧12）。

景公多次請教孔子從政的道理，孔子告訴他君要像君，臣要像臣，父要像父，子要像子，也告訴他為政最重要的是善用財力，杜絕浪費。他聽了很高興，打算封尼谿地方的田給孔子，卻因晏嬰說儒者的禮樂無法治國而作罷（12‧11）。有一次他告訴孔子無法用魯君給季氏的待遇給他，只能給他季氏和孟氏之間的待遇。後來齊國有大夫想加害

孔子，景公知道後說自己老了，沒辦法再任用孔子，於是孔子回到魯國（18・3）。

　　孔子在魯執政期間政績卓著，齊國擔心魯國成為霸主，於是在夾谷和魯君和談，想藉此劫持魯君，後被孔子以禮責備。後來齊國又送女樂伎給魯君，魯定公與季桓子接受後荒廢朝政，孔子因此離開魯國。（解文琪）

【齊簡公】 姓姜，氏呂，名王。卒於西元前 481 年。簡公於西元前 485 年繼齊悼公之位，之後又被改立他為君的陳成子弒殺，繼位不過四年。齊簡公遭弒事件發生在魯哀公十四年，正值孔子七十一歲。孔子曾為此而慎重齋戒沐浴，並先後奏請魯哀公及三卿，請求出兵討伐陳成子，雖然建議沒有被採納，不過孔子仍然認為曾擔任大夫的他，有責任報告篡逆之事，並且要求出兵聲討（14・21）。（陳弘智）

【稷】 后稷，周朝姬姓的始祖。據說后稷對農業有傑出貢獻，並能疾民之苦、感同身受，故孔子稱讚其與大禹，都能把自我實現與人群福祉連在一起。在南宮适向孔子請教的問題中曾提及后稷，可是孔子當時並沒有回答南宮适。但由事後孔子的評論可以看出，孔子與南宮适兩人皆認為后稷這種有德行的人，值得後人推崇與學習（14・5）。（陳弘智）

【衛公子荊】 名荊，字南楚。衛獻公之子，為衛國大夫。當時魯哀公也有一子，名公子荊，因此特別標明「衛」，以示分別。孔子曾提及這位衛國的公子荊，稱讚其懂得居家道理，能夠對於簡單的條件就感到滿足。由此可見，孔子在這方面，對於衛公子荊有十分正面的評價（13・8）。（陳弘智）

【**衛出公**】姓姬，氏衛，名輒。衛靈公之孫，衛莊公蒯聵之子，繼靈公之後為衛國第二十九代國君，在位十三年。出公先於其父即位，是由於靈公將欲謀害南子的世子蒯聵逐出衛國，並且不認其為子，所以傳位給出公。這樣的做法造成了兒子擔任國君，父親卻流落外國的情況，種下日後父子相殘爭國的原因。魯哀公六年、衛出公四年，六十三歲的孔子離開楚國後再次來到衛國。隔年衛君有意聘任孔子，子路遂向孔子請教，若是獲得任用，將會先做些什麼？孔子「必也正名乎」的答覆，正是針對蒯聵與出公的關係，指出糾正父子君臣之名分是當前衛國的首要政務（13‧3；史記‧孔子世家）。（楊舒淵）

【**衛靈公**】姓姬，氏衛，名元。衛襄公之子，衛國第二十八代國君，於西元前 534 年繼位，卒於西元前 493 年。根據《史記》，西元前 497 年，五十五歲的孔子離開魯國周遊列國之初即到衛國，之後數次出入，與靈公多有互動。孔子初次到衛國時，靈公給他與仕魯時相當的俸祿，然而有人向靈公進讒言誹謗孔子，唯恐獲罪的孔子遂離開衛國。再次到衛國時，孔子先是不得已的接受靈公夫人南子的約見，後來靈公邀他出遊時，又被安排乘坐跟隨靈公夫婦的第二輛車，後頭再接著宦官雍渠的馬車，招搖過市的車隊顯得已有國際名聲的孔子好像贊成靈公的作為。孔子感到羞恥，並批評靈公，大嘆自己未曾見到愛好德行像愛好美色的人（6‧28；9‧18）。後來幾次進出衛國，年老怠政的靈公雖仍會向孔子請教，但均未採行，後來甚至不將眼神留在孔子身上了（15‧1；史記‧孔子世家）。

孔子曾向季康子談到衛靈公種種偏差的作為，但仍肯定他懂得用人。說他在外交、祭祀、統兵等國之大事都安排了合適的人才，因此國家不會敗亡。《孔子家語》還記載道，孔子認為靈公雖然家事處理得不好，但在朝廷政務上，卻堪稱為賢君（14‧19；孔子家語‧賢君）。

《論語》有以衛靈公之名為題的衛靈公篇。（楊舒淵）

【**魯定公**】姓姬，名宋。魯定公，接續其兄昭公而即位，魯國第二十五代國君。他由於季氏支持而得位，對於三家的勢力更是莫可奈何。定公十三年，孔子當時五十五歲，擔任司寇之政績卓越；稍後則因故去職，展開為期十四年的周遊列國。定公在位十五年，不但曾任孔子為司寇一職，也曾向孔子請教君臣之道，以及治國方面的問題，孔子皆能就事理而條理說明。足見當時定公確實相當倚重孔子的治國見解（3‧19；13‧15）。（陳弘智）

【**魯哀公**】春秋時期魯國國君，魯定公之子，在位共二十七年。哀公在位期間，魯國三桓勢力強大，不尊重國君。季康子死後，哀公想藉越國之力除去三桓，三桓決定和哀公一決高下，利用哀公赴公孫有陘住處之時，以武力進攻，並獲得勝利。哀公先逃往衛國，又逃到鄒，再到越避難，後被魯人迎回，不久即去世。

孔子歸國後，哀公曾請教他為政之道，孔子告訴他從政最重要的是選任優秀、正直的臣子，並將他們放在偏曲者之上，這樣百姓就會順服，如果反其道而行，百姓就不會順服（2‧19）。哀公也曾請教孔門弟子有若關於國家財務短缺的問題，有若建議他抽稅十分之一，他卻指出抽十分之二也不夠用。有若告訴他，百姓如果夠用，他就會夠用；百姓如果不夠用的話，他又怎麼會夠用呢？這個回答凸顯了「藏富於民」的觀念（12‧9）。

哀公雖尊重孔子及其門人，卻因政權被三桓掌握，也無法聽取孔子的建議。齊國大夫陳成子殺了齊簡公，孔子請哀公出兵討伐，哀公卻要他向三桓報告，結果三桓未採納孔子的建議。魯國終究不能重用孔子。（解文琪）

【**魯昭公**】名裯。魯襄公之子，魯國第二十四代國君。即位於西元前 542 年，卒於西元前 510 年。陳司敗曾經就昭公在禮制方面的問

題請教過孔子，但認為昭公娶同姓的吳孟子有違禮制，所以不贊同孔子肯定昭公懂得禮制的說法。後來孔子雖然謙虛表示自己對於禮制方面仍有過錯，不過其問題有觸犯當時「不言君親之惡」的規範，因此過錯是情有可原的（7．31）。（陳弘智）

【孺悲】 魯國人。曾向孔子學習過「士喪禮」。孺悲曾去拜訪孔子，孔子託辭生病而拒絕見他。但等到傳命之人一走出房間，孔子便取出瑟來邊彈邊唱。孔子對於孺悲其實所要表達的是以不教為教，目的是讓其自省過失。由此可見孔子的性格頗為直率，並且對於學生的確是因材施教（17．20）。（陳弘智）

【蘧伯玉】 蘧伯玉，名瑗，春秋時衛國大夫。他每天都會反省從前犯下的錯誤，力求德行完美，五十歲時，還能知道從前四十九年犯下的過錯。他雖然賢能，卻不被衛靈公重用，靈公反而任用無德的彌子瑕。大夫史魚曾多次向靈公推薦他，卻不被採納，史魚在臨死前交代兒子要把屍體放在窗下死諫君王，後來靈公採納建言，任用蘧伯玉，遠離彌子瑕。

蘧伯玉的賢能還在另一件事情上看出。有一天晚上，衛靈公和南子在宮裡聽見外面傳來車馬聲，可是到了大門口卻停了，過一會又響起。南子告訴靈公，車上的人一定是蘧伯玉，因為臣子走過君王的門口一定要下車以示尊敬，蘧伯玉一定不會在沒人看見的地方改變自己的操守。後來靈公派人去問，果然沒錯。

蘧伯玉是孔子的好友，孔子周遊列國時曾兩次住在他家。有一次他派人問候孔子，孔子問使者他近來做些什麼，使者說蘧伯玉想要減少過錯卻還不能做到（14．25）。孔子也稱讚蘧伯玉待人寬厚，律己嚴格，默默修養自己，以行仁為己任。政治上軌道時就出來做官，反之則可以安然隱藏自己（15．7）。（解文琪）

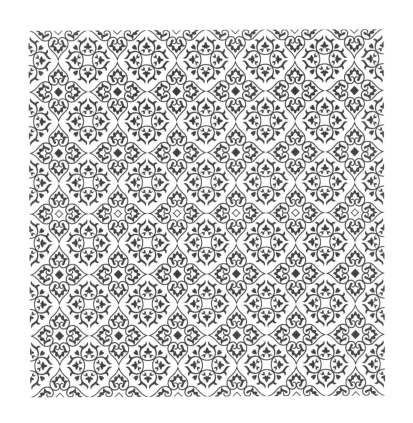

三、典章制度

【士】在春秋時期，「士」為一種知識分子的通稱，屬於貴族階級，孔子即為士。在商、西周、春秋前期大多作為卿、大夫的臣屬、私臣，以俸祿維持生活。《國語・晉語四》就說：「大夫食邑，士食田，庶人食力。」在《論語》中，「士」主要有兩個意思：一是泛指讀書人（8・7）；一是指官位，階級在大夫之下。古代讀書人的目標是透過學習培養才德與獲取官位，所以上述二義可以相通。孔子認為讀書人要立志追求人生理想，並以正當手段獲取財富，絕不僅僅以追求功名利祿為目標（4・9；7・12）。並且要意志堅定地追求人生理想，就算犧牲生命也在所不惜（15・9）。曾參發揮此說，肯定讀書人要以「行仁」為目標，任重道遠，死而後已（8・7）。子張闡述孔子的教導，指出：讀書人看見危險，不惜犧牲生命；看見利益，要想該不該得；祭祀時，要想到虔誠；居喪時，要想到哀戚（19・1）。可見，重義輕利、內心真誠，是孔子教導弟子成為讀書人的原則。在從政方面，表現完善的讀書人操守廉潔而知恥，出使外國不負君主所託。次一等的，宗族的人稱讚他孝順父母，鄉里的人稱讚他尊敬長輩。再次一等的，說話一定守信，行動一定有結果（13・20）。孔子要求讀書人出仕為官須才幹與德行兼備，但若無法兩全，則是要側重德行上的修養。（陳維浩）

【女子】「女子」一詞在《論語》中僅出現一次。原文為「唯女子與小人為難養也，近之則不孫，遠之則怨。」孔子說明女子與小人難以共處。但是由於古代的女子沒有公平的受教育機會，在經濟上也無法獨立，因此心胸與視野受到很大限制。孔子描述的只是古代實情，今日已經不再適用了（17・25）。（陳弘智）

【大夫】古代諸侯有國，大夫有家。由於接受禮的教育，孔子在朝廷上的態度是以爵位為依歸。他在朝廷上，與下大夫說話，表現得

溫和而愉快，與上大夫說話，表現得正直而坦誠（10・2）。孔子認為大夫為臣子，不能把持朝政。同時指出，只要天下政治上軌道，國家政權就不會落入大夫手上（16・2）。（陳慧玲）

【大師】古代樂官名。大師為大樂官，又稱太師，也是魯國的樂官之長。孔子認為音樂是可以了解的，並告訴魯國大樂官師摯有關音樂的原理（3・23）。古代天子與諸侯用飯時要奏樂，所以用亞飯等為樂師之名稱。諸侯有三飯，卿大夫有再飯。春秋時樂官四散，《論語》記載，魯哀公之時魯國樂師流散各地，太師師摯前往齊國，亞飯干前往楚國，三飯繚前往蔡國，四飯缺前往秦國，打鼓的方叔移居黃河邊，搖小鼓的武移居漢水邊，少師陽與擊磬的襄移居海邊（18・9）。（陳慧玲）

【大廟】古代開國之君稱為太祖，祭祀太祖之廟即為太廟。周公為魯國的開國之君，所以，魯國的太廟就是周公廟。由於周公曾輔佐成王而享有天子之實權，所以魯國太廟享有最高的規格。《左傳・昭公二年》記載，晉侯派韓宣子出使聘問魯國，韓宣子於掌管國家藏書的太史氏處，見到《易象》與《魯春秋》，因而發出「周禮盡在魯矣，吾乃今知周公之德與周之所以王也」的讚嘆。魯國太廟的特殊意義又由此可見一斑。《論語》記載，孔子知禮守禮，進入周公廟，對每一項禮器與擺設，以及行禮的細節都要發問，因而引來不知情者的質疑（3・15）。（陳淑娟）

【三年之喪】古時父母去世，孩子要為父母守喪三年。所謂三年其實是指二十五個月，即兩年又一個月，頭尾跨越三年即可。守喪其間，服喪者要住草廬之中、睡草墊之上、以土塊為枕頭、以喪服為衣、以粗食果腹，並且停止一切的人生計畫與發展。

宰我對三年之喪有所質疑，認為君子三年不行禮作樂，禮樂就會崩壞，人文的建構就會荒廢。他主張喪期應改為一年，因為舊穀吃完到新穀收成、打火的燧木輪用一次，都只需要一年。面對宰我的主張，孔子將外在的喪制規範與人的真誠情感連結。認為一個孩子生下來，三年之後才能離開父母的懷抱，因為這層生理與情感的連結，所以守喪未滿三年，君子食不知味、聽音樂不感到快樂、住家裡不覺舒服，守三年之喪是內心真誠情感的自然流露。所以，當宰我說他守喪未滿三年，就能安心地吃精緻的飲食、穿精美的衣著，孔子便批評他「不仁」，說他沒有真誠的情感（17‧21）。（陳淑娟）

【三軍】古代泛指兵力，周朝諸侯大國的軍隊之稱，不是指今日的陸、海、空三軍。按照周朝制度，每軍一萬兩千五百人，天子有六軍，大國諸侯擁有三軍，然而這個數字早就不符合春秋戰國的實情了。「行三軍」，也就是率領三軍（7‧11）。孔子說：「三軍可奪帥也，匹夫不可奪志也。」表示軍隊的統帥可能被劫走，一個平凡人的志向卻不能被改變。藉以說明大國的軍隊雖然龐大，統帥三軍的領袖卻有機會被敵軍擄走，個人的志向需由自己負責，所以可以堅持不變，直到生命結束（9‧26）。（陳慧玲）

【夫人】國君之妻。對國君的妻子，國君稱她為夫人，她自稱為小童；本國人稱她為君夫人，與外國人談話時便稱她為寡小君；外國人稱呼她時，也說君夫人（16‧14）。《禮記‧曲禮下》也記載：「公侯有夫人，有世婦，有妻，有妾。夫人自稱於天子，曰老婦；自稱於諸侯，曰寡小君；自稱於其君，曰小童。自世婦以下，自稱曰婢子。」這些都是在不同情況下應變的稱呼。（陳慧玲）

【天子】中國自周朝以來對最高君主的尊稱，自秦始皇開始，天子便被稱為皇帝。《雍》詩有「相維辟公，天子穆穆」，說明祭祀時，助祭的是諸侯，天子要莊嚴肅穆地主祭（3‧2）。天子代表中國君主，自認其權力來自於上天。孔子說：「天下有道，則禮樂征伐自天子出」，認為唯有天子才能名正言順的主持祭祀及制禮作樂、出兵征伐（16‧2）。（陳慧玲）

【匹夫】古代婚姻制度可允許一夫多妻制，但是一般百姓則為一夫一妻，兩相匹配，故稱為匹夫匹婦。可泛指平凡的百姓，世間的一般男女。孔子說，功在百姓的管仲豈能像匹夫匹婦，也就是像堅守小信的平凡人一樣，因為公子糾失利就在山溝中自殺而無人知曉（14‧17）。不過，「三軍可奪帥也，匹夫不可奪志也」，軍隊的統帥可能被劫走，一個平凡人的志向卻不能被改變，由此可知匹夫的志向完全由自己負責（9‧26）。（陳慧玲）

【木鐸】木鐸，木舌銅鈴，其聲厚重悠遠。古代官府宣布政令時，搖木鐸召集眾人，所以以木鐸可代表教化宣傳。另外有金鐸，也就是金舌銅鈴，其聲尖銳刺耳，用於軍事作戰，召集兵馬。

孔子在魯國失去司寇的官位後，周遊列國至衛國西北邊境的儀城，守儀城的封疆官員，與孔子見面之後，將孔子比喻為「木鐸」，認為天將選擇孔子來教化百姓，為混亂的天下帶來正道。由「天將以夫子為木鐸」一語，可知當時的知識分子仍相信天會關懷及教導百姓，並在適當時機派遣老師負責教化，使國家與社會步上正軌（3‧24）。（陳淑娟）

【令尹】即楚國宰相。楚武王時設置令尹，入則領政、出則統軍。

令尹一直是楚國的最高官職，兼有中原諸侯國相、將的權力，直到楚國被秦國所滅。楚國行政官制多以「尹」為名，令尹執一國之柄，為百官之長。

楚國宰相子文，三次出任宰相，沒有得意的神色，三次從宰相去職，也沒有不悅的神色。子張請教子文是個怎麼樣的人，孔子告訴他，這樣就是盡忠職守（5．18）。（陳慧玲）

【司空】古代官名，創制於西周，是《周禮》官制六卿之一，屬於冬官。春秋時期各國皆設有此官職，是主管土木建築工程的官職。《孔子家語．執轡》記載孔子說：「度量不審，舉事失理，都鄙不修，財物失所，曰貧。貧則飭司空」，可見司空的職務關係著百姓生活的富足，是重要的官職。《史記．孔子世家》也記載孔子曾任魯國司空，不過孔子任職司空一職的時間不長，很快就被提拔升任魯國司寇，因此沒有留下顯著的政績可供考察。（陳維浩）

【司徒】古代官名，創制於西周，是《周禮》官制六卿之一，屬於地官。春秋時期各國皆設有此官職，約等同於後代的戶部尚書。主要執掌的是：國土疆域的管理與使用；人民的戶籍與賦稅、勞役。《周禮．地官司徒》：「乃立地官司徒，使帥其屬而掌邦教，以佐王安擾邦國。」《孔子家語．執轡》記載孔子說：「地而不殖，財物不蕃，萬民飢寒，教訓不行，風俗淫僻，人民流散，曰危。危則飭司徒。」可見司徒的職責維繫著國家的安危，是極重要的官職。（陳維浩）

【司馬】古代官名，創制於西周，是《周禮》官制六卿之一，屬於夏官。春秋時期各國皆設有此官職，約等同於後代的兵部尚書。主要執掌的是全國的軍政與軍賦。《周禮．夏官司馬》：「乃立夏官司馬，使帥其屬而掌邦政，以佐王平邦國。」《孔子家語．執轡》記載孔子

說：「賢能而失官爵，功勞而失賞祿，士卒疾怨，兵弱不用，曰不平。不平則飭司馬。」司馬統帥軍隊的要點在賞罰公平，並以將士的戰功與才能作為賞罰標準。（陳維浩）

【司寇】古代官名，創制於西周，是《周禮》官制六卿之一，屬於秋官。春秋時期各國皆設有此官職，執掌全國的司法刑罰等事務。《周禮·秋官司寇》：「乃立秋官司寇，使帥其屬而掌邦禁，以佐王刑邦國。」《孔子家語·執轡》記載孔子說：「刑罰暴亂，姦邪不勝，曰不義。不義則飭司寇。」司寇維繫著國家的公平正義。魯定公十年，孔子任魯國司寇兼掌宰相事務。是年，齊魯兩國於夾谷開會，孔子陪同魯定公出席，期間孔子依據禮儀與齊景公交涉，成功的讓齊景公歸還齊國侵占的魯國領地（左傳·定公十年）。（陳維浩）

【民】平民、百姓。古代重視百姓、糧食、喪禮、祭祀，孔子強調治理國家要做好相關制度，如此才能使百姓心悅誠服（20·1）。對於古今民風，孔子認為有三點差異，而且世風日下。古代狂妄的人不拘小節，現代的則放蕩言行；古代矜持的人不屑造作，現代的卻憤世嫉俗；古代愚昧的人還算直率，現在的卻只知耍弄心機（17·16）。曾參說：「慎終追遠，民德歸厚矣」，虔誠辦理喪祭事宜，社會風氣就會趨於淳厚。「民德」指的是天下百姓的言行表現，藉此形容社會風氣（1·9）。另外，「民」可指民心，曾參告訴陽膚：「上失其道，民散久矣」，要他明白現在的政治領袖由於言行失去規範，百姓已經離心離德很久了（19·19）。（陳慧玲）

【有司】大夫家臣之下有各級官員，各司其職，稱為有司。《論語》中代表古代管小事的官，地位卑微、作風小器，與君子所為大不相稱。「有司」亦有刁難之意，「猶之與人也，出納之吝，謂之有司。」

同樣是要給人的，出手卻吝嗇，這稱作刁難別人；提醒人在獎賞時不可猶豫不決，以免招來怨恨（20‧2）。仲弓向孔子請教政治的做法，孔子說：「先有司，赦小過，舉賢才。」先責成各級官員任事，不計較他們的小過失，提拔優秀的人才（13‧2）。「籩豆之事，則有司存。」在禮節方面的細節，自有主管其事的人去負責（8‧4）。（陳慧玲）

【行人】 為古代外交官員。最早出現於《周禮‧秋官司寇》：「小行人，掌邦國賓客之禮籍，以待四方之使者。令諸侯春入貢，秋獻功，王親受之，各以其國之籍禮之。」行人是接待外交使節的官員，也負責讓君王了解外國的風土民情。孔子是在談鄭國的外交工作時提及行人。他表示，鄭國發布外交文件時，是經由包括擔任行人一職、專司外交職務的子羽在內，總共四位大夫才告完成的。呈現出一國在面對外交事宜時的謹慎與求全（14‧8）。（陳慧玲）

【告朔】 「朔」指每月的初一。古代天子每年頒告諸侯曆法，曆法中規定每月的初一是哪一天，以及當年有無閏月。諸侯接受曆書後將其收藏於祖廟，再依照禮的規定，於每月初一，在祖廟宰殺活羊祭祀，這就叫做告朔，藉由告朔以示尊君與上告祖先。

　　到魯定公、哀公時，因天子勢力衰弱而不奉行告朔禮，但魯國官員還是每月準備告朔禮所規定的活羊，所以子貢想廢除這種有名無實又浪費的儀式。但孔子認為，羊是告朔禮的一部分，如果去掉，就等於告朔禮完全消失，而君臣之間的適當關係也就無從維繫，因此，孔子不捨此禮（3‧17）。（陳淑娟）

【俎豆】 兩種祭器的合稱。俎，青銅或木製的容器，用來裝盛牲品。豆，一般為木製，但也有以青銅或陶製成，頂頭附蓋，用來裝有湯汁的肉食。俎豆合稱，泛指所有的禮器。衛靈公曾向孔子詢問有關

作戰布陣的方法，孔子認為禮樂才是治國的根本，因此回答自己只懂得關於禮儀方面的「俎豆之事」，而不曾學習過軍隊作戰的事，並於第二天離開衛國。此事發生於魯哀公元年，孔子五十八歲時（15‧1）。（陳淑娟）

【冠禮】冠禮是古代男子的成年禮，因儀式中為受禮者加戴不同種類的帽子而得冠禮之名。

　　據《儀禮‧士冠禮》記載，冠禮的儀式步驟有以下幾個階段：第一，行禮前先卜筮挑選日子，並邀請執行加冠的賓客。第二，行禮當天的重頭戲是三加禮，即分別依次給受禮者加上緇布冠、皮弁、爵弁，即黑布帽、白鹿皮帽與黑色皮革帽。第三，已冠之後取字，冠者拜見母親、兄弟姑姐、國君、鄉大夫以及鄉先生。

　　冠禮在古代是一項非常重要的禮儀。藉由冠禮中穿戴禮帽禮服的儀式，象徵人意識到自己究竟要以何種面貌立足於世的問題。其建構的意義在於，所謂的成人應是一個能善盡為人子弟、為人臣子應有規範的人；也唯有一個能承擔起社會責任的人，才具有治理國家、百姓的資格與能力。正因為冠禮意義重大，邾隱公即位時，特地派大夫向孔子請教做法（孔子家語‧冠頌）。（陳淑娟）

【宰】商代才有這個官名，掌管家務與家奴，亦有宰相之意。西周時，掌宮廷內外事務，春秋時各國沿用，為古代官吏的通稱。商朝時，為管理家務和奴隸之官；周朝有執掌國政的太宰，也有掌貴族家務的家宰。「君薨，百官總己以聽於冢宰三年。」國君死了，雖然新君三年不問政治，所有的官員各居其職，聽命於宰相（14‧40）。（陳慧玲）

【旅】《論語》中的旅有兩個意思。一是指軍隊，如：「軍旅之事，未之學也」及「加之以師旅」（11‧26；15‧1）。二是指祭祀的名稱。

如：「季氏旅於泰山。」依當時禮的規定，只有天子與諸侯可以祭祀境內名山大川，而季氏身為魯國大夫，卻要僭禮祭祀泰山，因此，孔子責備當時在季氏手下做事的冉求，不能阻止季氏做出破壞禮制的行為（3‧6）。另外，〈旅〉也是《易經》第五十六卦，火山旅，其意接近今日所謂的旅行。（陳淑娟）

【庶人】亦稱庶民，泛指一般百姓、平民。春秋時期，貴族沒落成為庶民的情況增多。《左傳‧昭公三十二年》就記載「三后之姓，于今為庶。」指的是君臣沒有固定不變的位置，夏、商、周三王的子孫在今天成為平民。此後庶人泛指沒有官位亦非奴隸階級的平民。孔子說：「天下有道，則庶人不議。」天下政治上軌道，一般百姓不會議論紛紛，因為制禮作樂與出兵征伐都由天子決定，國家政權也不會落入大夫手上，百姓就可以安居樂業，不需議論朝政（16‧2）。（陳慧玲）

【章甫】古代男子成年禮後所戴的禮帽。男子成年禮稱為冠禮，《禮記‧冠義》說：「冠者，禮之始也。」是以之為成年禮的開始，後續還有「昏、射、御、燕、聘」諸禮。《儀禮‧士冠禮》記載，三代禮制不同，禮帽的形制與名稱也各異：周代稱為委貌，殷代稱為章甫，夏代稱為毋追。孔子學生公西赤提出的志向就是，希望於宗廟祭祀或國際盟會中，「端章甫」。也就是穿著黑色的禮服「端」與禮帽「章甫」，擔任一個小司儀（11‧26）。（陳淑娟）

【祭禮】祭禮是古代祭祀至上神、祖先、自然界神明的制度化儀式。商朝人重視祭祀，商王一年有將近三分之一的日子都須舉行祭祀，祭祀對象以祖先為主，祭祀目的是希望死後具有神秘力量的祖先，能夠福佑後代。到周代，祭禮系統發展得更為等級嚴明、類別豐富。並

且，祭祀對象也由重視祖先轉向重視至上神，也就是天的祭拜。

祭天是周天子的特權，因為天是周天子政權合法性的來源。周代有各式祭天的名目，最重要的是郊與禘。冬至於南郊祭天曰「郊」，以祖先配祭於天曰「禘」。天子於出巡之前、出巡之中舉行的祭天之禮也有「類」、「宜」、「柴」等不同類別。

除了祭天之外，天子亦須祭祀四方與境內名山大川。此外，據《禮記・王制》記載，天子與諸侯於四時所舉行的宗廟之祭，春為礿、夏為禘、秋曰嘗、冬曰烝。《禮記》中也記錄了對過世親人的各式祭拜禮儀，在親人葬後的不同月份中，都須進行不同的祭禮。

周代祭禮的項目十分周全，舉凡政治、生活中所有的重要活動，皆有相應的祭拜儀式。在祭禮系統中，祭祀的時間、方式、奉祀對象、行祭者身分、祭品規格、樂舞種類皆有明確嚴格的規定。祭禮所顯示的哲學思維乃在於，藉由祭禮安排人與人之外的存有之間應有的適當關係與對待之道。（陳淑娟）

【野人】表示性格質樸未經禮樂教化的人。孔子說：「先進於禮樂，野人也」，先學習禮樂再得到官位的，是純樸的一般人；先得到官位再學習禮樂的，是卿大夫的子弟。在此處，先進與野人相提並論，先進是指由質樸的性格再加上禮樂的教化。孔子若是可以選擇，會選擇先學習再做官的人，因為那些先得到世襲官位再學習禮樂的人，未必能保有質樸的個性。由此可知，孔子重視性格質樸，但可加以禮樂教化之人（11・1）。（陳慧玲）

【喪】孔子年輕時曾以承辦喪事為業，所以他非常重視喪禮應有的禮儀，他也期許自己在承辦喪事時盡可能的做到完美（9・16）。

孔子不僅看重喪禮的形式，他更深化了儀式的意義，認為儀式要以真誠的情感為本。他談到喪禮時強調：與其儀式周全，不如心中哀

戚（3‧4）。孔子認為一般人如果有充分顯露真情的機會，那就一定是在「親喪」之時。所以當宰我提出欲將三年之喪改為一年的想法時，孔子批評他不仁（17‧21；19‧17）。

孔子對經歷喪事的人懷抱惻隱同情之心，如果在家有喪事的人旁邊吃飯，從來也不曾吃飽。所以孔子認為如果一個人參加喪禮而不感到悲哀，實在不知道要如何看待這種人（3‧26；7‧9；9‧10）。孔子還認為執政者，應該重視「民、食、喪、祭」等四事（20‧1）。（陳淑娟）

【椁】出殯時的禮車，並非埋葬時包覆棺木的外棺。孔子七十一歲時顏回去世，當時顏回的父親顏路，想向孔子借車來做運送棺木的禮車，但被孔子婉拒。孔子先訴諸情感，說前一年兒子孔鯉去世，也是只有棺而沒有椁，自己也並未步行而把車當禮車。接著表示，按照禮制，身為士的顏回出殯時不得使用禮車，曾經擔任大夫的孔子，也不可以步行送葬。婉拒了顏路的請求。孔子的回覆，體貼顏路喪子的哀痛，讓遵循禮儀的建議不顯生硬；而孔子要貫徹教誨來為顏回維護禮節的做法，更隱隱透露出著兩人情同父子的師生之誼（11‧8；11‧11）。（楊舒淵）

【觚】古代酒器，以青銅為材質，可裝二升酒。形狀上圓下方，腹部有四個稜角。後來稜角變成圓形，仍名為觚。《論語》記載，孔子針對這種情況，發出「觚不觚，觚哉觚哉！」的感嘆，質疑這種酒器已不再像個有稜角的觚了，還能算是觚嗎？深入來看，孔子的感嘆，其實是不滿當時因社會動盪而劇烈變遷的政治體制中，有著名實不相符的現象。孔子的感嘆，還有一個理由，就是觚的容量有限，可以戒人少飲，而當時的風氣是仍用觚盛酒而未必少飲（6‧25）。（陳淑娟）

【逸民】指不得志的人才。如伯夷、叔齊，志節不受委屈、人格不受汙辱。再者，雖志節與人格都受委屈，但言語合乎規矩，行為經過考慮；或者是隱居起來，放言高論，人格展現廉潔。這樣的人才若不能通達，可以算是不得志。孔子處事的原則是通權達變，因時制宜。孔子雖不得志，但在確定理想後，可行則行，需止則止（18‧8）。「舉逸民」，是指提拔不得志的人才，如此天下百姓就能心悅誠服（20‧1）。（陳慧玲）

【瑟】瑟為中國古代八音中的「絲」類彈撥樂器。與古琴類似，同為長形中空的木製樂器。但比古琴大，古琴從漢晉之後，形制確定為七弦琴。而「瑟」據古籍所載則有二十三、二十五弦之分。琴瑟在先秦時代常搭配演出，故《詩經》常將琴瑟並提，如《鄭風》曰：「琴瑟在御，莫不靜好」、《周南》曰：「窈窕淑女，琴瑟友之」等。琴瑟並提通常比喻男女兩情相悅有如琴瑟合鳴一般。雖然先秦古籍多提到孔子善於彈古琴，但在《論語》中所出現的弦樂器皆是「瑟」而非「琴」。其中記載孔子聽到子路彈瑟之後，驚訝的表示自己的門下怎麼會出現這樣的瑟聲呢？有一次眾弟子侍坐於孔子身邊討論志向時，曾點所彈的也是瑟。另外，孔子藉病推卻孺悲的拜訪，但卻又故意彈瑟唱歌讓孺悲聽見，欲以此方法刺激孺悲使他自省其過失（11‧15；11‧26；17‧20）。（陳淑娟）

【瑚璉】古代宗廟祭祀時用來裝盛黍與稷，也就是黃米與小米的器皿，以玉為飾，是相當貴重華美的祭器。孔子曾因欣賞具有語言辯才、外交手腕與經商才能的子貢，而將他比作瑚璉。這個比喻可從兩方面來解讀：第一，孔子肯定子貢在治國處事上，是個氣度宏闊、有所作為的專業人才。第二，孔子有「君子不器」的說法。孔子認為君子的目標不局限於成為一個有特定用途的器具，還須追求人生理想，

實現生命價值。所以，孔子雖稱讚子貢，同時也勉勵他在成德上繼續努力（2‧12；5‧3）。（陳淑娟）

【禘】古代的大祭，有祭天、祭地與祭祖先之分，儀式與獻禮繁複隆重。天子與諸侯各有祭祖先於宗廟的禘，後來周成王為了感念周公大德，特賜其後代子孫在魯國舉行天子的禘祭。對於此事，《禮記‧禮運》記載孔子感嘆道「魯之郊禘，非禮也，周公其衰矣」，此說可能表示孔子不贊同伯禽受賜之舉。因為考量名實與禮制，周公雖有大德，畢竟沒有名分接受天子之禘。後來，魯國從閔公開始，也用天子之禘來祭祀其父祖，形成僭越之舉。天子之禘與諸侯之禘在「既灌」，也就是獻上圭璋以迎祖先之靈的步驟之前，儀式多有相似，之後則大不相同。由於孔子之時魯君已習於僭禮的禘祭，深感遺憾的孔子，遂有從獻玉這一步後，就「不欲觀之」的感言（3‧10）。

禘祭的內容與儀式，界定了人與天、地、祖先的關係，能引發人的報本反始之心。其中的道理貫通本末，能夠明白其理論的人，若要治理天下，就像看著手掌體會其原理與功能一樣的順理成章。可惜的是，禘禮在實際上已經被僭用許久，所以當人請教禘祭的理論，孔子答說「不知」，因為說了也於事無補；但同時也指著自己的手掌，簡白的表徵原理（3‧11）。（楊舒淵）

【舞雩】「雩」是古代的一種求雨祭祀。祭祀儀式以女巫的舞蹈為主，故稱為舞雩。另外，「舞雩」又指舉行雩祭的壇，在魯國境內，位於今日的山東曲阜縣。於《論語》中兩次提及的「舞雩」，皆指舞雩台。就《論語》的資料看來，「舞雩」作為祭祀場地之外，也是孔子和弟子們休閒安憩的地方。樊遲陪同孔子在舞雩台下遊憩，而有如何增進德行、辨別迷惑的提問（12‧21）。曾點所勾勒的理想生命情境，即是在暮春三月時，眾人和樂的氣氛中，到沂水邊洗洗澡，舞雩台上

吹吹風（11．26）。（陳淑娟）

【齊衰】古代喪服。古代服喪的時間與所穿之喪服，依照家族血緣的遠近親疏，有所謂的五服之分。五服，依次為斬衰、齊衰、大功、小功、緦麻。斬衰為最高等級，是用最粗的生麻布所製的不縫邊的喪服。諸侯為天子、臣為君、子為父、父為長子、妻妾為夫服喪，皆穿斬衰並服三年喪。齊衰，次於斬衰，是用熟麻布所製且縫邊整齊的喪服。據《儀禮・喪服》記載，齊衰又分三年、一年、三個月等不同喪期，且關係落在母子、旁系近親上。《論語》記載，孔子看見穿齊衰的人，即使這些人年紀較輕，他也一定會從座位站起來；經過他們面前時，也一定會加快腳步，表示惻隱與尊重的心意（9．10）。（陳淑娟）

【諸侯】西周時期有封建諸侯的制度，由天子封地，封地的統治者被賜與「諸侯」的封號，要服從中央君主。西周、春秋時期最為明顯，職位世代相襲。諸侯可於自己的封地上興建宗廟，諸侯之國都會有宗廟祭祀的活動，孔子的弟子公西赤就曾說自己要擔任國際會盟或國家祭祀的司儀，展現入世從政的志向（11．26）。當時重要的諸侯國包括：魯、齊、衛、宋、鄭、曹、陳、楚、杞、莒、匡。

周公東征勝利後，大規模分封諸侯。諸侯的嫡長子永世為宗子，諸侯的宗子繼承諸侯的權力，這是西周的宗法制。到了東周春秋時代，天子勢衰，諸侯相互爭戰，《論語》中孔子曾說：「桓公九合諸侯，不以兵車，管仲之力也。」齊桓公多次主持諸侯盟會，使天下沒有戰事，都是管仲努力促成的。因為管仲免去殺戮征伐，以一人之力造福百姓：「管仲相桓公，霸諸侯，一匡天下，民到于今受其賜。」管仲輔佐桓公，稱霸諸侯，一舉而使天下得到匡正，百姓至今依然承受其恩惠（14．16；14．17）。（陳慧玲）

【磬】 磬是中國古代的四邊形石製打擊樂器，聲音清脆響亮。在古代樂制中常與鐘互相搭配演奏，因而兩者有金石之聲的稱號。根據磬的片數多寡還有所謂「特磬」與「編磬」之分。一座磬架上只有一片磬稱為特磬。而磬架上有多片磬，且以磬的大小來編排順序，使之發出完整的音階序列的則稱為編磬。由於鐘磬的製作費時且昂貴，故可作為身分地位的象徵，貴族所能擁有的鐘磬的規模，須依照禮制的規定。《論語》記載，孔子留居衛國時，某日正在練習擊磬，一位挑著草筐的過路隱者，從孔子硜硜然有力的磬聲之中聽出了孔子對於淑世、救世的執著心意（14‧39）。（陳淑娟）

【黻冕】 黻，皮製的上衣，長至膝蓋。冕，古代大夫以上位階所戴的帽子，「黻冕」合稱指祭祀時所穿戴的禮服與禮帽。孔子對禹無所批評，其中一個原因就是禹「惡衣服，而致美乎黻冕」，平時穿得很粗糙，祭祀時穿戴的衣冠卻做得很華美。這表示禹不在意自己的生活享受，但對鬼神的祭祀禮儀則表現高度的重視。古人認為，宗教祭祀活動可以啟發百姓報本感恩之心，使民風歸於淳厚，因而具有深刻的教化意義（8‧22）。（陳淑娟）

【殯】 在死者入殮後，到下土埋葬之間，停靈待葬的階段叫做「殯」。孔子遇到朋友過世而沒人料理後事，就會說：「於我殯」，由他負責朋友的喪葬事宜。原因有二：第一，喪禮是古代最重視的禮儀，從一個人過世到埋葬，其間要經過五十幾道手續，所以需要了解喪禮的專家來協助。孔子年輕時，曾以為人辦喪事為業，因而有能力幫助處理朋友的喪事。第二，這樣的朋友可能是因為家道中落或子孫不肖，才死後無所歸。因此，孔子的作為，印證了雪中送炭與成全情義（10‧22）。（陳淑娟）

【鐘鼓】鐘鼓皆為古代重要的宮廷樂器。鐘以青銅器製成，根據大小、形制的不同又有紐鐘、甬鐘、鎛鐘之分。鼓為建鼓，是一種兩面蒙皮，鼓身貫穿一根木柱，植立於鼓座上，以錘擊打，鼓上並附有蓋子的大型鼓。鐘、鼓與磬等敲擊樂器負責音樂的節奏與律動 ，是周代樂隊的重要部分，所以常以鐘鼓或鐘磬代稱樂制。周代樂制依照禮的規定，不同身分等級擁有不同的樂隊規模。在遵守禮制的基礎上，孔子更加強調行禮樂之人的真實情感。認為樂的精神，並不只在於表面的形式、器物。所以孔子說：「樂云樂云，鐘鼓云乎哉？」（17‧11）（陳淑娟）

【儺】古代於年終之時所舉行的民俗信仰儀式，用來驅逐疫鬼。《論語》記載，當鄉里人舉行驅逐疫鬼的儀式時，孔子穿著正式朝服站在東邊的台階上。古代房子若坐北朝南，進門台階就在東西兩方。站在東階，表示自己是主人，對鄉人的儀式雖不參加，但態度尊重。由此可見，孔子自己不與人談論「怪、力、亂、神」，但是對於民俗信仰，則表現出同情的了解與基本的尊重（7‧21；10‧14）。（陳淑娟）

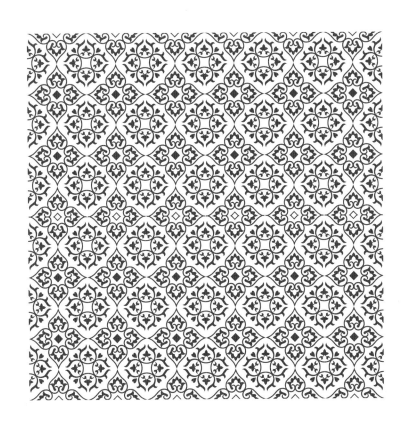

四、哲學思想

四之一、邏輯與知識理論

導論

　　孔子的邏輯與知識理論發端於正名主義。面對禮壞樂崩的亂世，孔子尋思歷史，發現名實相符是從前承平時代的穩定基礎；省視傳統，肯定周公制禮作樂是取法古代德治社會長期的生活經驗，從人格的實際表現確立概念的理想內容（3‧14）。溫故而知新，孔子遂承禮啟仁，溯源人性並主張正名主義（12‧11）。從人性向善的要求，提倡真誠而主動的按照名分去盡其責任，聯繫了事實與價值，要讓天下回歸正道（12‧1）。

　　孔子認為，人類思考及學習的目的，自然指向人的行動，而人際互動必然涉及道德。邏輯與知識能夠幫助正名，而正名是為了正政，以名言的事實判斷指引行動的價值準則（13‧3）。由於視邏輯、知識為行動的前提，孔子不會純粹討論思維形式，也不特別著重科學研究；他談邏輯兼顧人類思維與外在現實的對應，論知識重視學習認識與行動實踐的關係。

　　因此在邏輯上，孔子在界說概念時，就兼顧求真的邏輯定義式，與求善的名分定義式；判斷時，注重思想必須與實踐一致，並以倫理價值為判準。搭配正名主義的「正名」與「順言」來看，邏輯就是要使思維概念清楚而準確，讓由概念所形構的判斷合理而可行。推論時，

孔子以博學、每事問、無常師等行動歸納知識（3‧15；6‧27；19‧22）。而廣泛學習並記憶知識，是為了確立演繹所需的中心思想。孔子提出「仁」來貫通、開展所有知識，於是他能活化傳統，舉一反三、溫故知新（2‧11；7‧8；15‧3）。除了歸納與演繹，孔子還使用比喻、兩端、觀察等推論方法，也配合定言、假言、連鎖、兩難等推論方式，但總是以「仁」為中心，巧妙的聯繫事實與價值（2‧1；2‧10；9‧8）。

　　孔子關注三類知識，並運用上述的邏輯觀提出明確且靈活的認識方法，據此把握知識的明確內容來行善。第一類知識是自然界與所有具象之物，像是鳥獸草木之名、各種儀文器具（3‧15；17‧9）。方法唯有好學，以求養成由名致實的能力，並讓言行有所依憑（16‧13；17‧8）。第二類知識是歷史與文化傳統，在此要注意三個步驟。步驟一是愛好並忠實認識傳統（7‧1）。要謹慎求知，注重證據，勤奮學習（2‧17；3‧9；7‧20）。步驟二是融會貫通。依靠理性、省察善行，學思並進，進而把握一貫之道，明白文化損益的原則，甚至能聞一知十（2‧15；2‧23；16‧10）。步驟三是鑑往知來，活用傳統於現代（1‧15；3‧8）。第三類知識是當前的處境與應對。方法上強調聞見、反省及行動，同時三者要靈活配合，向善展開。由聞見獲得經驗，並選擇合乎善的行為來接受及效法（4‧17；7‧28）；由反省了解經驗，不受私欲限制，真誠面對向善的要求，設身處地為人著想（9‧4）；由行動印證及改良知識，持恆行善而不惑，終能在權宜進退之際仍堅持理想，守仁行義（8‧13；14‧28；18‧8）。

　　綜合孔子的邏輯與知識理論，可以發現兩者皆以行動為鵠的，並訴諸人性向善的要求，融求真與求善為一。於是名實相符、禮樂教化等治世要件，得據人性重新安立；而知識思辨與行為實踐，也以實現美善為共同目的而作辯證的提升。以本文所論為軸心，我們可以正名主義為中介，探究邏輯與知識理論到政治哲學的推衍；或者反溯人性，深掘人性論與形上學的關聯。（楊舒淵）

【中人】　意指中等材質的人。世間大多數人屬於中人的水平，故孔子依照中人之上進與下墮，決定如何指導人們。孔子認為：中等材質的人願意上進，就可以告訴他們高深的道理；要是他們自甘墮落，就沒辦法這樣教導了（6‧21）。面對願意上進的中人，教導他們高深的道理，就可能引導他們走上人生正路；然而自甘墮落的人，不願也不肯走上人生正路，更談不上要教導他們高深的道理。孔子對人進行這樣的分類，可能是因為這個分類符合因材施教的教育方針。

　　相關：知、因材施教、學、習。（許詠晴）

【切磋琢磨】　指相互研究討論，精益求精的求學過程。切、磋、琢、磨本為加工玉石、骨角等器物的方法，引申為在求學時不斷修正、進步的過程。子貢請教孔子：貧窮而不諂媚，富有而不驕傲，這樣的表現如何？孔子回應他：還可以。但是比不上貧窮而樂於行道，富有而崇尚禮儀的人。子貢進一步請教：老師的意思，就同如《詩經》說的，修整骨角與玉器，要不斷切磋琢磨，精益求精吧（1‧15）？子貢與孔子相互討論、不斷深入並領悟新道理的過程，正是精益求精的例證。

　　相關：知、學、思、兩端、舉一反三。（陳維浩）

【正名】　在孔子的政治思想中，「為政以德」與「正名」是兩個極重要的觀念。「為政以德」是要求帝王本身以高尚品德來治理天下，使百姓自然地歸向施行德治的帝王（2‧1）。與此相對，「正名」即是糾正名分。何謂「糾正名分」？當齊景公詢問政治的做法，孔子回應他：君要像君，臣要像臣，父要像父，子要像子（12‧11）。君臣父子都應該效法理想的君臣父子，有其名還需有其實，不能徒有君臣父子之名而不做到君臣父子的標準、理想。同時孔子主張政治應該要分工合作，不是擔任某一職務，就不去設想那個職務的業務（8‧

14）。曾參則認為君子的思慮以他自己的職位為範圍，依據自己的名分專心以對，並且效法理想標準（14‧26）。

當子路詢問孔子要如何為衛君治理國政時，孔子表示：一定要先糾正名分。由此可以從治國的脈絡來看「正名」概念的作用及重要性。正名運用在治國上影響層面廣大，名分與言、事、禮樂、刑罰的施行有相當的關係，進而會對百姓生活造成影響。名分不糾正，言語就不順當；言語不順當，公務就辦不成；公務辦不成，禮樂就不上軌道；禮樂不上軌道，刑罰就失去一定標準；刑罰失去一定標準，百姓就會惶惶然而不知所措。孔子主張，君子使用任何名詞來表示名分，一定讓它可以說得順當，說得出來的，也一定讓它可以行得通。君子對於自己的言論，務須做到一絲不苟（13‧3）。由此可見，「正名」是治國時妥當實行言、事、禮樂、刑罰的先決條件。

相關：言、禮、刑、北辰。（許詠晴）

【言】有三種意思。首先，最廣泛的是指單方面以言語來表述個人觀點。發表言論並不困難，但唯有完備的德行，才能讓言說的內容都有價值；要是平時說話美妙動聽但缺乏真心，或與人談話總是無關道義，就很難如此（1‧3；14‧4；15‧17）。因此孔子主張，立志成為君子的人，要先學《詩》，懂得真誠流露情感，說話才有憑藉；要學習禮，發言才符合儀節（16‧13）。每次說話都要謹慎，考慮是否出自真誠，並要以說得多做得少為恥，所以平時要先實踐想說的話，做到以後才說出來（2‧13；12‧3；16‧10）。說話真誠而守信，做事踏實而認真，不論身處本國或外邦，都能暢行無阻（15‧6）。但守信也不是一板一眼，像個小人物一樣，而是要切合時宜與道義來實現言論，才會成為德行完備的大人（13‧20；孟子‧離婁下）。明白使用言詞之正確準則的孔子，會綜合觀察一個人的言談與舉止，來看他有沒有走上人生正途；也看一個人是否長期困頓還能不忘平生自許的話

語，來評判他是不是理想的人（5‧9；14‧12；20‧3）。

其次，第二種意思是指政令。在治理國政上，孔子主張順當的政令，出自正當的名分，而君子施令，務求通行（13‧3）。然後，第三種意思是指格言。孔子曾引述南方一句強調持恆修德的俗諺，也提到「恕」字有設身處地為人著想的含意，是足以讓人終身奉行的一字箴言（13‧22；15‧24）。

孔子通曉言論之道，懂得真誠循禮、因時制宜、衡量能力來發言。像是接待盲眼的樂師冕，孔子就體貼地出聲指點行走的路徑與人物的位置（15‧42）。在鄉里之間，溫和恭順，不會誇示本領，像是不太會說話的人；在宗廟朝廷，說話明白流暢，也因應對象的身分調節分寸（10‧1；10‧2）。當國家上軌道，言行都正直；國家不上軌道，行為還是正直，但說話較為婉轉（14‧3）。只是言說總有局限，所以在表達生命的根源與變化的力量時，孔子說他要像天一樣，不發一言（17‧19）。

相關：德、仁、詩教、恕、正名。（楊舒淵）

【兩端】指事物的兩個對立面。孔子的思考方法之一是：掌握事物的對立面，以探求對事物的正確認識。孔子不認為自己什麼都懂。他表示，假設一個態度誠懇而虛心的鄉下人來請教，自己會就其問題的正反兩端詳細推敲，然後找到答案（9‧8）。因此，回答別人的疑問時，除了要具備基本知識以外，還需要有推理及思考能力。並且，凡事透過對立兩面加以評估，也能避免憑空猜測、堅持己見、頑固拘泥和自我膨脹這四個毛病（9‧4）。可見，這不僅有助於認識事物，也有益於我們修養品格。

相關：思、學、子絕四、舉一反三。（陳維浩）

【明】意指明見、看得明白。當子張請教明見的道理，孔子教導他：

只要日積月累的讒言與急迫切身的誹謗，在你這裡都行不通，就可以說是具有明見（12‧6）。這番話大概是為了解說《書‧太甲》的「視遠惟明，聽德惟聰」一語，教人用明見來監察是非，用聰慧來識知善惡。此外，孔子講到君子必須具備的九種考慮時，亦同時提到「明」與「聰」，指導想成為君子的人，要考慮觀看與聆聽得是否明白清楚（16‧10）。

相關：善、思、君子、書教。（許詠晴）

【知】有知道、了解的意思，更有知識與智慧的意思，同時求知是為了行仁。一般而論，人的知識活動包含三個基本因素，一是知識的主體，二是知識的對象，三是知識的內容。孔子雖未直接定義什麼是知識，但屢次論及人如何知道、人對知識的態度、知識的對象等相關問題。

孔子關注三類知識：自然界與所有具象之物、歷史與文化傳統、當前處境與應對之道。而在求知的態度上，要肯定自己所知的，不必缺乏信心；要虛心面對自己不知道的，才能踏實求知（2‧17）。同時透過學思並用，來累積知識與培養智慧（2‧15）。然而孔子教學生並不是分知與仁兩科，而是全以行仁為主，知者是走上人生正途的必經之路。所以，仁者也一定是知者（6‧23）。作為求知的主體，孔子指出，人一定能明白人生正途，只是有生而知之、學而知之、困而學之、困而不學四個等級。生來就明白人生正途的，是上等人。學習之後而明白的，是次等人。遇到困難才去學習的，又更次一等。遇到困難還不肯學習的，就是不肯真誠面對自己，只想苟且偷生的下等人了（16‧9）。

要培養明智，需要「知命」，明白使命以成為君子；需要「知禮」，懂得如何立身處事；需要「知言」，了解別人的志意言行（20‧3）。當樊遲請教什麼是明智，孔子教導他要了解別人。並解釋道：提

拔正直的人，使他們位於偏曲的人之上，就可以使偏曲的人也變得正直。顯示出明智是以人為對象進而通曉世間的事情，不會只是為了知識而求知，還要充分了解別人，理解人倫道德的涵義，並且能真誠反省（12‧22）。另外，孔子認為專心做好為百姓服務所該做的事，敬奉鬼神但是保持適當的距離，也可以說是明智。除了人道之外，更要尊敬鬼神並保持人的責任意識才算明智（6‧22）。這是孔子廣泛學習世間的知識，進而領悟深奧道理的歷程，既知人事也知天命才是明智，所以「知」的內容包含人道與天道（14‧35）。

若是養成明智，就能成為不會迷惑的「知者」。免於迷惑並不容易，孔子經過長時間的知識學習與德行修養，到了四十歲才認為自己可以免於迷惑（2‧4；9‧29）。那麼迷惑是怎樣產生的呢？孔子指出：喜愛一個人，希望他活久一些；厭惡他時，又希望他早些死去；既要他生，又要他死，就是迷惑。又表示：一時憤怒就忘記自己的處境與父母的安危，也是迷惑。這兩者都是陷入情緒激動的狀態，無法用理智控制自己的行為甚至禍及親友，這就是迷惑（12‧10；12‧21）。所以明智的人能通過思考，了解人生正途的重要而作此選擇。先成為知者才能進一步成為仁者，知者是仁者的必經過程，仁者則是知者的目標（4‧2）。

相關：學、命、言、惑、知者。（陳維浩、許詠晴）

【思】有省思、思考、考慮等意義。子夏這麼說明他所理解的「仁」：要找到人生正途，需要廣泛學習，同時要堅定志節；懇切發問，同時要就近省思（19‧6）。尋找人生正途時，在缺少良師益友的情況下，兼用博學、篤志、切問、近思這些方法是可行的。

「思」還表示考慮。要成為君子應有九種考慮，皆表示人生時時刻刻都要自覺與反省，稍一不慎，就會造成過錯（16‧10）。考慮很多次代表謹慎，但是想得過多可能失去行動的時機，或者陷於猶豫不

決。所以當孔子聽到季文子凡事都要考慮許多次才去做時，表示考慮兩次也就足夠了。

孔子更連結「學」與「行」來闡述「思」。思考與學習是相輔相成的，學習而不思考，則將毫無領悟；思考而不學習，就會陷於迷惑（2‧15）。要說明思與學相輔相成，不可偏取其一的關係，孔子還舉自身經驗為例，表示自己曾經整天不吃飯，整晚不睡覺，把全部時間用於思考。然而這沒帶來什麼益處，還不如去學習（15‧31）。

相關：仁、學、行、惑。（許詠晴）

【問】通常指提問，尤其是指門生或時人向孔子請教。他們請教的內容，包括人生正途、政治之道、何謂君子、何謂孝順、如何學習等等，甚至還有死後世界的問題，相當廣泛。而考察孔子的說法，可以知道提問的態度也相當重要。當孔子談到要成為君子所需具備的九種考慮時，包含了「疑思問」這一項目，亦即有所疑問時要懂得向人請教（16‧10）。孔子與子貢談論孔文子時，也提及孔文子之所以能得到「文」的諡號，除了因為他既聰明又好學，還包括了他不會以放下身段向人請教為恥（5‧14）。孔子本人年輕時進入周公廟，對各項禮器與擺設都加以發問，並表示問清楚行禮的細節，就是合乎禮的表現（3‧15）。

相關：學、思、文、禮、因材施教。（許詠晴）

【聞一知十】指徹底領悟一個道理，於是能觸類旁通，無所遺漏。孔子詢問子貢，他認為自己和顏回誰比較優秀？子貢說他不敢與顏回相比，因為顏回能「聞一知十」，聽到一個道理可以領悟十個相關的道理，而他雖然能把握聽聞的道理，但還不夠徹底與周全，所以只能「聞一知二」。孔子回應子貢，說自己和他都比不上顏回。

「聞一知十」指一個人領悟力、類推力強。顏回不但本性純厚，

聰明好學，做事亦劍及履及，所以能夠聞一知十。而孔子的回答，一句話同時肯定了兩位學生。就老師不必各方面都勝過學生而言，孔子立下了表率（5‧8）。

相關：思、學、習、舉一反三、顏回。（解文琪）

【學】指獲得知識與培養品德，是孔子哲學的重要概念。所學的內容泛指做人處事的道理。學的內容即是當時的知識與技能，包括五經與六藝。就學的方法而言，要配合思，也就是主體的反省與理解，以求溫故知新，活學活用（1‧1）。孔子認為好學是自己最大的特色，他曾表示：十戶人家的小地方，一定有像他一樣，做事盡責又講求信用的人，只是不像他那樣的愛好學習（5‧27）。

　　魯哀公問孔子，學生裡面誰稱得上好學？孔子回答只有顏回，理由是他不把怒氣發洩在不相干的人身上，也從不犯同樣的過錯（6‧3）。由品德表現來說明好學，可見學習的重點在於道德修養。孔子認為：一個君子，飲食不求滿足，居住不求安適，辦事勤快而說話謹慎，主動向志行高尚的人請求教導指正，就可以稱得上是好學的人（1‧14）。先降低物質享受的欲望，再從言行上磨練改善自己，最後再虛心向良師請益，這就是好學的表現。至於和品德修養無關的知識，孔子認為要先學會良好的行為規範，懂得做人的基本道理之後再去學習（1‧6）。孔子重視學習，提醒我們走在人生正途上，要善用理性能力。因為不學習就無法明白事理，那麼即使有心實踐品德，也容易出現流弊（17‧8）。

　　以博學聞名的孔子，自述自己並非生來就有知識，而是因為愛好古代文化，再勤奮敏捷去學習得來的（7‧20）。他還期許自己認真學習而不厭煩，以求更為完美（7‧2）。除了把握時機認真學習外，學了以後要有心得才能守住知識，可見將學習與思考配合才能有所領悟（2‧15；8‧17）。孔子十五歲立志學習，通過廣泛且勤奮的過程進

而領悟天命，並肩負起天的使命勉力行仁（2‧4）。可見，「學」是貫穿孔子一生的重要概念。

相關：思、知、五經、六藝、一以貫之。（陳維浩）

【**舉一反三**】指例舉一事能夠聯想到其他相關事例的能力。孔子教學重視學生的主動思考能力與學習意願，往往讓學生認真思考再加以引導，不會直接將答案全部說出。若學生自己不願思考只求等待標準答案，那麼孔子也不願再繼續教導了（7‧8）。孔子曾與子貢探討在貧與富的不同情況下，人應如何修養的問題，並讓子貢自行思考，領悟切磋琢磨、精益求精的道理（1‧15）。這是孔子教導學生的實際例子，值得我們參考借鏡。

相關：知、學、思、兩端、切磋琢磨。（陳維浩）

四之二、人性論與倫理學

導論

孔子的人性論與倫理學，一言以蔽之，可以說是「人性向善」。孔子聯繫人的自然本性與人的價值實現，指出人的真誠會產生行善的力量，要求自己去實現人際的適當關係。他所標舉的「仁」含意極豐，包括由真誠所體現的向善力量，擇善固執的人生途徑，以及成就至善的最高目標。

以「向」說性，表示人性未分先天後天，是在生命的整體與歷程中，等待被實現的潛能，是經由個人的選擇與實踐，不斷展現的力量。孔子反省經驗事實，發現愛好德行遠比愛好美色還難，承認人有血氣，時時需要戒惕，所以人性不是本善（9‧18；16‧7）。然而他也發覺，人只要願意就能行善，立志行善就會湧現無窮力量，讓行為開始去惡從善（4‧4；4‧6；7‧30）；並且德行必得群眾親附，如果違背推源於生理特性的倫理規範就無法心安（2‧1；17‧21）。這顯示人雖可以為善作惡，但人性固有行善的動力與趨向，因此人有道德責任並能主動為善；而且只要真誠，就會知善，就能順著向善的人性走上人生正途（6‧19；12‧1）。

孔子從孝悌開始談行善，並以成就讓老年人獲得安養、朋友們相互信賴、青少年得到關懷的大同世界為理想，顯現他強調道德實踐的

優先順序，並以人際之間適當關係的促成或實現來界定「善」（1‧6；4‧10；5‧25）。行善的動力在己不在人；善行的內容，可透過自我省察及學習教育得知（7‧28；16‧9）；善行的判準立基於真誠情感，而兼顧內在要求與外在規範（17‧21）。因此孔子相信，真誠加上學習，不但能推動向善，也可隨時回應他人期許與社會規範並予以配合（3‧3；3‧4）。如此一來，就算是未來百代的禮樂制度都可推知損益，即便是蠻貊之邦都能通行無阻（2‧23；15‧6）。

擇善而固執是人生應行的道路，而人生理想就在止於至善。貫穿其中的，是堅定自信並愛好學習，通權達變又進退合宜，無懼死亡以成全道義（8‧13）。君子與行仁者明白命的道理，他們真誠體察人性，了解也堅信無論命運如何，行善是人的共同使命，同時打從心底果敢實行，必要時甚至願意犧牲生命（14‧4；15‧9）。但獻身使命依靠的不是暴虎馮河的天真或鹵莽，而是要配合道義，明智地使用勇氣，面對任務戒慎恐懼，考量對象與時機，仔細籌畫以求成功並躬行不已（7‧11；17‧23）。明智來自自省與勤勉學習，除了要明白命，也要明白禮與言的道理，以懂得根據原理損益規範，隨時保持應對得當；懂得察言觀行來判斷他人的志意，與其合宜互動乃至在正道偕行（20‧3）。孔子推崇兼具智慧與勇氣來行仁，也就是實現中庸之德；他也如此自許與力行，在七十歲時做到隨心所欲不踰規矩（2‧4；6‧29；14‧28）。呼應人生正道，孔子倡言人生理想就是以自然生命完成天賦的價值使命，成就比配仁者與聖人的德行功業（15‧29）。

綜觀孔子的人性論與倫理學，橫攝了人我關係的適當實現，縱貫著個體生命的充實和超越，讓人之性、人之道、人之成都以「人性向善」為關鍵而與善連結。以本文所論為軸心，橫向可從孝悌擴及為政之道，由倫理學推演出政治哲學；縱向可追溯人性的根源，尋思價值的超越，深掘人性論和形上學的關聯，以及孔子本人信仰的體現。（楊舒淵）

【一以貫之】指用一個中心思想來貫穿所有的知識。孔子曾告訴子貢，自己不是廣泛學習並且記住各種知識的人，而是用一個中心思想來貫穿所有的知識（15‧3）。這個中心思想來自孔子思考及消化所學內容，整合傳統知識並配合時代環境，推陳出新而有的心得。學習而不思考，則將毫無領悟（2‧15）。唯有通過思考整理所學內容，才能將所學知識貫穿起來。孔子也曾向曾參說，自己的人生觀可以用一個中心思想貫穿。曾參並未進一步請教，然而當別的學生跟他詢問老師的意思時，他卻表示老師的人生觀只是忠與恕而已（4‧15）。可惜的是，這兩次對話都沒有人進一步追問，讓孔子明確說出他的中心思想。而曾參認為孔子的中心思想是「忠恕」，這只能代表他的看法，而不完全等於孔子的見解。理由在於，孔子過世時，曾參才二十七歲，並且他是孔子所謂「魯鈍」的資質（11‧18），即使認真致力於學與行，仍不表示他在年輕時就領悟了孔子的一貫之道。曾參晚年時曾表示：讀書人不能沒有恢宏的氣度與剛毅的性格，因為他承擔重任而路途遙遠。以行仁為自己的責任，這個擔子還不沉重嗎？直到死時才停下腳步，這個路程不遙遠嗎（8‧7）？在晚年終於體認到「仁」才是貫穿一生要實現的目標。可見，孔子的一貫之道是「仁」而非「忠恕」。顏回雖然早夭卻有仁者美譽，原因在於他能勉力行仁（6‧7）。與曾參對照，更能凸顯孔子的一貫之道是「仁」。

相關：仁、忠、恕、學、思。（陳維浩）

【子絕四】指毋意、毋必、毋固、毋我。孔子完全沒有四種毛病，他不憑空猜測、不堅持己見、不頑固拘泥、不自我膨脹（9‧4）。此處所說的四個毛病都針對自我而言，源自個人的私心或欲望，從起心動念到狂妄自大，正是一般人常犯的毛病。孔子能夠完全去除這些毛病，代表孔子消解了自我中心的執著。這並不意味孔子未能堅持及奉

行自己的原則，或完全按照外在的情況來決定自己的言行。而是描述孔子能使自己的主觀心志，與外在的客觀規範相結合。孔子強調人要能夠自覺而自願，自主而自動的去實踐禮的要求（12‧1）。主觀的心志依然有所堅持，但須與外在客觀的規範相結合。因此，「子絕四」所要避免的是個人私心與欲望的偏執與衝動，而非個人心志追求人生理想的堅持。此外，「子絕四」也是學習時應有的態度，由此保持開放的心靈，領悟新的知識與觀點。

相關：禮、學、志、小人、兩端。（陳維浩）

【仁】「仁」是貫穿孔子哲學的中心思想，它指向人際適當關係的實現，也就是「善」。它的意義包含向善的人之性，擇善固執的人生正途，以及止於至善的人生理想；而唯有真誠，才能體現向善的力量，自覺而主動的行善。這樣的「仁」，彰顯了真誠的人如何從潛能走向實現，再抵達完美的生命歷程，總括了人生應有的價值取向。

面對禮壞樂崩，孔子承禮啟仁，主張禮樂不只是依循形式、操作器物而已，重要的是行為者的心意是否真誠。要是虛與委蛇，施作再多也不會發揮禮樂真正的功能，還可能予以誤用（3‧4；17‧11）。更何況，能否立志行善並非取決於外在條件，而是人只要真誠就會願意行善。同時，倫理規範的制定，是為了回應源自生理特性的心理情感，只要內心真誠，自然願意奉行（7‧30；17‧21）。所以孔子教導顏回，真誠而自主的去實踐禮的要求，就能在個人意願與社會要求之間取得協調，體現行善的力量，走上人生正途，擁有不移不易的快樂（12‧1）。

孔子認為人之性是向善的，這是考量人類生命之具體存在和成長處境而有的主張。正如孔子教誨宰我，人只要違背源於生理特性的倫理規範就無法心安，他還說，只要立志行善就會湧現無窮力量，讓行為開始去惡從善，必要時甚至願意殺身成仁（4‧4；4‧6；15‧9）。

由此可見，人之性有趨向善行的潛能，是經由個人的選擇與實踐，不斷展現的力量；人類因而有道德責任，也能主動推行道德。此外，人性是「相近」而非「相同」。向善的潛能是多方面與無限制的，每個人展現的力量強弱有別，也要考量各自的情況來行善（17‧2）。

人之道是擇善固執，需要有因應時機來衡量言行的智慧，以及長期實踐善行的勇氣（6‧29）。真誠而行仁，一定會有勇氣，也能夠分辨什麼是善行。但由於行善要考量具體的關係，因此知善除了依靠真誠自覺，更需要不斷地學習，才能明智的發揮無懼死亡的勇氣來成全道義（6‧26；14‧4；17‧8）。所以孔子雖然相信人有明白人生正途的能力，仍然期許自己不要厭倦於學習，要求自己多聞多見，擁有更廣博而不固陋的知識來實現善行（7‧2；7‧28；16‧9）。

人之成在止於至善，要能如此，需要明白命、禮與言的道理，並且在生命活動中堅持到底（20‧3）。真誠體察人性，自然明白人生雖然受限於命運，卻有自主實現的行善使命，同時可以無懼限制，遵循能力與職責來果敢實行（18‧7）。學習禮，加上與人相處能設身處地而感同身受，就會體察禮的原理，在社會上立身處事就有所依憑（3‧4；6‧27）。學習《詩》，了解言語重在溝通真情與誠懇信實，就懂得觀察言行來選賢與能，結交益友在正道偕行（5‧9；16‧5；17‧9）。

孔子標舉了「仁」，期許自己也教導人們要真誠無私，樂天知命。愛好學習，善用智慧與勇氣，因時制宜又貫徹始終地實踐德行。如此不但沒有憂慮，還能用自然生命完成天賦的價值使命，活出生命的深刻意義（8‧13；14‧28）。

「仁」字在《論語》中約出現一百零九次。

相關：善、德、性、天、禮。（楊舒淵）

【**仁者**】有兩種意義，一是在人之道上擇善固執，有嘉言懿行的人；二是在人之成上成就完美人格的人。唯有立志走在人生正道的君

子，才有可能行仁，乃至固執到底而被評定為仁者（14‧6）。

孔子標舉「仁」來總括人生應有的價值取向。首先，仁所指涉的是人生正途，任何人只要立志行仁，就會湧現無窮的力量，讓行為開始去惡從善。因此行仁的人一定有勇氣，甚至可以犧牲生命來完成人生理想（4‧4；14‧4；15‧9）。不過，愛好行仁同時也須愛好學習，殺身成仁的決定絕非出自天真或愚昧，實現理想的方法也須經過明智的思量（6‧26；17‧8）。真誠加上學習，所以行仁的人能兼用智慧與勇氣，擇善而固執（6‧29）。於是他沒有憂慮，不論困境還是順境，都可以適切應對，長期安處；待人能秉持公正之心，真正做到喜愛好人、厭惡壞人（4‧2；4‧3；9‧29）。君王願意行仁，就會愛護百姓，提拔好人，讓壞人自然遠離，致力於禮樂教化，讓人民自動親附，並且幫助他們走上正途（12‧22；16‧1）。

人之道是需要不斷擇善固執的動態歷程，因此孔子不會只從具體的道德實踐來界說「仁」，也不會用成就完美人格的「仁者」來稱許還在世的人（5‧7；14‧1）。即便是孔子，也無法確定自己能否持恆行仁，最終是否成聖。只敢說自己是以此為目標，努力實踐而不厭煩，教導授業而不倦怠，並自勉能兼具智慧與勇氣來行仁（7‧34；14‧28）。

在《論語》中，孔子讚揚六個人為仁者。其中伯夷、叔齊、比干為了實現理想而犧牲生命，箕子淪為奴僕，微子遠走他鄉（7‧15；18‧1）。只有管仲，政爭失利後不但未以身殉難，還轉事齊桓公。時人批評他奢侈、不知禮，子路和子貢也質疑他不算仁者。但孔子認為，管仲不為小信而死，以一人之力，輔佐桓公稱霸諸侯，匡正天下，避免戰禍，福澤百姓，正是行了大善也藉此明志（14‧9；14‧17）。只可惜他的抱負太小，未能徹底修德讓人格也成為眾人楷模（3‧22）。

相關：君子、勇、知、德治、聖。（楊舒淵）

【**切切偲偲**】互相切磋、勉勵之意。孔子說：「朋友切切偲偲，兄弟怡怡。」（13‧28）讀書人之間要互相切磋勉勵，獨學無友，則孤陋寡聞。此處指的是讀書人，不是為了從政而讀書，唯有真正用心讀書，才有互相勉勵的需要。孔子認為，對待朋友與對待兄弟態度不同，朋友之間要互相切磋勉勵，兄弟之間和睦相處，如此才能稱為「士」。

相關：士、學、友、悌。（陳慧玲）

【**中行**】描述言行適中的人。其表現文質彬彬，行為舉止進退有節，有所為也有所不為。中行需要高度的修養，不單只是個性上的顯現。除了自己的行為修養要達到「中行」，孔子認為結交朋友也要以「中行」來作為判斷的準則，要是找不到行為中行的人來交往，就一定要找到狂者或狷者來交往。狂者志向高遠而奮發上進，狷者潔身自好而有所不為（13‧21）。

相關：君子、文、質、狂、狷。（陳慧玲）

【**中庸**】「中庸」這個概念，在《論語》中代表最高的德行，也是君子的修養目標。孔子表示，長期以來百姓很少有能做到中庸的（6‧29）。「中庸」亦是「用中」，在日常生活中擇善固執，這樣的堅持表達出恰到好處、不走極端的態度，長期地走在人生正途上，也是君子修養的驗證。「中庸」概念應用廣泛，對中國文化的影響不容忽視。

相關：德、知、仁、勇、中行。（陳慧玲）

【**友**】表示朋友、交友之道、交往與友愛。立志成為君子的人，言行莊重，多方學習，並以忠信為做人處事的原則，不與志趣不相似的人交往，只結交能一同走在人生正道的良友（1‧8；9‧25）。良友是指正直、誠信、見多識廣的友人。與他們交往，進德修業的路上就有

切磋勉勵的夥伴，並帶來對人生有益的快樂；要是與裝腔作勢、虛偽討好、巧言善辯的人為友，言行態度就容易失去真誠，遠離人生正路（16‧4；16‧5）。抱持這樣想法的孔子與左丘明，皆以說話美妙動聽、表情討好熱絡、態度過度恭順等行為為恥，也以內心怨恨某人，表面上卻繼續交往為恥，因為這些都是缺乏真誠的表現（5‧24）。

結交良友能幫助自己擇善固執。子貢請教如何行仁，孔子因應其境遇，說他居處邦國，就要事奉賢良卓越的大夫，結交努力行仁的士人，見賢思齊，自我砥礪（15‧10）。然而朋友也可能犯錯，孔子告誡長於言語的子貢，此時要真誠相告，委婉勸導，若朋友不肯聽從，就不要再說，以免遭受侮辱（12‧23）。孔子與朋友相處，強調真摯的情感與互相尊重，合乎情誼與道義。像朋友餽贈，只要不是祭肉，即便是貴重如車馬，孔子也不作揖拜謝。對送祭肉者作揖，表示尊重朋友的祖先；對送車馬者不作揖，是因為授受的表現印證了彼此的深情厚誼（10‧23）。當朋友過世而沒人治喪，孔子也願意負責，不計心力與錢財，只為成全情義（10‧22）。

友愛親友能促成理想政治。有人問孔子為何不從政？孔子引用《書》，表示若能透過教育與學習，使更多人真誠而自主的孝順父母，友愛兄弟，讓家庭的和樂擴及整個社會，政治自然上軌道（2‧21）。因此當子路問怎樣才算是讀書人，孔子除了提及要與朋友相互琢磨期勉，還提到要與手足和睦共處；在表達志向時，他要使老年人得到安養，青少年得到照顧，同時也要使朋友們互相信賴（5‧25；13‧28）。

相關：士、學、賢、禮、益者三友。（楊舒淵）

【心】孔子認為人由三個部分組成：第一是血氣。這是隨著身體而有的本能與欲望。孔子曾說，要成為君子，必須有三點戒惕：年輕時，血氣還未穩定，應該戒惕的是好色；到了壯年，血氣正當旺盛，應該

戒惕的是好鬥；到了老年，血氣已經衰弱，應該戒惕的是貪求（16·7）。血氣是人的生理事實，雖無善惡可言，但不能任其過度發展而控制人的生命。

第二是心。心是一種複雜、綜合的主體能動性，是中性的。「心」可因外物的影響而產生好、惡、喜、怒、哀、樂、憂、懼等等情感。「心」也代表人的思維能力，即心智，表現了主體的道德選擇能力。如果「心」做自覺的選擇，意識到人性中向善的要求並實踐之，此心就與仁性合而為一；若是心選擇追逐血氣，則將與欲望同流。

第三是仁，即向善的力量。心選擇行仁是一件困難的事，但人還是必須行仁，因為人性向善，所以除了擇善固執，走上人生正途以外，別無出路。孔子觀察他的眾多弟子，認為只有顏回的心可以在相當長的時間內，不背離人生正途；其餘的學生只能在短時間內做到這一步（6·7）。

孔子認為心只要立志行仁，就不會做壞事了（4·4）。而行仁的人因為擇善固執，沒有偏私或其他顧慮，所以能超越個人好惡、主觀價值標準，而達客觀、無私的境界，因此孔子說：「唯仁者，能好人，能惡人。」（4·3）「心」需要長時間的修養鍛鍊，才能與「仁」無所間隔，完全合而為一。孔子自述他是到了七十歲時，才做到「從心所欲不踰矩」（2·4）。孔子此時，已過知天命、順天命之年，因此，此時的從心所欲已達天人合德的境界，心思意念之轉，思維判斷之際，無不符合天命，因而從不踰矩。

相關：仁、性、欲、仁者、有恆者。（陳淑娟）

【立】原指站立，如「鄉人儺，朝服而立於阼階」（10·14）。後引申而有建立與立身處世之意。前者如：「君子務本，本立而道生」，後者如：「三十而立」（1·2；2·4）。

《論語》重視人如何立身處世的問題，其宗旨即是依據禮的規範，

如：「立於禮」、「不學禮，無以立」、「不知禮，無以立也」（8‧8；16‧13；20‧3）。依據禮知道自己與他人的適當關係，然後可以確立彼此之間應對進退的準則，個人也就能在群體中實踐自己與他人之間的適當關係。

孔子認為行仁者要能推己及人，自己想要立身處世、安穩立足時，也幫助別人安穩立足（6‧30）。

相關：禮、仁、道、禮教、詩教。（陳淑娟）

【先生後生】「先生」是指長輩，「後生」是指晚輩，輩分可由年齡、修習學問與技術的時間先後來區分。晚輩在事奉親師長輩時，要發自親愛、敬重的情感來循禮行事，譬如有事時主動代勞，有酒肉菜肴時請他們先行享用（2‧8）。長輩也要看重晚輩，不可以低估他們。因為晚輩只要肯虛心求教，努力上進，在正確的道路上踏實學習也不試圖抄捷徑，前途就不可限量。然而，一個人若到四十歲或五十歲還沒有什麼好的名望，也就不值得敬重了（9‧23；14‧44）。

相關：孝、禮、學、利、後生可畏。（楊舒淵）

【好】指美好、友好、交好與喜好，其中只有喜好與人的行為有關，具有道德上的意義。孔子感嘆他不曾見過愛好德行像愛好美色、追求品德如同追求美色一樣的人（9‧18）。喜好會產生行動，就像顏回愛好學習的表現是不把怒氣發在不相干的人身上，也不犯同樣的過錯（6‧3）。孔子也表示自己不是生下來就有知識，他的知識是愛好古代文化，再勤奮敏捷去學習得來的（7‧20）。此外，孔子認為：只有行仁的人能夠做到喜好好人，討厭壞人（4‧3）。喜好要以「行仁」為標準。對於大家都喜歡的人，一定要仔細考察才作判斷（15‧28）。不先仔細考察對象本身的優缺點便跟從群眾的觀點，會混淆價值觀念，使善人得不到肯定，惡人沒受到批判。所以在喜好他人時，

也要知道對方有哪些缺點，才是合乎理性的做法。只有行仁的人才能不被私欲障蔽，可以正確地喜好他人，並且以合理適當的行動表現出來。

相關：仁者、學、德、色、兩端。（陳維浩）

【安】有三種用法。第一種是疑問詞，意即「怎麼」，如：「安見方六七十，如五六十，而非邦也者？」（11‧26）第二種是動詞，意即「安頓」，如：「修己以安人」、「修己以安百姓」（14‧42）。第三種是形容詞或名詞，意即「安適（的）」、「安定（的）」、「安樂（的）」，如：「子溫而厲，威而不猛，恭而安」、「君子食無求飽，居無求安」（1‧14；7‧38）。

第三種意義用得較多。孔子認為，觀察一個人的心在什麼情況下會感到安定，可顯露他內在的存心（2‧10）。那種安於「群居終日，言不及義，好行小慧」的人，是很難走上人生正途的（15‧17）。但仁者卻安於行仁，不論長久處於困境還是順境，都可以做到擇善而固執（4‧2），因為行仁者，遵循的是內心的道德自覺要求，唯有順著這要求，自己才能感到安定踏實。所以當宰我與孔子討論三年之喪的喪期時，孔子只以守喪未滿三年，就吃精緻飲食與穿華麗衣裳是否感到心安，來反問他（17‧21）。

「安」在《大學》中，成為五個修養次第中的一環。《大學》認為，當人明白止於至善的目標後，就能「知止而後有定，定而後能靜，靜而後能安，安而後能慮，慮而後能得。」

相關：仁、仁者、喪、三年之喪、德治。（陳淑娟）

【成人】字面上看來是指成年人，引申為成熟的人、潛能充分實現的人、完美的人、成全的人、理想的人等。理想的人是就「應該」努力具備的條件而言。當子路請教如何成為理想的人，孔子列舉魯國

的知名人士，說明需要具備明智、寡欲、勇敢、富有才藝四項條件，再加上禮樂教化，才可稱為成人，各有一偏則不盡理想。不過稍後又表示，在當時混亂的時局下，所謂的成人，只要會思考利益是否是自己該得，遇到危險願意犧牲生命，即使長期處於窮困也不忘平生期許自己的話語，也就足夠了（14‧12）。「成人」亦有幫助別人的意思，孔子說：「君子成人之美，不成人之惡，小人反是」，君子幫助別人完成善行，不幫助別人完成惡行，小人則正好相反（12‧16）。

相關：文、君子、小人、美。（陳慧玲）

【有恆者】指能夠擇善固執，不懈地實踐人生理想的人。孔子表示自己是沒機會見到善人了，能夠見到有恆的人，也就不錯了。許多人明明空虛卻裝作充實，明明窮困卻裝作豪華，可見要做到有恆，是相當困難的（7‧26）。善人是指行善有成的人，相近於仁者。有恆是指擇善之「固執」而言。若是有恆到一定程度，即可成為善人，亦即行善有成。但是，只要注意力一轉向外在得失的評價，就很難做到有恆了。雖然成為有恆者是十分困難的事情，但孔子還是肯定能見到這樣的人。可見，只要有心人人都可以成為有恆者。此外，孔子肯定南方的一句俗語：「一個人沒有恆心的話，連巫醫也治不好他的病」，並引用《易經‧恆卦》的爻辭所說的「實踐德行缺乏恆心，常常會招來羞辱」為之補充。認為若不能持之以恆地做事，終將一事無成，就連生病也可能無法救治。因為沒有耐心服藥，是連醫生也無可奈何的。況且若沒有恆心去實踐道德更是會招致羞辱，所以人人都應該努力成為有恆者，才能避免一事無成而受人恥笑（13‧22）。

相關：德、善人、勇者、羞。（陳維浩）

【色】有三種意義。一是指美色。人類放縱本能自然愛好美色，愛好德行則須真誠自省並持恆修身，因此孔子感嘆他未曾見過愛好德行

像愛好美色的人。感嘆寓含期許，孔子由此提出教育目標，也教誨血氣未定的年輕人要戒惕好色（9・18；16・7）。二是指臉色、表情。要成為通達君子，要時刻考慮臉色是否溫和，懂得察言觀色，配合關係與場合來表現神色（2・8；10・4；16・10）。循禮行義都出自真誠正直，不是只有表面形式（11・21；12・20）。君子真誠為人，故以表情討好熱絡為恥，賢者對於醜陋的嘴臉，更是避而遠之（5・24；14・37）。三是指色澤，譬如食物的顏色（10・8）。

相關：君子、好、達、莊、食。（楊舒淵）

【行】指實踐、做事、措施。例如子貢請教怎樣才是君子，孔子教導他，君子是先去實踐自己要說的話，做到以後才說出來的人（2・13）。由此可知君子會適當地區分「言」與「行」的先後關係，在這裡「行」表示「實踐」的意思。

孔子經常從具體實踐領域談論個人行為的原則。個人在行為上，應多觀察各種行為，有不妥的放在一邊，然後謹慎去做自己有把握的，這樣就能減少自己的後悔。謹慎的讓行動和言語相互配合，官職與俸祿自然不是問題（2・18）。孔子強調言、行相互配合，說話真誠守信，做事踏實認真，即使到了外邦也可以行得通（15・6）。以道義為內心堅持的原則，然後依合禮的方式去實踐，用謙遜的言詞說出來，再以誠信的態度去完成，結合這些條件，就可以說是君子了（15・18）。此外，作為君子，就要努力在言語上謹慎遲鈍，並且在行為上敏捷有效（4・24）。於各種討論中，「行」皆以謹慎的態度為原則。關於實踐的內容方面，能夠符合恭、寬、信、敏、惠五點要求，就是行仁了（17・6）。

孔子教學有四項重點，包含文獻知識、行為規範、忠於職守、言而有信（7・25）。「行」列孔門四教的其中之一，意指行為規範，特別指守禮而言，亦即顏回所說的「約我以禮」，因此另外強調忠與信，

以凸顯真誠心意的重要（9．11）。

相關：君子、言、禮、敏、干祿。（許詠晴）

【佞】 口才善巧，能言善辯。孔子重視言語表達，他的優秀學生分為四科，其中一科即是言語科。可見孔子並不否定口才的表達能力，而是反對巧言利口。如果光是逞弄口才與人爭辯，不僅會引起別人厭惡，也與行仁沒什麼關係（5．4）。「佞」亦有討好別人之意，所謂「佞人」，指的就是阿諛的小人。以「佞」來形容一個人時，大多為負面的描寫。孔子認為，與巧言善辯的人為友是有害的，「便佞」之友不值得交往（16．4）。

相關：仁、言、友、小人、詩教。（陳慧玲）

【利】 利是人之所欲，但須與義配合。孔子心中理想的人，其行為態度是「見利思義」，利益當前，會進一步思考是否符合公義，是否屬於自己所該得的利益（14．12）。孔子認為在政治的做法上，只看見眼前小的利益反而會辦不成大事，應該要有宏圖遠見才能成就大事業（13．17）。「利」除了解釋為利益，也有尖銳、鋒利之意（15．10）。

相關：成人、義、儉、君子、小人。（陳慧玲）

【君子】 在古代，原指有官位者或貴族子弟，像是周公教導伯禽政治之道時，就以君子稱呼邦國領袖；先有官位再學習禮樂的卿大夫子弟，也被稱作君子。到了孔子的年代，君子還用來指稱社會的知名賢達（3．24；11．1；18．10）。孔子保留了這些用法，同時更強調「君子」是明白命運與使命，在生命歷程中堅持道義，不斷進德修業，志於實現完美人格並兼善天下的人（4．5；4．10）。也因此，在人之道上，君子成為儒家所推崇的人格典型。

真誠體察向善的人性，就會明白死生及成道雖然各有命運，但行善是人類的共同使命。了解命的道理，才能成為君子（20‧3）。立志成為君子、修養君子德行的人，領悟的是道義而非利益，追求的是人生理想，不是衣食無缺，也不只是成就專技，掛懷的是理想能否實現，而不在意生活是否窮困（2‧12；4‧16；15‧32）。不論在青年、壯年、老年哪個人生階段，都會戒惕自身的本能與欲望，而且行事敏捷，言語謹慎，主動向志行高尚的人求教，學習與人應對得宜（1‧14；16‧7）。具體來說，莊重言行能培養威嚴，廣泛學習得避免固陋；以忠信為做人處事的原則，不與志趣不相似的人為友，行為遵照禮的規範，不怕改正過錯，就不至於背離人生正路，也有同伴相互勉勵（1‧8；6‧27）。要做君子，需要時刻自覺與反省，持續讓真誠質樸與禮樂文飾搭配得宜，不斷修養自己，逐步擴充善行（6‧18；14‧42；16‧10）。正因為需要在人生歷程中努力不輟，孔子說自己還無法確實做到君子的修養，並嚮往達到智仁勇三者兼備的境地（7‧33；14‧28）；不僅要做到問心無愧，還能讓善行成就大同世界，只是這種理想連堯、舜都會覺得不容易達成（5‧25；12‧4）。

孔子認為自己的言行符合君子的志向與要求，並自信能有化民成俗的功效。時人也肯定孔子是一位君子，儀封人進而相信，天將以孔子為教化百姓的木鐸（3‧24；9‧14）。在《論語》，孔子稱許子產有四種行為符合君子的作風，更直接稱讚蘧伯玉、宓不齊、南宮适是君子。而從宓不齊能從地方覓得賢才來協助德治教化，也間接印證魯國還有許多君子。

能被稱為君子的人，必定言行一致。君子有關懷德行與規範的品格，並以說得多做得少為恥，對不懂的事不會強言認識，會多聞多見，選擇正確的來接受及實踐（4‧11；7‧28）。他待人處事堅持道義，依禮而行，謙遜地表述意見，誠信地完成任務；但不拘泥於小信，而懂得衡量時機通權達變（15‧18；15‧37）。君子也沒有成見或私心，

開誠布公，與人共事自重而不爭鬥，合群而不結黨，能夠包容並協調差異，不強求齊一（2・14；13・23；15・22）；而參與政治是為了與人為善的道義，不管落實多少都要求自己，並以名正言順，致力成事為施政的前提（13・3；15・21；18・7）。君子樂意幫助別人完成可喜可欲的行為，但從不助長他人的惡行；總是持續修養，雖然有時仍無法擇善固執，依然在行義的路上不斷上進（12・16；14・6；14・23）。如此，君子不論窮達順逆，內心都保持開朗自信，表現舒泰安詳而沒有驕氣，四海之內皆有互相呼應的兄弟（7・37；12・5；13・26）。總之，君子的思維與行動超越了自我中心的格局，守法重禮而有情有義，並以超越自我，走向無私、至善為目標，最後庶幾可以成就聖人功業。

「君子」一詞在《論語》中約出現一百零七次。

相關：命、仁、禮、義、聖。（楊舒淵）

【君子三戒】 立志成為君子的人，必須有三點戒惕。年輕時，血氣還未穩定，應該戒惕的是好色；到了壯年，血氣正當旺盛，應該戒惕的是好鬥；到了老年，血氣已經衰弱，應該戒惕的是貪求。孔子省察經驗事實，知道人有血氣，也就是隨著身體而有的本能與欲望；然而人之性亦固有實現人際適當關係的要求與趨向，只要真誠就有無窮的行善力量。所以他肯定人應該時時戒惕血氣的負面影響，在人生道路上擇善固執。此外，由於承認需要時時戒惕血氣，可見孔子不認為人性本善（16・7）。

相關：性、欲、色、剛、德。（楊舒淵）

【孝】 指孝順。是儒家重視的品德。孔子表示，現在所謂的孝，是指能夠侍奉父母。但是像狗與馬，也都能服侍人。如果少了尊敬，又要怎樣分別這兩者呢（2・7）？孝順父母最重要的是尊敬。如果不尊

敬父母，侍奉父母再無微不至都稱不上孝順。孔子指出，一個孩子生下來，三年以後才能離開父母的懷抱（17‧21）。父母生下我們，賦予我們生命，養育我們使我們得以存活成長，因此，父母的恩情足以媲美上天生養萬物的大德，這是父母本質上就值得我們尊敬的原因。然而子女卻不容易保持和悅的臉色，更何況，難道由年輕人代勞辦事，讓年長者先享用酒菜食物，就可以算是孝順了嗎（2‧8）？事事幫父母代勞，有酒菜先禮讓父母，這算是尊重父母的表現，但孔子認為還要和顏悅色地侍奉父母，才是發自內心誠摯的孝順。

不過孝順也不是盲從父母，而是要依照禮法的規定。讓內在的孝心與外在的禮法配合，才是孝順的實踐（2‧5）。孔子主張，服事父母時，發現父母將有什麼過錯，要委婉勸阻；看到自己的心意沒有被接受，仍然要恭敬地不觸犯他們，內心憂愁但是不去抱怨（4‧18）。父母犯錯，子女要委婉相勸。但若行不通，仍須遵守不觸犯也不抱怨的原則。另外，孔子認為孝順是政治的根本。人人都能孝順父母、友愛兄弟，家庭自然和樂。推廣到整個社會，政治也就上軌道了（2‧21）。所以孝順也是出仕為官所應具備的條件（13‧20）。

至於孝順父母的具體方式，首先要讓父母只為子女的疾病憂慮（2‧6）。這代表子女各方面都表現良好，才能使父母「只為」他們的疾病擔心而不必操心其他問題。孔子稱讚閔子騫孝順，理由是別人都不質疑他父母兄弟稱讚他的話（11‧5）。可見閔子騫在各方面都表現良好，所以父母兄弟讚美他時別人才不會懷疑，這就是孝順的表現。另外，還有不讓父母掛念；為父母的年齡感到喜悅與憂心；竭盡心力侍奉父母（1‧7；4‧19；4‧21）。以上都是就父母在世時該如何行孝的做法。

此外，孔子認為在父母過世時，人們一定會充分展露真情（19‧17）。所以孝順不僅止於父母生前，也要在父母死後。具體的做法是：子女在父母過世以後，要維持父母做人處事的作風三年（1‧11）。孔

142

子稱讚孟莊子孝順，因為他不去更換父親任用的家臣與父親所訂的政策，讓他父親的風範流傳下來（19‧18）。所以子女守「三年之喪」期間要按照父母生前的作風行事，所有事情皆依父母制定的方式處置，不要急著表現出自己的想法。《中庸‧十九章》也提到：事奉死者有如事奉生者一般，事奉亡故的先人有如事奉尚存的長輩一般。這就是達到孝順的最高標準了。

相關：禮、敬、悌、士、三年之喪。（陳維浩）

【弟】尊敬兄長。通「悌」，在《論語》中作「弟」字。常與孝一起出現，是孔子重視的品德之一。孔子認為：青少年在家要孝順父母，出外要敬重兄長，行為謹慎而說話信實，普遍關懷別人並且親近有善行芳表的人。認真做好這些事，再去努力學習書本上的知識（1‧6）。可見尊敬兄長是青少年培養品德的基本項目。此外，子貢請教孔子成為讀書人的條件，孔子認為若無法達到德行與才幹兼備的標準，只要做到宗族的人稱讚他孝順父母，鄉里的人稱讚他尊敬長輩，也可以稱得上是第二等的士了（13‧20）。可見，悌不僅是青少年應有的品德，讀書人也該努力實踐。有若將孝悌視為一切品德的基礎，他指出：一個人能做到孝順父母與尊敬兄長，卻喜歡冒犯上司的，那是很少有的；不喜歡冒犯上司，卻喜歡造反作亂的，那是不曾有過的。君子要在根基上好好努力，根基穩固了，人生正途就會隨之展現開來。孝順父母與尊敬兄長，是一個人做人的根基（1‧2）。孟子也認為：堯、舜的正途，不過是孝與悌而已。同樣把孝悌當作一切品德的基礎。由此可見悌的重要（孟子‧告子下）。

相關：孝、士、仁、德。（陳維浩）

【志】指志向。孔子談志，說過志於學、志於仁與志於道（2‧4；4‧4；7‧6）。孔子十五歲立志於學習，他一生所成就的功業也由此開始

（2‧4）。可見，人的志向將決定人生走向。孔子指出：軍隊的統帥可能被劫走，一個平凡人的志向卻不能被改變（9‧26）。人的志向完全由自己負責，由此建立人格特質。人若立志行仁，並努力擇善固執，自然就不會再做壞事（4‧4）。因為，行仁的人不會為了活命而背棄人生理想，卻肯犧牲生命來成全人生理想（15‧9）。孔子肯定人生應該以實踐人生理想為首要關懷，而非追求功名利祿。孔子認為：讀書人立志追求人生理想，卻以簡陋的衣服與粗糙的食物為可恥，那就不值得與他談論什麼道理了（4‧9）。以生活窮困為可恥，表示志向卑微，沒有立下正確的志向。此外，理想不同的人，不必互相商議，因為那得不到任何共識（15‧40）。孔子重視立志，他教學時也多次與學生討論志向問題，並教導學生建立正確的志向（11‧26）。孔子的志向是：讓老年人都得到安養，使朋友們都互相信賴，使青少年都得到照顧。這顯然是大同境界，可見孔子有聖人之志（5‧25）。

　　相關：學、仁、道、恥、聖。（陳維浩）

【狂】描寫志向高遠的言行表現。孔子認為交友的考量依序是：中行、狂者與狷者。而「狂者進取」，志向高遠的人奮發上進（13‧21）。孟子後來以曾點為狂者代表，可供參考。另外「狂」也描寫狂放不羈的人，如「楚狂接輿」（18‧5）。一般而言，狂者比較直爽，如果狂妄而不直爽，就是令人無法理解的偏差行為（8‧16）。孔子也對不同時代「狂」的表現作了比較，認為古代狂妄的人不拘小節，現在狂妄的人卻放蕩言行，可見其每下愈況（17‧16）。

　　相關：直、狷、中行、友。（陳慧玲）

【侗】愚昧的樣子。走在人生的路上，愚昧的人往往判斷錯誤，難以選擇人生正途。但是成為君子是一個動態過程，愚昧的人只要不斷努力，或許會逐漸明白正確的道理。但若是「侗而不愿」，也就是

愚昧而不忠厚，則不僅無法理解人生的應行之道，也失去了人格修養的真誠基礎。這樣的人會讓孔子覺得莫名其妙，無法進行教誨（8‧16）。

相關：忠、學、敏、明。（陳慧玲）

【和】協調、和諧、唱和。如調味與調音，差異中有原則，可以互相包容與欣賞。孔子認為君子協調差異，而不強求一致；小人強求一致，而不協調差異（13‧23）。古代帝王的治國作風以禮的規定來行事，但是禮在應用的時候，以形成和諧最為可貴（1‧12）。只要人民和諧相處，即使人口稀少，社會依然可以安定。

相關：禮、君子、小人、義、權。（陳慧玲）

【固】堅持原則；但亦有頑固、固陋的意思。君子「學則不固」，博學多聞就不會頑固而不知變通（1‧8）。如果過於儉約，就可能流於固陋（7‧36）。孔子修飾威儀，並不是為了討好別人，而是因為厭惡固陋。「固」在時間上有「已經」的意思；用於形容狀態則有牢固、確實之意。另外，孔子相信「君子固窮」，認為君子即使走投無路，仍然會堅持原則，而這正是「歲寒，然後知松柏之後彫也」所比喻的，由嚴酷的考驗來分辨君子與小人的差異（9‧28；15‧2）。

相關：子絕四、學、儉、君子、有恆者。（陳慧玲）

【忠】除了表示百姓的效忠，「忠」主要還意指真誠（2‧20）。而真誠的態度可以作為待人和盡職兩方面的行為指南。待人方面，要是真誠對待，就應給予規勸（14‧7）。朋友有過錯，應真誠相告並委婉勸導；他若不肯聽從就閉口不說，以免自取其辱（12‧23）。可見「忠」是在待人、交友方面的重要原則。「忠」的原則另外可以運用在職守上，孔子在教導子張政治的做法時，就強調在職位上不要倦怠，

執行職務態度忠誠（12・14）。忠於職守同時也是孔子教學的四項重點之一（7・25）。

忠也是孔子主張的，君子要有的九種考慮之一（16・10）。若要成為君子，則說話的時候要考慮是否真誠。忠更是走上人生正途的途徑，像是樊遲請教如何行仁時，孔子便提出「恭」、「敬」、「忠」三個方面，教導他平時態度要莊重，工作要認真負責，與人交往要真誠，強調人即使到了偏遠落後的地區，也不能沒有這三種德行，孔子靈活地提供樊遲意見以作為人生正途的參考（13・19）。曾參每天好幾次省察自己時，亦檢視自己為別人辦事有沒有盡心盡力，也就是檢視自己是否完成忠的標準（1・4）。

另外，《論語》中「忠」還多與「信」連用，意指「忠誠信實」。而以「忠信」並舉時多作「主忠信」，即以忠誠信實為做人處事的原則。

相關：仁、恕、言、信、忠告。（許詠晴）

【怍】慚愧。孔子說：「其言之不怍，則為之也難」，認為輕易開口而不覺慚愧的，做起來一定不容易（14・20）。孔子教誨學生時，總是兼顧言與行。他認為，古代的人不輕易說出話來，因為他們以來不及實踐為可恥；他因此期許學生做事敏捷而說話謹慎，多向有道之人請教。寧可做成事再說話，也不宜輕易張揚自己的能力與承諾。於此可以參考老子所謂「輕諾必寡信，多易必多難」（老子・六十三章），輕易就許諾的，一定很少能守信；看事情太容易的，一定先遇上各種困難。

相關：言、行、信、恥。（陳慧玲）

【性】在《論語》中，「性」字只出現兩次。一次是孔子說：「性相近也，習相遠也」；一次是子貢感嘆未曾聽到老師直接界說人性，較難深入明白孔子用來統括人生應有之價值取向的「仁」（5・12；

17・2）。事實上，正是由於「性相近」，所以孔子不曾直接界說人性。關鍵在於：第一，性是相近於「善」，善是人際適當關係的實現，「適當關係」會因人而異，需要因事制宜。第二，孔子對人性的看法不分先天後天，他認為人性是在生命的整體與歷程中，等待被實現的潛能，是經由個人的選擇與實踐，不斷展現的力量。並且，這個潛能趨向善行，為了行善，能有無窮力量。然而個人潛能的實現狀況會隨著各種內外在條件而有所不同，每個人展現的力量又有強弱差異，所以不說性相同。第三，人性向善。人性是內在自我要求行善的力量，真誠面對就會自覺而感通，設身處地為人著想，同時付諸行動。可惜的是，人不一定願意真誠。綜合來看，孔子論「性」主張「動力即本質」，動力始於真誠，發動向善，但實現的狀況與力量的強弱皆有差異，善行也各有不同。因此孔子不界定人性的本質，而只說「性相近」。

相關：仁、善、欲、習、性相近習相遠。（楊舒淵）

【忠告】真誠相告。子貢請教交友之道，孔子認為真正的朋友應該是在對方發生過錯時，真誠相告而委婉勸導，如果對方不肯聽從，那就閉口不說，以免自取其辱。同時「忠焉，能勿誨乎？」孔子認為只要真誠待人，就願意提供合理而有益的建議（14・7）。朋友若是「不直」，無法真誠指出我們的過錯，就不符合「益友」的標準。

相關：忠、直、友、辱、誨。（陳慧玲）

【怡怡】神情自在而愉快。《論語》中描述孔子在朝廷上應對進退的態度，他經過國君面前時矜持莊重，走過之後則「怡怡如也」，神情自在愉悅。回到自己位置時，又顯得恭敬而警惕（10・4）。「怡怡」在人際關係上，有與人和睦相處的意思。孔子說：「切切偲偲，怡怡如也，可謂士矣。」表示朋友間互相切磋勉勵，兄弟之間彼此和睦共處，就可以稱作讀書人（13・28）。

相關：士、弟、切切偲偲、色。（陳慧玲）

【**直**】有正直、直爽、真誠等意義。魯哀公向孔子詢問君主要怎麼做百姓才會順服，孔子回答要提拔正直者，使他們位於偏曲者之上，百姓就會順服。於此，「直」是正直的意思。正直者秉持原則盡忠職守，偏曲者欺上瞞下玩弄權術。使正直者位在偏曲者之上，百姓就會順服（2‧19）。孔子曾經稱讚史魚是個正直的人，政治上軌道、不上軌道的時候，史魚的言行都像箭一樣直（15‧7）。

在直爽的意義上，「直」有一個反面例子。孔子評論微生高並不如傳聞說的直爽，因為有人向他要醋時，他還向鄰居要來給人（5‧23）。微生高的行為也許出於好意，但是自己沒有醋而不坦白說清楚，就不能算是直爽。那麼直爽的性格要如何修養呢？孔子表示，只知直言無隱而沒有禮的節制，反而會尖刻傷人（8‧2）。直爽雖是好的表現，但若無適當規範而陷於極端，則後果難以預料，故應以禮加以節制。

「直」有一個重要的意義是真誠。孔子認為人活在世間，原本應該真誠；沒有真誠而能活下去，那是靠著僥倖來免於災禍（6‧19）。只要真誠，就會順著向善的人性，走上擇善固執的人生正途。反之，不走人生正途而活下去的，就是靠運氣及僥倖罷了。以真誠解釋「直」，亦可參考葉公與孔子的討論。葉公告訴孔子他的鄉里有個正直的人，他的父親偷了羊，他親自去檢舉。孔子卻持不同的意見，孔子說他們鄉里正直的人做法不一樣：父親替兒子隱瞞，兒子替父親隱瞞。這裡面自然就有正直了。孔子「直在其中」的回答，顯示「隱」並非「直」的定義，重要的是「為何隱」，亦即順乎天性與人情為「直」（13‧18）。由此可見「直」有真誠與直爽的意義。

相關：仁、禮、隱。（許詠晴）

【**知者**】明智的人。在人生道路上，若未選擇以真誠心意作為安

身立命、與人往來的根據，就稱不上明智的人（4‧1）。選擇的緣由，在於了解走上人生正途與修養德行的深刻意義（4‧2；15‧4）；而最明智的人，在人生正路上不會迷惑與游移，知則必行，這正是君子嚮往的境地（14‧28；17‧3）。

要成為明智的人，必須知道命、禮與言的道理。了解命，是指明白死生與成道各有命運，但人人皆有行善的使命，務必設法完成（2‧4；18‧7）；了解禮，表示明白社會規範的道理，並懂得依據時代的需要加以損益（2‧23）；了解言，代表與人交往能分辨損友益友，從事政治能夠選賢舉能，因此明智的人既不錯過賢人，也不浪費言語（12‧22；15‧8）。若能如此，就可以了解別人，在社會上立足，並且成為君子（20‧3）。

富有天賦，或配合努力學習來明白人生正途，將使人表現明智；若是遭遇困難還不肯學習走上正途，那就是一些只想依靠僥倖、毫不真誠又愚昧的下等人（6‧19；16‧9）。像原來是深山野人的舜，就屬於生而知之的人。因為他只要聽聞看見善行，就引發無可抵擋的行善力量（孟子‧盡心上）。孔子自認是學而知之的人，他沒有完美天賦，也無法聞一知十。他的人生智慧是由於愛好淳厚的古代文化，多聞多見，選擇其中正確的部分來接受並牢記，再加上勤勉學習才修養成的（5‧8；7‧20；7‧28）。而愛好明智也須愛好學習，否則游談無根。學習時，態度要自信而謙遜；善用推理與思考的能力，掌握原則以求溫故知新（2‧17；9‧8；17‧8）。

僅僅是明白做人處事的道理，還稱不上最明智的人。進一步，還要喜愛這個道理，最好的，是樂在其中（6‧20）。因此孔子認為，明智的人能夠擇善，行仁的人還能固執（6‧23）。《論語》中，孔子認為甯武子、臧武仲明智，其中甯武子更是大智若愚。而孔子周遊列國時，隱者長沮肯定他是明白人生正途的知津者，但認為當時的孔子還未能中庸而行，以致過度堅持信念，汲汲於救世的理想（18‧6；18‧

8）。

相關：仁、學、勇、惑、無可無不可。（楊舒淵）

【信】指待人處事誠實不欺，言行一致的態度，也有信任、相信的意思。是孔子重視的品德之一。孔子認為：一個說話不講信用的人，真不知道他怎麼與人交往。就像大車沒有接連橫木的輗，小車沒有接連橫木的軏，車子要怎麼拉著走呢（2‧22）？古代車輛以橫木套住牛馬，橫木的連接關鍵分別稱為輗與軏，孔子以此說明守信為立身行事的基本條件。所以守信不僅是人們自小就要培養的品德，也是君子處事的根本原則，更是行仁的重點要求（1‧6；15‧18；17‧6）。可見，守信是人們一生都應奉守的準則。

孔子也常將信用與忠誠結合在一起，如他認為說話遵守這兩項原則再配合做事認真而踏實，不管到那裡都行得通（15‧6）。他肯定自己的特色是具備這兩項品德，同時還愛好學習，也唯有通過學習以明白事理，實踐品德時才不會出現流弊（5‧27；17‧8）。與別人交往時，除了聆聽他的說法外還要觀察他的行為，不過也不可以一開始就猜測他人將會失信（5‧9；14‧31）。

在為政方面，信用也是執政者應具備的基本條件。孔子認為：自古以來，人總難免一死，但是百姓若不信賴政府，國家就無法存在（12‧7）。可見，施政的首要目標就是獲得百姓的信任。在獲得百姓的信任之後才動員他們工作，他們就不會有怨言，國家運作也將上軌道（19‧10）。執政者處理政事須秉持盡忠職守與言出必行的原則，上位者若能愛好誠信，百姓就沒有敢不實在的，而施政的最高理想則是建立一個人與人之間充滿信任的和諧社會（1‧5；5‧25；13‧4）。

相關：君子、仁、忠、友、諒。（陳維浩）

【勇】指勇氣。可分為身體的勇氣，如天生的膽大；心理的勇氣，

如敢於克服困難；道德的勇氣，如見義勇為。身體與心理的勇氣都有可能用來做不合宜的舉動，所以孔子推崇的是為德行服務的道德勇氣，並教人如何引發及培養。

孔子認為，富有勇氣是成為「成人」，也就是理想的人的條件之一（14‧12）。然而，如同成人的條件還包括了明智、寡欲、才藝三項，並要加上禮樂教化一樣，這種勇氣並不是像愛好勇敢的子路那種，無懼於空手打虎、徒步過河的大膽與氣概；更不會是好勇鬥狠，乃至傷害自己、危害父母的剛強血氣（7‧11；16‧7）。而且，同樣是具有勇氣，凡事謀求利益的小人，會用來偷盜；即便是立志成為君子的人，罔顧道義的話，也會作亂生事。可見勇敢的人不一定能夠實現善行，如果他又不具備安於貧困的品德，更會胡作非為（8‧10；14‧4）。因此孔子並不單單推崇勇敢，更推崇由道義指導的道德勇氣；同時強調若是見義不為，根本稱不上真正發揮勇氣（2‧24；17‧23）。於是他教誨立志成為君子的人，要學習禮儀並接受禮的節制，依此合宜發揮勇氣，避免為所欲為、製造亂局（8‧2；17‧8）。

事實上，只要真誠，就會引發道德勇氣。這是由於人性向善，人只要真誠面對內心的行善要求，就會湧現無窮的力量，堅定持恆的實踐善行，必要時甚至願意為了行善犧牲生命。這就是「仁者必有勇」的道理（14‧4；15‧9）。然而殺身成仁的勇敢決定絕非出自天真或愚昧，而是因為敬畏天命，並對真誠而來的行善要求深具信心。同時要愛好學習，以避免固陋與自我中心，由此對天賦使命有深切的體悟，能發揮道德勇氣固執行善，並配合明智的思量，應對時機、因事制宜的實現人生理想（6‧26；8‧13；18‧8）。因此孔子說，自己要是有機會率領三軍推行政治理想，不會找暴虎馮河、死而無悔者一起；而是會找面對任務戒慎恐懼，仔細籌劃以求成功的人同去。更何況，就算同樣富有道德勇氣，都能固執行善，但善用智慧，更有機會擴大德行的效應。

孔子從不單獨談論勇者，他會連同仁者或加上知者來談，指向「仁者不憂，知者不惑，勇者不懼」這三個君子嚮往的境地。內心真誠就有勇氣，能固執而無懼的實現德行；明白天命就有智慧，能擇善而行不會迷惑游移。言行能兼顧德行、明智與勇氣，也就是能夠擇善固執，做到「中庸」這種最高的德行。走上人生正途，所以樂在其中、沒有憂慮（6‧29；14‧28）。

　　相關：義、德、恥、知者、有恆者。（楊舒淵）

【**勇者**】勇敢的人，有合義與不合義之分。

　　孔子稱許子路與卞莊子勇敢，還肯定子路比自己更愛好勇敢。但孔子並不認同子路那種無懼於空手打虎、徒步渡河可能蒙受災難的氣概，而有勇如卞莊子者，也只是理想的人的條件之一，可見孔子認為一個人若只是勇敢，難免有其限制，與理想的人仍有距離（7‧11；14‧12）。一個人愛好勇敢而不愛好學習，就會產生胡作非為的流弊；愛好勇敢卻厭惡貧困，就會惹是生非。行事上，只知道勇敢作為但不受禮的節制，就會製造亂局（8‧2；8‧10；17‧8）。所以孔子說，勇敢的人不一定能行仁（14‧4）。

　　不愛好學習，就難以把握做人處事的道理；厭惡貧困，就無法在命運中開創使命；不循禮而行，就難以實現人際的適當關係。能好學、安貧、復禮，出自於推崇道義。光有勇敢卻不推崇道義，即使立志成為君子，仍會作亂生事；至於無心改過遷善的小人，更會偷盜害人（17‧23）。因此，孔子進一步期許勇敢的人要見義而為，戮力實踐義行，必要時為行義犧牲生命也不畏懼，否則就是怯懦，沒有被稱為勇敢的資格（2‧24；15‧9）。

　　事實上，孔子從不單獨談論勇者，他會連同仁者或加上知者來談（9‧29；14‧4）。樂意行仁的人一定有勇氣，行善的力量會從內心湧起；處事明智的人會考量運用勇氣的方法與時機，使自己的行動能夠適當

合宜。擁有因應時機來衡量言行的智慧，以及長期實踐善行的勇氣，正是一般百姓長期難以做到的中庸之德（6‧29）。因此孔子認為，在人生正路上能做到行仁而不憂慮、明智而不迷惑、勇敢而無所畏懼，就是君子嚮往的修養境地（14‧28）。

相關：勇、學、禮、義、懼。（楊舒淵）

【哀】指悲傷。常用以表達與死亡有關的傷痛情緒。面對死亡時，人往往會有無能為力的感覺，所以「哀」有無奈、無力感的意味。如「哀怨」一詞便讓人有莫可奈何的感覺。孔子有「悲哀而不至於傷痛」的說法（3‧20）。因為過度傷痛無濟於事，只會讓人更感無力而已。所以就算面對死亡時，也要使悲傷的情緒適度合宜，不可過當。此外，孔子也批評參加喪禮卻不感到悲傷的人，因為這是不尊重生命的表現（3‧26）。

相關：死、喪、怨、矜、禮之本。（陳維浩）

【威】威嚴。一個立志成為君子的人，在個人修養方面，要從言行舉止開始訓練自己，言行不莊重就沒有威嚴（1‧8）。做到言行莊重、態度威嚴之後，就可能顯得嚴肅而威猛，讓人望而生畏。這時不可仗勢凌人，還須進而提升情緒智商，做到「威而不猛」（20‧2）。孔子在弟子心目中，正是「威而不猛」的君子。

相關：色、莊、剛、溫。（陳慧玲）

【怒】指憤怒。是強烈的情緒。在人心意受阻、自覺委屈或受人欺侮時出現。「怒」在《論語》中出現一次。孔子讚美顏回好學時，說：「不遷怒，不貳過」（6‧3）。好學必須與修養結合，做得到不遷怒即是好學的表現。喜怒哀樂是人的正常情緒，但必須「發而皆中節」（中庸‧一章），完全無怒之人可能只是「鄉原」（17‧13）。當怒則怒並且

不遷怒，則是高度的德行修養。這須透過學習明辨是非，清楚知道怒的對象是什麼人、什麼事，並且經由長期的修養，讓情緒適可而止，才能不遷怒於不相干的人。

相關：學、怨、惡、慍、樂。（陳維浩）

【怨】指怨恨。是人我互動中最容易產生的情緒之一。人是群居的動物，人際互動很容易讓人陷入困境而有所「怨」。孔子認為：學詩時，可以引發真誠情感，可以觀察個人志節，可以感通群眾情感，可以紓解委屈怨恨（17‧9）。「怨」是真實情感的一種，不必刻意隱瞞，例如：內心怨恨一個人，表面上卻與他繼續交往，就是不真誠的表現（5‧24）。孔子認為要以正直來回應怨恨，才能凸顯是非標準（14‧34）。不過孔子還是希望人們都能無怨，並期許天下人從有怨到無怨。「怨」起於內心的不滿，當我們無法滿足別人的要求時便會有「怨」，所以我們常常使人有「怨」卻不自知。此外，做人處事若全以利益來考量，就會招致怨恨（4‧12）。要徹底消除人我之間的「怨」，只有「行仁」才可做到。為政者施行仁道，將能平息百姓之怨，並且讓百姓「沒齒無怨言」（14‧9）。「怨」還有兩個特殊對象，一是父母，一是「天」。由於父母的恩情有如天地，我們不能對父母有「怨」（4‧18）。至於作為萬事萬物根源的天則是我們最常怨的對象，如能做到「不怨天」代表已經達成很高的修養了（14‧35）。

相關：詩教、直、利、天、孝。（陳維浩）

【畏】指害怕。通常會伴隨謹慎與尊敬的態度，「敬畏」一詞便凸顯「畏」中有「敬」的因素。君子對天賦使命、政治領袖和聖人的言論，不僅感到害怕且還抱持尊敬的態度，使君子得以修養高尚的人格（16‧8）。反觀小人不懂得敬畏這三者，才會導致人格低下且不知長進。此外，孔子還認為要敬畏年輕人，因為年輕人有往上提升人格的可能（9‧

23）。總之，有所畏才會有所敬，如此才能成就為君子。

相關：敬、懼、聖、天命、君子三畏。（陳維浩）

【矜】有三個意思：自重、矜持、憐憫。表現於外，在言行上自重
或矜持；隱含於內，則有憐憫、同情的心態。「哀矜而勿喜」，則是
描寫在得知百姓犯罪的實情時，要有難過及憐憫之心，不可沾沾自喜
（19．19）。孔子認為君子的行為「矜而不爭」，言行舉止自重而不
與人爭鬥（15．22）。矜持，也指態度拘謹不自然，孔子視為偏差行
為。同時也強調古代矜持的人不屑造作，現在矜持的則憤世嫉俗（17．
16）。

相關：君子、射、哀、喜、善。（陳慧玲）

【貞】堅持正義的原則。孔子認為一個人即使言而有信，若未符合
正義原則，結果可能造成傷害。只知執著於承諾而不知變通，無法配
合時空條件與相關之人的情況，就可能成為被孔子批評為「言必信，
行必果」的、一板一眼的小人物（13．20）。君子在行事態度上，堅
持正義原則而不拘泥於小信，即使是承諾的事情，也需考慮後來的情
況是否合乎正義，不可陷於小信的困局。君子面對承諾的態度就是孔
子所謂的「貞而不諒」（15．37）。

相關：義、諒、固、言、信。（陳慧玲）

【剛】剛強、旺盛。孔子告誡要成為君子的人，壯年時「血氣方
剛」，此時血氣正當旺盛，要戒惕的是好鬥的行為（16．7）。孔子十
分重視學習，在人生正途上要不斷學習，並且善用理性的能力；針對
愛好剛強而不愛好學習，就會產生狂妄自大的流弊，因此剛強要與學
習互相配合。孔子進一步說明有欲不剛，無欲則剛。有欲則受制於外，
無欲則無待於外；但就像「公綽之不欲」一樣，無欲並非消極無為，

反而是修養自己成為完美人格的重要方法之一（14‧12）。

相關：仁、學、狂、欲、君子三戒。（陳慧玲）

【哭】哭是感情的自然流露。有感而發或觸景生情，都可能使人落淚。像是顏回去世時孔子就哭得非常傷心，連跟隨在旁邊的學生都勸說：老師過度傷心了！孔子卻不這麼認為，還表示自己若不為這樣的人過度傷心，又要為誰過度傷心呢（11‧10）？孔子為顏回之死而痛哭，也是為自己的理想無法傳承，為天下人少了聖賢之才而傷心。此外，孔子要是在某一天哭過，就不會再唱歌（7‧10）。這表示不哭就「有可能」唱歌，並且這樣的唱歌必是歡愉和樂的。由此可知孔子不但感情豐富，而且很能自得其樂。

相關：喪、哀、歌、儒。（陳維浩）

【孫】通「遜」，意指謙遜。「奢則不孫」（7‧36），說明一個人生活奢侈就會顯得不謙遜，驕傲又自大。孔子心中的君子，是以道義作為內心堅持的原則，以合禮的方式去實踐，並用謙遜的言詞表達出來，也就是「孫以出之」，再以誠信的態度去完成（15‧18）。進一步針對國家社會，若是國家不上軌道，應該「危行言孫」，行為正直、說話謙遜婉約（14‧3）。

相關：君子、勇、言、賊、讓。（陳慧玲）

【恕】《論語》兩度提到「恕」。一是子貢請教有沒有一個字可以讓人終身奉行時，孔子表示應該是「恕」。接著說明其意旨為：自己所不想要的一切，就不去加在別人身上。「恕」指向人與人之間的關係，如心為恕，設身處地為別人著想，正是維持人際和諧的上策（15‧24）。同樣的文句也出現在仲弓請教如何行仁之時，孔子一樣提出以恕道增益人間情義作為行仁時依循的原則之一（12‧2）。另一次是當

孔子告訴曾參，自己的人生觀有一個中心思想後，曾參向別的學生解釋道，孔子的中心思想就是「忠」和「恕」（4‧15）。《中庸》也提到「忠恕」，即「忠恕違道不遠，施諸己而不願，亦勿施於人」，這一句話的思想內容與曾參的說法如出一轍。然而，《中庸》說明「忠恕」距離道不遠，顯示「忠恕」仍不等於道本身。事實上，曾參的理解，代表著他的個人心得，而未必完全等於孔子的想法。

相關：仁、忠、言、欲、道。（許詠晴）

【恥】指羞恥。當人察覺自己的作為達不到社會所定的某種標準，因而生出的慚愧之感。孔子強調人須培養羞恥心，不論在個人的言行、與人相處的應對、出仕為官等方面，都要保持羞恥心（4‧22；9‧27；13‧20）。施政的重要目標也在喚起百姓的自覺，讓百姓知道羞恥還能走上正途（2‧3）；是否對自身的言行有羞恥心更是知識分子的首要標準（4‧9）。「有恥」代表人以某種典型或規範為標準，且能真誠反省自己的言行是否合乎此一標準。所以只要目標正確，人就會不斷向典範趨近，不斷提升自己的品德。孔子希望人人都以行仁為目標，達到仁者的要求。此外，孟子認為：羞恥心是義行的開端（孟子‧公孫丑上）；《中庸‧二十章》也提到：懂得羞恥就接近勇敢。兩者皆認為羞恥心是其他品德的基礎，由此亦可見羞恥心的重要。

相關：士、辱、惡、勇、行。（陳維浩）

【恭】表示秉持謹慎、嚴肅、莊重的態度來待人處事，或指恭敬的意思。子貢認為，孔子是以「溫、良、恭、儉、讓」即「溫和、善良、恭敬、自制、謙退」的態度與各國君臣交往，聽取各國政治的詳細資料（1‧10）。

子張向孔子請教如何行仁，孔子指出做人處事能夠符合恭、寬、信、敏、惠五點要求，就是行仁了。在此「恭」指莊重，做人處事保

持莊重，就不會招來侮辱。恭敬的態度落實在人與人相處之中，由孔子的回答可知行仁不能離開做人處事的表現（17．6）。

「恭」同時也是《論語》中理想統治者舜所採取的態度，舜只是以端莊恭敬的態度坐在王位上，就治好了天下。然而孔子所說的「恭己正南面」代表修德與盡職，知人善任，分層負責，而非真正的無所事事（15．5）。

然而，由於恭敬屬於個人主觀的態度，雖然是正面的表現，但若無適當規範而陷入極端，則後果難以預料，所以需要用某種標準來加以限制，這個標準就是「禮」。孔子表示「恭而無禮則勞」，一味謙恭而沒有禮的節制，就會流於勞倦（8．2）。

相關：仁、德治、禮、勞、恥。（許詠晴）

【悔】指懊惱、後悔，是怨責自己的情緒。孔子要人多看各種行為，有不妥的放在一邊，然後謹慎去做自己有把握的，這樣就能減少後悔的機會（2．18）。不過，後悔對人並非完全沒有幫助，有時也具有正面功能。因為後悔來自反省，如果發生重大錯誤依然不感到後悔就不可取了。孔子曾訓誡子路逞強好勇，讓自己陷於危險之中，就算失去生命也不會感到後悔，這是孔子不能認同的（7．11）。此外，《易經》占驗之辭有「吉凶悔吝」之說，悔為懊惱之意，由此可以改過向善。

相關：勇、懼、恥、干祿、易教。（陳維浩）

【泰】舒泰自在，是一個人修養的傑出表現。但如果只是重視外在的言行，則會顯得驕泰奢華。孔子認為能夠擇善固執，並且持續保持恆心，到了一定程度即可成為善人；若是「約而為泰」，明明窮困卻裝作奢華的樣子，就很難行善有成（7．26）。其次，君子與小人之別，其中之一是：君子坦蕩無私，態度舒泰安詳而自在，不必與人比較，向人示威。小人習於自我中心，總想勝過別人，向人矜誇，以致心中

無法舒泰（13‧26）。

　　相關：君子、小人、儉、有恆者。（陳慧玲）

【狷】 潔身自好。狷者對不合規範或低俗淺陋之事，是不屑做的。孔子認為在選擇交往的人時，最理想的對象是「中行」，就是言行適中合宜的人；其次是狂者與狷者。狂者志向高遠而不斷上進，狷者潔身自好而有所不為（13‧21）。由此可以推知，儒家在教育年輕人時，依次希望他們做個狷者，修養心志，表現廉潔的操守；再努力做個狂者，勇於承擔責任，改善社會風氣；而最高目標則是成為中行之士，亦即當狂則狂，當狷則狷，既有原則又合乎時宜的君子。

　　相關：中行、狂、君子。（陳慧玲）

【疾】 指疾病，引申為強烈的擔憂。讓君子感到強烈擔憂的是：臨到死時，沒有好名聲讓人稱述（15‧20）。孔子認為，君子如果離開了人生正途，憑什麼成就他的名聲（4‧5）？可見辭世之後留下的好名聲，是指走在人生正途上的表現。這是對君子一生進德修業的總評價，所以對此會感到強烈的擔憂。只有生前努力行仁，死後才能留下值得稱述的好名聲。此外，「疾」也有厭惡的意思。孔子認為，對於不肯走在人生正途上的人，如果厭惡得太過分，也會使他作亂生事（8‧10）。

　　相關：病、命、憂、患、禱。（陳維浩）

【病】 除了作為名詞的疾病外，還有擔心自己無法做到的意思。如孔子認為普遍照顧百姓又能確實濟助眾人，與修養自己以致能安頓所有的百姓，這兩件事是連堯舜也會擔心自己能力不夠的事（6‧30；14‧42）。另外，孔子也提到君子責怪自己沒有能力，不責怪別人不理解自己（15‧19）。缺乏真正的能力，足以令君子感到羞恥，所以

感到擔憂。但只要能勉力「行仁」即可自得其樂，所以君子不會擔心別人不理解自己。

　　相關：禱、疾、恥、聖、君子。（陳維浩）

【訒】說話非常謹慎。孔子的觀點是行仁的人「其言也訒」，他不輕易說話，卻敏於實踐（12·3）。一般人說話無法非常謹慎，因此孔子對剛毅木訥，謹言慎行的行事作風深感贊同。孔子認為一個行仁的人，在言詞表達上應該謹慎、小心，但不要違反人與人之間相處的真誠與直爽。

　　相關：仁者、言、行、直。（陳慧玲）

【辱】指受人欺侮而產生的委屈情緒。在何種情況下會招致侮辱呢？首先，與國君相處時，子游認為服事國君過於繁瑣會招致侮辱（4·26）。其次，與朋友相處時，孔子認為勸導朋友應適可而止，太過度只會自取其辱（12·23）。避免侮辱的方法是謙恭待人，盡量合乎禮節（1·13）。可見，孔子重視每個人的尊嚴，不希望人們與他人相處時有所委屈，就算面對君主也一樣。一切適可而止，不合則去，不必委曲求全而受到侮辱。

　　相關：禮、恭、恥、友、事君。（陳維浩）

【患】指擔心、憂慮的意思。孔子認為人真正該擔心的是立身處世的準則，而非功名利祿（4·14）。太過在意功名利祿使人心神不寧、患得患失，終致無所不用其極，成為志節低陋的人（17·15）。此外，即使不被他人了解與肯定，孔子也認為不必擔心，因為這不會減損我們的才學與品德，反而促使我們更努力進德修業。該擔憂的，反而是自己不能了解別人，因為這會造成許多錯誤，悔之莫及（1·16）。最後，為政者應該擔心的事情有兩件：使財富分配趨於公平以及使百姓

之間和諧相處（16‧1）。

相關：君子、鄙夫、憂、不患貧而患不均。（陳維浩）

【情】情實，指人的真實狀態或心意誠實。孔子認為，在上位的人愛好誠信，百姓就沒有敢不實在的。他們會學習領導者的作為，同時安適地展現自己的真實狀態，秉持真心誠意做人處事，進而養成淳厚的社會風氣（13‧4）。會有這樣政治效應，是因為孔子對人的觀念離不開「仁」，也就是「人性向善」。所以政治領袖只要有好的言行表現，就會收到風行草偃的功效（12‧19）。孟子繼承孔子對「情」的用法與人性論的主張，更明確地指出，只要順著人性的真實狀態，就可以做到善（孟子‧告子上）。

相關：性、仁、信、北辰、德治。（楊舒淵）

【悾悾】無能的樣子。有三種人的表現讓孔子覺得莫名其妙：狂妄而不直爽、愚昧而不忠厚、無能而不守信。這三者都是將兩種性格缺失擺在一起，原本不容易同時存在於一人身上，現在卻一併呈現，讓孔子感到難以理解。無能的人原本比較安分，會認真實踐自己的諾言，但是現在卻有人是「悾悾而不信」，無法信守承諾，那麼別人要如何與他相處（8‧16）？

相關：信、狂、直、侗。（陳慧玲）

【敏】有勤快、敏捷、聰明之意。「敏則有功」，勤快工作就會取得重大成果、才會產生功效（20‧1）。孔子說明做人處事要能符合莊重、寬大、誠實、勤快、施惠，不能忽略人與人之間的適當關係，如此才是行仁（17‧6）。

孔子形容作為君子首先要降低物質享受的欲望，其次在言行上磨練及改善，「敏於事而慎於言」，辦事勤快而說話謹慎，並且「訥於

言而敏於行」，於行動上敏捷有效，再虛心向良師請益，使自己走在正途上（1‧14；4‧24）。而孔子自己本身對於學問是採取「敏以求之」的態度，孔子以博學知名，並不是生而知之，而是勤奮敏捷去學習得來的（7‧20）。「敏而好學」則是形容一個人資質聰明又愛好學習（5‧14）。

相關：仁、行、學、問、知。（陳慧玲）

【**欲**】作動詞用，意思包括主觀的意欲、想要，其中又有被動的願意及主動的希望之分。名詞指欲望，有時表貪欲。人的心可以自覺地選擇意欲的對象，可以淡泊私欲而不能免除欲望，但心的選擇與欲望不一定符合人生正路（6‧7；14‧12）。孔子一生修養言行到七十歲，才讓心的選擇與欲望都不會踰越規矩（2‧4）。

人的意欲常受愛、惡等情緒影響，製造出各種困擾與迷惑；私欲太多，也無法剛毅地堅持理想（5‧10；12‧10）。像是在上位的季康子，雖然為盜賊眾多而煩惱，但自己也是貪得無厭，還會為貪欲找藉口圓說，難以察覺自身的矛盾，也容易製造亂局。又如重視長幼之節卻選擇隱居的荷蓧丈人，想要潔身自愛，卻敗壞了更大的道義倫常，可說是迷惑，也可說是無法堅持原則（12‧18；16‧1；18‧7）。

意欲正確的對象並付諸行動，有助於走上人生正途，而且只要想做就能做到（7‧30；15‧10）。學習時，要虛心受教，踏實上進，不要想走捷徑（14‧44）。修身時，言語要謹慎遲鈍，行動要敏捷有效（4‧24）。施政時，要願意為善，也不要只想速成、只看小利，要穩紮穩打，有遠見宏圖（12‧19；13‧17）。考慮制度時，要支持及奉行能維繫人際適當關係的禮儀（3‧10；3‧17；11‧11）。與人相處時，要主動設身處地為人著想，自己不願意的就不要加在別人身上（5‧11；12‧2）。當自己立足於人生正道並有所進展時，也要幫助別人走上正軌（6‧30）。

表現欲望但不貪求，是孔子認可的君子的五種美德之一。每個人都想變得富有與尊貴，不想淪於貧窮與卑微，對此君子不會不擇手段去爭取，而且只要是依正當途徑加諸其身，他都會坦然接受（4‧5）。更何況，君子想要的是行仁，在人生路上到處都有行仁的機會，這樣還有什麼可以貪求的呢（20‧2）？

　　相關：心、剛、惑、禮、申棖。（楊舒淵）

【羞】指羞辱。孔子引用《易經‧恆卦》九三爻辭的「不恆其德，或承之羞」一語來強調恆心的重要時，指出實踐德行缺乏恆心常常會招來羞辱（13‧22）。孔子認為有恆非常困難，但還是有人可以做到（7‧26）。羞的情緒會不斷提醒並警惕人要有恆於實踐道德，因而有其正面功能。

　　相關：德、辱、占、易教、有恆者。（陳維浩）

【善】有四種意思。最常用作對人類外在的行為及成就之正面評價詞。像樊遲請教如何增進德行，消除積怨與辨別迷惑，由於問題反映出對德行，實踐德行所需的勇氣與智慧的關心，所以孔子說「善哉問」，讚許他「問得好」（12‧21）。又如周武王伐紂後僅在位六年，無法像在位五十餘年的舜一樣德澤萬民，所以孔子評論歌詠舜的《韶》樂、歌頌武王的《武》樂，都是美得無以復加，但由於武王的善行的效應未達極限，故《武》樂還不算善得無以復加（3‧25）。

　　孔子也以「善人」、「善者」、「善賈」等當時的習慣用語，稱呼願意為善，或行善及事業有成的人。其中，「善者」也可以指稱人的優點，或者事理、舉措的正確部分（7‧3；7‧28；16‧5）。各個鄉鎮、甚至隨意幾個人中，都能區分出善者與不善者（7‧22；13‧24）。區分的標準可從孔子的志向來看。孔子希望讓老年人都獲得安養，讓朋友們都互相信賴，讓青少年都得到關懷，完成大同世界的理

想（5‧25）。而樊遲的提問，切中發揮抱負所需的自我修養；舜與武王，以及善人的作為，皆是理想的暫時實現，只是影響程度尚有差別（13‧11；13‧29）。綜合來說，只要行為表現能促成或實現人際間的適當關係，不論它發自立志修德的士人，兼善天下的聖王，還是隨處可見的鄉人，都會被孔子評價為「善」。只是孔子更推崇出於真誠自主來行善，而不只是表面符合規範，所以他又說善人的修養未必臻於理想（11‧20；17‧11）。

然而善人卻又能比配聖人。這是因為孔子作為哲學家，另從滿全人與善行的三層關係來界定善人。三層關係分別是：一、人之性是向善，並且真誠就能帶來無窮的行善動力（4‧6；7‧30）。二、人之道要擇善固執。擇善的前提是知善，透過自我省察及學習教育來擁有對善行的知識，才有判斷善行及行善之時機與方式的智慧（17‧8；17‧21；18‧8）；固執則是要恆常以內心真誠的要求為準繩，權宜配合他人期許與社會規範來行善，並且要有勇氣行善，必要時能為善犧牲生命（15‧9）。三、人之成是止於至善，透過深刻的道德修養與徹底的自我覺悟，以自然生命完成天賦的價值使命（2‧4；15‧29）。由於人生是動態的歷程，真誠即可體現向善的力量，也就有新的責任要擇善固執，所以孔子將善人比配聖人，說窮其一生都沒機會看見兩者，能見到立志成為聖人的君子，及有恆行善的人就不錯了（7‧26；7‧34）。

「善」的另外三個意思如下：第一是指用合宜的方式去做、去完成。像朋友犯錯要「忠告而善道之」，真誠相告而委婉勸導；又如「守死善道」，無懼死亡來完成人生理想（8‧13；12‧23）。第二是表擅長。如孔子稱晏嬰「善與人交」，說衛公子荊「善居室」，表示他們很懂得交往、居家的道理（5‧16；13‧8）。第三是指心情愉快。「子與人歌而善」，就是說孔子與人唱歌唱得開懷（7‧32）。

相關：仁、性、天、美、善人。（楊舒淵）

【善人】指有志為善或行善有成的人。子張請教孔子善人的作風如何？孔子表示善人不會隨俗從眾，但是修養也還沒有抵達最高境界（11‧20）。因此近似於仁者，但是還不算仁者。要領悟「仁」，才能明白「為何」行善，就是為何須從自我要求到兼善天下，必要時還可犧牲生命。善人未必知仁，光是行善仍有不足。善人不會隨俗從眾，能夠擇善固執，堅持行善。要成為善人已經相當困難，須先有恆於行善到一定程度後才可成為善人。孔子感嘆地說：善人，我是沒有機會見到了；能見到有恆的人，也就不錯了（7‧26）。此外，孔子認為讓善人教導百姓七年，應該可以讓他們拿起武器保家衛國；治理國政連續一百年下來，也可以做到化解殘暴，去除殺戮了（13‧11；13‧29）。這比起孔子自許三年就會有顯著效果，子路自認三年就能讓百姓勇敢，善人的治國功效實現得較慢（11‧26；13‧10）。善人未必了解「為何」要行善，只是努力地實踐所知的善行。透過自己的言行建立外在典範使百姓仿傚跟隨，但未能直接導正百姓內心觀念，使百姓自覺主動行善，所以需要較長的時間才能收到實際的效果。

相關：善、仁、仁者、君子、有恆者。（陳維浩）

【喜】與樂相近的情緒。《說文解字》釋云：「喜，樂也。」但在《論語》中，兩者還是有所不同。兩者的差別在於，一般的樂來自人的感官欲求，但人的感官欲求是盲動的、沒有止境、沒有方向，這種樂有的有益，有的有害，所以需要受禮樂調節（16‧5）。喜來自內心的滿足，內心運思有理智參與，受理智引導，不會盲動而有方向。如：子路聽到孔子認為只有他可以跟隨孔子到海外而感到喜悅（5‧6）；陳亢問一個問題卻領悟三個道理而感到喜悅（16‧13）；曾參勸戒陽膚不可因為查出罪犯的實情而沾沾自喜（19‧19）。以上種種，都可看到喜是來自理智參與而有的成就感。不過，樂如以「道」為對象則能

「安貧樂道」、「樂在其中」，不需理智運作自然而然地與「道」打成一片、合而為一，這卻又是喜所達不到的效果（6‧11；7‧16）。

相關：怒、懼、哀、矜、樂。（陳維浩）

【惑】　主要有兩層意思：第一層是指一般認知意義上的困惑，如子路與冉有皆請教孔子「是否聽到可以做的事，就能立即去做」這個問題時，孔子分別給予不同的回答，公西華不懂孔子這樣說的理由，於是說「赤也惑，敢問。」（11‧22）第二層意思指的是對於倫理價值判斷標準的困惑。子張曾請教如何辨惑，孔子回答喜歡一個人時，就「欲其生」，厭惡他時又「欲其死」，既要他生又要他死，這表示理智受到主觀情緒的影響，因而製造出各種矛盾與困惑（12‧10）。樊遲也曾請教如何辨惑，孔子回答道，如果因為一時的憤怒就忘記自己的處境與父母的安危，不知分辨輕重與利害，這就是困惑（12‧21）。

要能不惑，就要超越主觀意識與情緒的局限，認知客觀上是非善惡的標準，並以具體行動來印證。因此，孔子兩度回答弟子請教「辨惑」時，都先提出「崇德」作為前提，明白指出以忠誠信實、認真負責為原則（12‧10；12‧21）。

崇尚及修養德行，自然能形成清楚的道德價值判斷，對事物的輕重、善惡、本末皆能了然於心，此時可以達到明智的境界，唯有智者，才能不惑（9‧29；14‧28）。孔子自述在三十歲立於禮之後，一切循禮而行；在學習上也兼顧學與思，並重學與行，因此到了四十歲對於人間一切事件都能明白其中道理而不再困惑（2‧4）。

相關：欲、怒、德、知、知者。（陳淑娟）

【惠】　所指為利潤、恩惠，孔子形容君子關心的是德行，而小人在乎的是利潤，「小人懷惠」，為了利益不惜破壞規範（4‧11）。孔子

告訴子張：做人處事能符合恭、寬、信、敏、惠這五點要求就是行仁，其中「惠」指的是：廣施恩惠、照顧別人（17‧6）。施惠於民，自己卻不耗費，順著百姓所想要的利益，使他們得到滿足，「君子惠而不費」（20‧2）。如此施惠就能夠領導別人，將治理好政務。

相關：小人、利、君子、五美四惡。（陳慧玲）

【惡】 作名詞與形容詞時，音同「厄」，與善相反，其意可參考善字。此處作為動詞之用，音同「勿」，指厭惡、討厭。是恥與怨的交會處。因為怨到某一程度，會有對厭惡的普遍判斷；恥到某一程度，也會明白表示所厭惡的是什麼，所以惡是常出現的負面情緒。「惡」有兩個特色：一是可以明確指出所惡之事，好像它有一個客觀的標準（4‧9）；二是以「好」、「惡」並列，好像它是人人都認同的判斷方式（15‧28）。孔子認為只有行仁的人能夠做到喜愛好人、厭惡壞人（4‧3）。因為行仁的人擇善固執，沒有偏私之心或其他顧慮，所以能夠分別對好人與壞人採取不同的態度。並且還厭惡不完美人格者，不使偏邪的行為出現在自己身上（4‧6）。如果以行仁作為好惡標準，就不會刻意去追求或逃避現實生活中的富有與尊貴、貧賤與卑微，一切都將依照正當途徑來面對（4‧5）。最後，孔子認為：大家討厭的人，我們一定要仔細考察才作判斷；大家喜歡的人，我們也一定要仔細考察才作判斷（15‧28）。因為眾人的判斷往往流於浮面，不了解他人背後的動機，所以要仔細考查，以免冤枉好人。並且，觀察他人的惡行也可以警惕自己。

相關：仁者、好、恥、怨、五美四惡。（陳維浩）

【鄉原】 也可作「鄉愿」，指表面媚俗而心中毫無理想的人，是受孔子所批判的。孔子認為不分是非的好好先生，正是敗壞道德風氣的小人（17‧13）。每個社群都有所謂的「好好先生」，他們誰都不

得罪，八面玲瓏，毫不考慮自己是否真誠。孟子進一步闡述孔子的看法，認為遮遮掩掩想討好世人的人就是鄉原，而鄉原是傷害道德的人。因為這種人好像忠厚老實，做事方正乾淨，大家都喜歡他，但卻無法和他一起實踐正道。他不在乎真誠的重要性，所以對於道德無所助益（孟子・盡心下）。

相關：德、仁、義、賊、小人。（陳維浩）

【愛】主要有三種用法。首先，是愛惜、不捨的意思。孔子與子貢討論活羊獻祭之禮的存廢問題時，認為他所愛惜、不捨的是「禮」，所以反對廢除告朔之禮（3・17）。由此引申出第二種用法，即親愛之情。指存在於親人之間的關懷、疼愛。宰我反對「三年之喪」，孔子質疑宰我是否已經忘記幼年曾受到父母三年的關懷與疼愛（17・21）。第三種用法是指愛護、照顧的意思。孔子說：愛護一個人，能不讓他勞苦嗎？勞苦可以鍛鍊人的性格，否則流於溺愛，反而害了他（14・7）。能有這種遠見與魄力的人並不多。樊遲請教孔子如何行仁時，孔子回答：愛護別人（12・22）。只有走在人生正途的人，才會以正確方式照顧別人。孔子指點樊遲的人生正途，既切身又明白。不僅如此，愛人不是不分善惡，而須愛之以道。可見走上人生正途的人，不僅會適當照顧他人，還會幫助他人走上人生正途，一起去照顧更多的人（1・5）。

相關：仁、惑、勞、好、惡。（陳維浩）

【慍】指不被人了解、未受到肯定而有的負面情緒，介於怨與怒之間。這種怨怒是輕微的，不會產生太激烈的行為。孔子肯定楚國宰相子文，三次被免去官職都沒有慍色，且盡心辦理政務交接（5・18）。子路也曾在孔子周遊列國途中，因見孔子不受賞識且還屢遭危難，滿臉慍色地質疑孔子為何君子會淪落至此（15・2）。人都想要被了解、

被肯定，但希望往往會落空。所以孔子認為能做到不受他人肯定與了解也不會有怨怒，就稱得上是一位君子了（1‧1）。

相關：怨、怒、色、君子。（陳維浩）

【敬】指尊敬的態度。孔子認為要成為君子，必須敬畏以下三者：敬畏天賦使命，敬畏政治領袖，敬畏聖人的言論（16‧8）。尊敬是畏懼的理性化，理解對象使人畏懼的原因，便會對其抱持尊敬的態度。上述三者都有偉大的特性，足以使我們感到尊敬。孔子認為：敬奉鬼神但是保持適當的距離（6‧22）。鬼神具有神秘莫測的特性讓人無法企及，要以恭敬的態度面對。保持適當距離也代表可以將尊敬的對象作為學習的榜樣，不斷的趨近，讓自己也能具備受人尊敬的特性。顏回心目中的孔子是：對他越抬頭看，越覺得崇高；越深入學，越難以透徹；看起來是在前面，忽然又到後面去了（9‧11）。顏回努力要趨近孔子，但孔子的偉大讓顏回無法接近，總覺得有一段距離。透過這段距離我們可以肯定所尊敬者獨特的價值，並以真誠效法的態度面對。

君子是能修養自己，以致能認真謹慎地面對一切的人（14‧42）。所以尊敬的態度，是成為君子重要的品德。在為政上，治理諸侯之國要敬重自己的職責，參與禮儀要態度恭敬（1‧5；3‧26）。此外，孔子認為：現在所謂的孝，是指能夠侍奉父母。但是像狗與馬，也都能服侍人。如果少了尊敬，又要怎樣分辨這兩者呢？尊敬的態度也是子女孝順的根本原則。如果缺少尊敬，給父母再多的物質享受都稱不上孝順（2‧7）。

相關：畏、天、神、孝、事君。（陳維浩）

【溫】與人相處時，所表現溫和親切的態度；用在學習上，則指專注熟讀而言。子貢觀察孔子在與各國君臣交往時的態度溫和、善良、恭敬、自制、謙退，雖然看來沒有什麼鮮明性格，但是正好顯示孔子

進退有據，在言行上保持適中（1‧10）。孔子認為，作為老師，對自身的期許，應該要「溫故而知新」，熟讀自己所學習的知識，從其中領悟新的道理，如此才可勝任老師的工作（2‧11）。

相關：君子、色、禮、學。（陳慧玲）

【義】指合理、應該、道義。是重要的倫理概念。孔子認為：君子立身處事於天下，無所排拒也無所貪慕，完全與道義並肩而行（4‧10）。義指應行之事。義與應行之道相表裡，因此合稱「道義」更為清楚。義的原意是「宜」，指恰到好處，而任何事情的恰到好處，都需要符合「應該」的要求。孔子認為：君子推崇的是道義，並以之為內心堅持的原則。可見道義是君子立身處世的準則，應對進退都要依據道義的原則（15‧18；17‧23）。

孔子道義的內容是仁，不過孔子沒有將仁義並舉，而是將仁與勇並舉，這凸顯義在行仁實踐上的意義。孔子說：行仁的人一定有勇氣，勇敢的人卻不一定能行仁（14‧4）。行仁的人必定有勇氣抵抗各種壓力。但勇敢不能毫無節制，隨便犧牲生命也不感到後悔的勇敢是不被孔子認可的（7‧11）。孔子認為，君子光有勇敢而沒有道義，就會作亂；小人光有勇敢而沒有道義，就會偷盜（17‧23）。勇敢必須遵守道義的規範與指導，否則結果將會適得其反，使人們更遠離行仁的實踐。道義使我們在行仁的過程中隨時權衡實際情況做出正確判斷，再配合勇敢去貫徹，才不會造成反效果。反之，看到該做的事卻沒有採取行動就是懦弱，孔子也常警惕自己聽到該做的事情就要去做（2‧24；7‧3）。權衡事理做出最佳判斷是行仁最困難的部分，所以對待任何事情不必一定要如何，只需依照道義的原則即可（4‧10；9‧30）。

道義是人心的內在原則，表現出人的自我覺悟。禮制則是外在的規範。兩者都能使人有良好的表現（15‧18）。在政治上，在上位者

愛好道義，百姓就沒有敢不服從的（13・4）。役使百姓則要合於分寸，並且要專心做好為百姓服務所該做的事情（5・15；6・22）。可見，道義是為政者應該遵守的原則。此外，孔子常將義與利並舉。孔子指出，君子能夠領悟的是道義，小人能夠領悟的是利益（4・16）。君子看到利益就想該不該得，應該拿取的財物才會拿取（14・12；14・13）。用不正當的手段得來的財富，對孔子就像浮雲一樣，不足掛心（7・16）。

孔子重義輕利的態度成為儒家的重要標幟。面對梁惠王徵詢如何利益國家，孟子強調：大王何必談到利益呢？只要有仁德與義行就夠了（孟子・梁惠王上）。孟子將仁義並舉，進一步闡發義的含意，認為義是人心的抉擇取向，會要求自己付諸行動，所以人只要順著人性的真實狀態就會做到善（孟子・告子上）。並且，仁德，是人要保住的心；義行，是人要依循的路（孟子・告子上）。

「義」字在《論語》中約出現二十四次。

相關：道、禮、勇、仁、利。（陳維浩）

【聖】指人格修養的最高理想。「聖」字的結構是「從耳，呈聲」，雖然字形與耳朵這種官能有關，但是它主要是用來描述人有思想能力與貫通的智慧時，所顯示的一種人格特質。《尚書・洪範》談到「五事」時，把「思、睿、聖」聯繫起來，正是此意。聖的原意是指人的一種天賦的思想能力經過培養所抵達的造詣，特別就其表現為智慧而言，並未涉及完美的德行。《詩經・大雅・桑柔》提及「聖人」一詞，同時也提及「良人」與「愚人」，可見當時它尚無神秘的或神聖的含意。

在孔子手上，「聖」字起了重大變化。首先，孔子標舉「仁」作為人格修養的最高理想，這是一個人努力實踐所有善行之後可以抵達的目標；但是，「聖」的成就更高於「仁」，因為它還包括把仁德推

及百姓的偉大效應。其次，如此界說之後，「聖」就成為古代帝王如堯與舜等人才有資格接受的稱號，並且聖人與古人所信的「天」之間也自然建立了特定的關係。因此，孔子生平當然不曾見過聖人，他所能做的是敬畏聖人留下的言論，期勉自己朝著這個理想前進。孔子死後，弟子開始把孔子聖化，認為孔子的成就無人能及，甚至超過了古代聖王。

在《論語》中，子貢曾問孔子：如果有人普遍照顧百姓又能確實濟助眾人，這樣如何呢？可以稱得上行仁嗎？孔子說：這樣何止於行仁，一定要說的話，已經算是成聖了！連堯舜都會覺得難以做到啊！（6‧30）孔子認為聖人不僅要人格完善，更要有周濟天下的事功。聖是仁者行仁完成人道的評價。人道之成，必有偉大的效應，就是由於一人充分實現其向善之性，導致天下大同的美境。儒家之「善」是指人與人之間適當關係之實現。因此，一人與天下人之間皆有適當關係，博施濟眾是一切人際關係之實現，通常只有帝王可以做到。堯舜正是這樣的帝王，卻還覺得這種要求難以做到。可見，聖人非憑一己人格修養完善便能達成，還須周濟天下使天下大同，這則需要透過政治上的運作才有可能。孔子心目中的聖人是堯、舜、禹、湯、文、武、周公，都是掌握大權且又造福百姓的明君。並且，古代聖人的言論也代表著他們的智慧結晶，指出人生應行之道並且昭示吉凶禍福，所以君子會以敬畏的態度面對（16‧8）。

孔子亦曾自述：像聖與仁的境界，我怎麼敢當？如果說是以此為目標，努力實踐而不厭煩，教導別人而不倦怠，那麼或許我還可以做到（7‧34）。孔子此處將仁與聖並列，表示聖所側重的是結果，仁則側重於過程，兩者都是凡人所能嚮往的完美境界。聖人是最崇高的完美人格，孔子還表示：聖人，我是沒有機會見到了；能夠見到君子，也就不錯了（7‧26）。認為當時的社會已經不會出現聖人。後來的孟子，則肯定孔子已抵達聖人境界，且是聖人中最合時宜且集大成者（孟

子・萬章下）。

　　相關：天、仁、善、君子、時。（陳維浩）

【賊】意指傷害、敗壞人際間的適當關係。像是毫無理想、討好媚俗的鄉愿當道；或是像原壤一樣，不謙遜友愛，作為無可稱述，老了卻還不死的人的存在，不但會敗壞道德風氣，也成了打擊學習者向善心志的錯誤示範（14·43；17·13）。不愛好學習或缺乏系統教育，也會妨害行善。愛好誠信卻不愛好學習，就容易受騙上當；缺乏學識就投入政事，雖然亦能學習，但總是格局有限，甚至害己又誤事（11·25；17·8）。施政上，延後下令時間卻又嚴格要求，是傷害人民的惡行，君子想做好政務就要避免如此（20·2）。

　　相關：德、鄉原、信、學、五美四惡。（楊舒淵）

【過】意指過錯、過失。面對過錯，不怕去改正，孔子以日蝕與月蝕比喻君子的過錯，表示君子犯錯的時候大家都看得到，更改了以後，大家依然仰望他（1·8；19·21）。有了過錯卻不改正，那才叫做過錯（15·30）。透過觀察與改正過錯，可以助人走上人生正途。孔子認為人們所犯的過錯，各由其本身的性格類別而來。因此，察看一個人的過錯，就知道他的人生正途何在（4·7）。由過錯去看性格，再由性格去看一個人應該怎麼走在人生正途上。孔子曾稱讚顏回從來不再犯同樣的過錯，但是顏回早死，孔子感嘆不再有那樣的學生了（6·3）。

　　相對的，不知或不願立志改善自己的小人，一旦有了過錯，一定會加以掩飾（19·8）。《論語》中雖然屢次提到面對過失應該努力改正、改過遷善，但孔子卻宣稱自己不曾見過能夠看到自己的過失就在內心自我批評的人，由此可以了解孔子對世間的感嘆（5·26）。

　　相關：志、小人、文、易教。（許詠晴）

【道】原意是路，引申為規則、軌道、學說主張、行事作風；再引申為應行之道、人生理想等用法。

首先，在政治上，「道」指社會的理想狀態。孔子認為，天下政治上軌道，制禮作樂與出兵征伐都由天子決定。且國家政權不會落在大夫手上，一般百姓也不會議論紛紛；天下政治不上軌道，制禮作樂與出兵征伐就由諸侯決定（16‧2）。孔子身處天下沒有正道的時期，所以告訴學生：天下政治若是上軌道，我就不會帶你們去從事改革了（3‧24；18‧6）。孔子想要實現古代聖王的治國理想，讓天下政治和諧有序，但是他也察覺自己的理想難以實現（18‧7）。只是孔子仍然努力推行教化（14‧38）。在面對天下政治的現狀時，要採取不同的因應方式。孔子認為：不前往危險的國家，也不住在混亂的國家。天下上軌道，就出來做事；不上軌道就隱居起來。國家上軌道時，要以貧窮與卑微為可恥；國家不上軌道時，要以富有與高位為可恥（8‧13）。

其次，在品德修養上，「道」指人生理想或完美人格。人應該立志追求人生理想（7‧6），孔子認為：以堅定的信心愛好學習，為了完成人生理想可以犧牲生命（8‧13）；又認為：君子追求的是人生理想而不是衣食無缺，掛念的是人生理想而不是貧困生活（15‧32）。所以立志追求理想，卻以簡陋的衣服與粗糙的食物為可恥，就不值得與他討論什麼道理了（4‧9）。立定志向追求人生理想就要努力實踐，孔子指出：人可以弘揚人生理想，而不是靠人生理想來弘揚人（15‧29）。再偉大的道也無法使一個人完美，除非這個人由此努力去體現道。因此主動的力量在人而不在道，而再偉大的道也要由人來實現，由此可見孔子對人性的肯定。孔子的道就是仁，他要求人們努力行仁，即擇善固執以成就完美人格。行仁的過程責任重大而路途遙遠，因為行仁是一生的事，要推己及人，兼善天下，所以是重任；死而後已，

所以道遠（8‧7）。

第三，在知識上，「道」有中心思想的意義。孔子認為自己是用一個中心思想來貫穿所有知識（15‧3）。孔子的中心思想是仁，他的一切知識都是環繞著仁而展開。

第四，在行為表現上，「道」指行事作風。孔子稱讚子產有四種合乎君子的作風：容貌態度保持恭謹，服事君上出於敬意，照顧百姓廣施恩惠，役使百姓合於分寸（5‧15）。此外，在父親過世後，能三年之久不改變父親做人處事的作風，就可以稱得上孝順了（1‧11）。

「道」字在《論語》中約出現八十九次。

相關：仁、義、志、天道。（陳維浩）

【達】意指通達、了解、完成，常用來表示見識通達。孔子說明行仁就是在自己想要進展通達時，也幫助別人進展通達，「己欲達而達人」（6‧30）；讀書人則要品行正直且愛好行義，若是想要很快收效反而達不到目的，「欲速則不達」（13‧17）。「下學」就是廣泛學習世間知識，接近不惑，「上達」是深入領悟深奧道理，得知天命；君子不斷上進，實踐道義；小人則放縱欲望，追求利益，「君子上達，小人下達」（14‧23）。

相關：仁、士、君子、小人、學。（陳慧玲）

【說】在《論語》中，「說」的意思多為滿意、高興，同「悅」；亦可作為學說、理論，也有向對方解釋、交談之意。孔子認為「學而時習之，不亦說乎？」主張學了做人處事的道理，並能在適當的時候印證練習，就會感到學習的樂趣（1‧1）。此外，對一個了解自己且樂於反省的人，欣賞其自我要求的態度，也可達到內心喜悅。孔子還說政治上如果能讓「近者說，遠者來」，使境內的人高興，使境外的人來歸，便可達到社會的安定（13‧16）。

相關：學、習、樂、怡怡。（陳慧玲）

【儉】有節儉、節省人力、儉約樸素、自制等意涵。儉約與奢華代表相對的兩個極端，在禮的根本道理上，與其鋪張奢侈，寧可儉約樸素。儉可以避免繁文縟節，比較接近禮的本源，也就是真誠的心意（3‧4）。「儉」雖有儉約之意，但不可趨於極端，過度儉約就會流於固陋，反而是一個缺點（7‧36）。「儉」也有自制之意，子貢描述孔子與各國君臣交往時，表現「溫、良、恭、儉、讓」，儉是指自制，也是一種修養成果（1‧10）。

相關：禮之本、固、溫、恭、讓。（陳慧玲）

【德】有四種用法與意義。第一是指人的言行表現與特定作風。在這種意義上，「德」與善惡無關，但顯示了對周遭人士產生的影響。若行事的影響重大或廣泛，就不能逾越規範；若無關緊要，才能有些取捨（19‧11）。孔子在回答季康子詢問政治的做法時，提醒他政治領袖言行表現的影響力有如風，一般百姓的言行表現則像是草；風吹在草上，草一定跟著倒下，所以當領袖為善，百姓就會跟著為善（12‧19）。

第二是用來表示道德上的修養與善行，其中包含來源、目標、方法、效果四個層面，綜合起來，可以明白孔門四科為何以「德行」為首（11‧3）。修德的行為源自天所賦予之向善的可能性與使命，只要真誠就會呼應向善的要求，引發力量行善，同時展現無比的人性尊嚴（7‧23）。由此可見，行善是人生中不能片刻遠離的唯一正路，可惜鮮少有人了解；但只要明白了，就會像孔子一樣念茲在茲，永不懈怠（7‧3；7‧6；15‧4）。

修德的目標，在於實現「中庸」這種最高的德行，而這是百姓長期以來都難以做到的。中庸包含因應時機來衡量言行的智慧，以及長

期實踐善行的勇氣，也就是擇善固執（6‧29）。

要修養德行乃至達致中庸，方法上，必須以忠誠信實為原則，認真實踐該做的事；並且要有恆心，否則容易招來羞辱（12‧10；13‧22）。先努力工作再想報酬也能增進德行，而先關心合宜的人我互動還是自身利害，正是君子和小人的分別之處（4‧11；12‧21）。從反面來看，修德要避免被動聽的言語混淆道德判斷，不分是非，道聽塗說（15‧27；17‧13；17‧14）。孔子以多次禮讓天下，不著痕跡地成全孝悌與安民等德行的泰伯為成德典範，由此可見，孔子肯認具備真誠、智慧與勇氣，就能實現至高的德行（8‧1）。

效果上，就個人來說，有德行的人一定能說出有價值的話，被孔子譽為君子的南宮适就是一個例子；卓越的德行會帶來無比的尊榮，所以去世許久的伯夷叔齊還為百姓傳誦，但富有的齊景公在臨死之際，百姓已找不到可以稱述的事情（14‧4；16‧12）。就政治而言，以順應人性的德行來教化，以調和舉措的禮制來規範，能讓百姓知道羞恥並走上正途（2‧3）。更重要的，由於人性向善，行善修德的人必定得到人們的親近與支持，即便是遠方的人也會主動歸附。所以用德行來治理國家，領導者就會像是北極星，讓人民如同其他星辰一般，自動環繞它來展布，成就大同治世（2‧1；4‧25；16‧1）。

第三種意思是代表「恩惠」。老子有以恩惠來回應怨恨的說法，孔子則認為應當以正直來回應怨恨，以恩惠來回報恩惠，這是兩者學說的一種分別（14‧34）。第四則是用在動物上，用來指稱牠天生的優雅姿態或特殊風格。孔子就曾讚美千里馬懂得善用力氣，奔馳千里的風格（14‧33）。

「德」字在《論語》中約出現四十次。

相關：中庸、性、言、德治、驥。（楊舒淵）

【憂】指擔心、憂愁的情緒。君子擔憂的是能否實現人生理想，而

不是貧困的生活（15．32）。現實生活處境的問題，像是身體的健康或簡陋的生活條件等等，往往無法立即獲得改善，只能透過長遠的考慮來防患於未然（2．6；6．11；15．12）。君子真正該感到擔憂的是，自己的言行是否合乎人生理想的要求，達不到便會感到羞恥。孔子指出：德行不好好修養，學問不好好講習，聽到該做的事卻不能跟著去做，自己有缺失卻不能立刻改正，這些都是我的憂慮啊（7．3）。憂慮，代表深度的關切，不是孔子做不到這四件事，而是他對這四者念茲在茲，努力要求自己。同樣的，君子擔憂能否實現人生理想，代表君子最在意的是人生理想，並且要不懈怠地追求它。孔子認為行仁的人沒有憂慮，因為行仁的人掛懷的是人生理想的實踐，而不擔憂現實生活的困境（9．29）。

相關：仁者、君子、患、懼、恥。（陳維浩）

【樂】指快樂。「樂」在儒家思想中有其特殊意義。孔子稱讚顏回的德行優異，即便平時飲食起居只有一竹筐飯，一瓜瓢水，住在破舊的巷子裡，過著常人感到憂愁而無法忍受的生活，他卻不改變自己原有的快樂（6．11）。顏回的表現是安貧樂道，所樂的是走在人生正途上，完成人性向善的天賦使命。人的尊嚴就在這種「樂」中得到充分的肯定。孔子也認為：吃的是粗食，喝的是冷水，彎起手臂作枕頭，這樣的生活也有樂趣啊！用不正當的手段得來的富貴，對他來說就好像浮雲一樣（7．16）。一個人活著，只要具備最基本的生活條件，照樣可以快樂。這種快樂是走在人生正途上的效應，明確目標是「從心所欲不踰矩」（2．4）；若能進而兼善天下，與民同樂，更足以快慰平生。所以孔子與顏回的快樂，都是來自走在人生正途上的充實感受。除了走上人生正途引發的快樂外，還有三種快樂是有益的：以得到禮樂的調節為樂，以述說別人的優點為樂，以結交許多良友為樂。也有三種快樂是有害的：以驕傲自滿為樂，以縱情遊蕩為樂，以飲食歡聚

為樂（16‧5）。「益者三樂」有益於我們的人格修養。「損者三樂」則是來自感官欲望的滿足，讓人不知節制而危害到人格修養。所以感官欲望的滿足雖能帶來快樂，但要受禮樂的調節才能有益於人們。

相關：仁、欲、禮、說、安。（陳維浩）

【諒】「諒」可分為兩個層次，先做到言而有信，若只是有誠信卻未必符合大原則，那就會成為小信，結果可能因而造成傷害。言而有信，即是誠信，孔子認為有三種益友：「友直、友諒、友多聞」，跟正直、誠信、與見識多廣的人交友是有益的（16‧4）。若只是言而有信，卻沒有兼顧大原則，則會讓誠信的行為成為小信，孔子說：「君子貞而不諒」（15‧37），君子堅持大的原則，而不拘泥於小信。

相關：君子、言、信、貞、義。（陳慧玲）

【賢】孔子指稱德行卓越優良的人，或是形容傑出的能力。賢者指已有明確的卓越表現的人，所以「見賢思齊焉，見不賢而內自省也」（4‧17）。孔子曾用「賢」稱讚顏回的德行：「賢哉，回也！」也將伯夷、叔齊視為「古之賢人」（6‧11；7‧15）。孔子對「賢」的解釋是不先懷疑別人將會欺騙，也不猜測別人將會失信，但又能及早發現這些狀況的人，這樣即表現了傑出的才幹，「不逆詐，不億不信，抑亦先覺者」（14‧31）。

相關：逸民、思、知、色、言。（陳慧玲）

【質】描寫質樸的個性。孔子認為君子除了需要學習禮樂教化，也不可喪失質樸的本性。因為，一個人質樸的本性超過禮樂的文飾，言行會顯得粗野；禮樂的文飾超過質樸的本性，言行會顯得虛浮，兩者要配合得恰到好處，「文質彬彬」才算是君子的修養（6‧18）。此外，「質」亦可描寫內在品性或內心堅持的原則。孔子認為通達的人，品

性正直而愛好行義；君子則是「義以為質」，以道義作為自己內心堅持的原則（15‧18）。

相關：禮、義、文、直、君子。（陳慧玲）

【隱】有兩種意思，一是隱居，一是隱藏、隱瞞。在隱居的意思上，孔子承認當天下不上軌道時，難免有賢者隱居，像是虞仲及夷逸，以及子路遇見的荷蓧丈人皆如此。同時孔子教人在天下不上軌道時，可以避世隱居以磨練志節（8‧13）。在隱瞞的意思上，孔子認為和君子相處時，要是到了該發言的時候卻不說，就是隱瞞，是不真誠的表現。然而在與親人相處時，順於天性與人情的要求，不矯情地揭發對方的過失並為他隱瞞，反而是孔子稱許的正直（13‧18；16‧6）。

相關：性、情、直、賢、逸民。（許詠晴）

【禮】指禮儀、禮制、禮意與禮貌，是孔子談論政治與倫理的重要概念。禮是夏商周文化傳統的主體，範圍包含政治制度與人類行為的普遍規範。有若本著孔子的教導指出：禮在應用的時候，以形成和諧最為可貴。古代帝王的治國作風，就以這一點最為完美，無論大事小事都要依循禮的規定。遇到有些地方行不通時，如果只知了為了和諧而求和諧，沒有以禮來節制的話，恐怕還是成不了事的（1‧12）。禮的主要功能在區別社會階級，並調和不同階級的對立。禮包涵中道原則，禮制、禮儀的規範會使人行為適中，如此才能形成和諧的狀態。孔子表示：中庸這種德行，實在是最高的了！長期以來，百姓很少能做到的（6‧29）。盛讚行為適中的品德。禮能區別一切事物的等級，又能使一切事物關係和諧，兼具分與合的功能。所以在政治方面，禮是治國的最佳途徑。孔子認為：以德行來教化，以禮制來約束，百姓知道羞恥還能走上正途；也指出治理國家要靠禮（2‧3；11‧26）。君臣相處彼此也要遵守禮制規範，服侍君主要完全遵照禮制的規定，君主

要按照禮制來使喚臣子（3‧18；3‧19）。此外，修養品德也要受禮的規範，才不會有過與不及的情況。孔子指出：一味謙恭而沒有禮的節制，就會流於勞倦；一味謹慎而沒有禮的節制，就會顯得畏縮；只知勇敢行事而沒有禮的節制，就會製造亂局；只知直言無隱而沒有禮的節制，就會尖刻傷人（8‧2）。培養理想的人格，除了明智、淡泊無欲、勇敢與多才多藝外，還要用禮樂文飾才算完成（14‧12）。可見，禮是做人處事的重要依據，所有言行都離不開禮。

孔子痛恨破壞禮的行為，這無異於破壞社會的安定和諧（3‧1）。不過，禮制規範會隨時代變遷而有所調整。夏商周禮制的傳承有所增減，但增減變化有一定的原則（2‧23）。符合原則的新禮制孔子就接受，若不符合還是要遵照舊禮制的規定（9‧3）。增減變化的原則就是「禮之本」，孔子認為：一般的禮，於其鋪張奢侈，寧可儉約樸素；至於喪禮，與其儀式周全，不如心中哀戚（3‧4）。禮的根本道理就是人們內心的真實情感，若失去人心內在的真實情感，任何禮制儀文也都只是繁文縟節，沒有任何價值。孔子進入周公廟，對每項細節都要發問。他人嘲笑孔子不知禮，孔子卻回答這就是禮（3‧15）。孔子透過發問表現出恭敬謹慎的態度，這就是真實情感的流露，也就是禮的根本道理。因此，禮的具體規則雖是一切行為的規範，但其根源來自人心的真實情感。禮與人性的關係就像繪畫之後再以白色分布其間使眾色凸顯出來一樣，是為展現原有的美質而不是另外加上色彩（3‧8）。通常人們以為禮是文飾，而忘記這種文飾的設計是為了適當表達人性原有的情意與感受。可見，禮能使人性之美充分顯露。

「禮」字在《論語》中約出現七十五次。

相關：仁、禮之本、文、德、德治。（陳維浩）

【禮之本】指禮的基礎、根源、根本道理。林放請教孔子，禮的根本道理是什麼？孔子答道：「大哉問！」接著表示，一般的禮，

與其鋪張奢侈，寧可簡約樸素；至於喪禮，與其儀式周全，不如心中哀戚（3．4）。孔子認為行禮如果過度鋪張奢侈，容易流於形式化；反之，若過於簡約樸素，又無法盡到禮制所規定的儀則。孔子所舉的兩種狀況其實都是不合乎禮的。但如果真要作取捨，孔子寧願選擇簡約樸素也不願鋪張奢侈。所以，禮的根本道理正是人們內心的真實情感，若沒有內心的真實情感為基礎，任何禮制、儀文都只是繁文縟節而已。孔子曾感嘆，我們說的禮，難道只是在說玉帛這些禮品嗎（17．11）？禮有具體表現的形式與器物，但是更重要的卻是行禮之人的真實情感。如果行禮之人不出於真實情感，那便沒有行禮的必要（3．3）。因為這樣的禮如同虛文，失去它本身的價值。

相關：仁、禮、情、儉、孝。（陳維浩）

【黨】有三個意思：一是計算單位，二是解釋為人的性格類別，三則表示個人因為私誼而罔顧公義的意思。古人以一家作為計算單位，五家為鄰，二十五家為里，五百家為黨，一萬兩千五百家為鄉。「黨」可當作地區、鄉里之意，亦作鄉黨。孔子認為人所犯的過錯是「各於其黨」（4．7），就是各由其本身性格類別而來。「黨」也引申為結黨的意思，孔子認為君子「群而不黨」，自古至今能做到不偏袒自己人，而不結黨營私的，實在是少數（15．22）。

相關：君子、過、仁、達巷黨。（陳慧玲）

【懼】指擔心、害怕的情緒。孔子認為子女面對父母日漸衰老，應當感到擔心（4．21）；此外，如果率領軍隊，他會找面對任務戒慎恐懼的人來協助他。這兩處的懼都與死亡有關，反映孔子一貫重視生命的立場。另外，孔子表示，要是能自己反省而沒有任何愧疚，就不會再有任何的憂愁與恐懼了（12．4），可見問心無愧是不憂不懼的前提。他還指出，勇敢的人沒有畏懼。勇敢的人勇於改正自己的缺失，

才能問心無愧，也無所畏懼（9‧29）。《中庸‧二十章》說：「知恥近乎勇」，便將「知恥」與「勇」連結起來。

　　相關：憂、恥、喜、勇者、君子。（陳維浩）

四之三、形上學與宗教哲學

導論

　　孔子的宗教哲學，是繼承自商周二代的傳統信仰又有所創新。商代以信奉「上帝、祖先與自然神」為重點，上帝是世間的主宰，為至上神。祖先死後靈魂回到帝庭，扮演上帝與人間的中介角色，並且以其在死後所獲得的神祕力量，福佑或詛咒後代子孫。

　　周朝取代商朝之後，開始以「天」來稱呼至上神，「天」與「上帝」在某些文獻中是可以互換的，不過「天」的意義更為明確。就《詩經》、《尚書》中的資料，可分析出「天」的五種性格：（一）造生者：天造生人類，並且為萬物的源頭。（二）主宰者：天是統治萬物的存在，人間的一切價值也源於天的意志。（三）載行者：使萬物順著天所安排的規律而運行。（四）啟示者：透過占卜、民意與帝王的智慧，天傳達人間善惡的價值判準。（五）審判者：天以各種方式執行對善惡的報應，包括帝國興亡、個人休咎，以及自然界的禎祥與災異。這五種性格體現了天之仁愛與正義的德行。

　　孔子繼承了西周對「天」的理解。如孔子說：「天何言哉？四時行焉，百物生焉，天何言哉？」（17‧19）顯然理解「天」為造生與載行的力量。此外，每當孔子遭受弟子誤會時、談到真誠祈禱時、強調不可欺人時、感嘆不被了解時、面臨殺身之禍時、哀慟弟子早逝等

這些生命的臨界狀況時，都毫無例外的以天為他的訴求對象。這不僅承認天是主宰者，也肯定了天是他對啟示與審判的最後信念所在。

春秋時代，天子失德，天的仁愛與正義都落空了，「天」概念面臨嚴重的挑戰。天作為主宰者，逐漸退居幕後，天下大亂與人文意識的覺醒是同步的。仁愛之天降格為自然的天；正義的天則變質為命運的天，「天」的自然義與命運義從此躍上思想的舞台。道家與儒家分別把握前後兩者，體認其中的危機，進行創造的轉化。孔子所開啟的路，是把命運之天轉化為使命之天。他在五十歲時，達到的境界是「知天命」（2‧4）。自此之後，天命突破了政治框架，不再僅由帝王專享，而成為人人可以領悟的真理：是人人皆應自覺在內心就有行善的要求，並且必須在具體生活中實現此一要求，猶如奉了天賦使命。

至於鬼神，孔子雖不語怪、力、亂、神，但對當時民間的鬼神信仰是尊重而默許的，他的用心無非是想把宗教與教育結合，使宗教有助於提高人們的道德水平（7‧21）。他以謹慎態度面對的三件事，第一件就是與祭祀有關的齋戒（7‧13）。他認為祭祀態度要虔誠，不可心存諂媚，但也不能過於迷信，他也推崇「敬鬼神而遠之」的理性態度（6‧22）。並在宗教信仰中強調人文精神，認為如果無法服事活人，怎麼有辦法服事死人？如果無法了解生的道理，怎麼會了解死亡的意義（11‧12）？

子貢曾感嘆：「夫子之言性與天道，不可得而聞也。」「天道」一詞側重的是天的客觀規則與天對人世的禍福效應，在《論語》中，孔子並未直接談論及定義天道（5‧12）。（陳淑娟）

【天】天是一切存在與價值之源，屬於超越界。在《詩經》和《尚書》中，天有主宰者、造生者、載行者、啟示者、審判者五種性格。周人相信天是自然與價值的最高主宰，是萬物的本源，是生命動力的基礎並提供運作方向，會啟示善惡是非的準則，且依照正義原則進行

審判。孔子繼承傳統，同時強調「天命」的觀念，主張人要真誠體察向善的人性，從天賦的命運中領悟行善的價值使命，主動而持恆的擇善固執，最終在「天下」、也就是人群社會間實現天人合德的人生理想。

孔子談論「天」有三個要點：第一，他總是從天與人的相關處談「天」，縱使提及自然意義的天，仍然肯定其間有深刻的天人關係。舉例來說，面對不需命令就有萬物生長、四季運行的自然界，孔子認為其中有超越之天在造生、載行。因而期望自己的教育事業，也不只是可供傳述的理論，更能有長遠普及的教化功效（17‧19）。同樣的，人間的政治權力也來自於主宰萬物的天，「天子」就是指應在社會中遂行天意的領袖。孔子表示堯是做得最好的帝王，而他就是因為效法天，所以德行崇高而恩澤廣博，讓百姓無法形容稱頌（8‧19）。

第二，天會主動回應人間的需要，所以人與天的關係，遠較與自然界的更為密切。當時的人相信，天會觀察人間，必要時發揚善行抑制惡行，儀封人就表示天將以孔子為教化人群的木鐸。孔子也相信，人類無論祈禱與獲罪，都是以天為最後的、最高的對象，所以要敬畏天命，行為要符合天意（3‧13；3‧24）。然而對個人而言，死生與成道與否都不是自己能掌握的命運，所以孔子溯源天賦的人性，強調人還有向善的要求與行善的使命（12‧5；14‧36；17‧21）。

孔子「五十而知天命」，就是從命運中領悟出人有必須設法完成的使命，這是他談論「天」的第三個要點，也是儒家哲學的特色之一（2‧4）。在孔子的生命歷程中，正是因為體認天命，所以在面臨生命困境時，可以聲明繼承周代文化的自己，是順從天命來實踐德行，只有天能裁決自己的命運（7‧23；9‧5）。更何況，只要真誠就會湧現無窮力量，無懼死亡而成全道義（4‧6；8‧13）。孔子不埋怨命運，同時敬畏內心的要求，主動又戮力實現使命，凸顯生命的深刻意義，所以能宣稱天了解自己，樂天知命所以沒有憂慮（14‧35）。

孔子教導學生，不明白命的道理，就沒有辦法成為君子（20‧3）。而君子立身處事於天下，會呼應天命的要求與指引，不輟於行仁，與道義並肩而行，志於實現完美人格並兼善天下（4‧5；4‧10）。具體來說，行為舉止要莊重、寬大、誠實、勤快、施惠。若身為領袖，更要重視百姓、糧食、喪禮、祭祀；待人要寬厚、信實，處事要勤快、公正（17‧6；20‧1）。堯、舜、禹、湯、武王，就是主動實現使命，而受到孔子與天下人推崇的天子。

「天」字在《論語》中約出現四十九次。

相關：天命、命、仁、德、君子。（楊舒淵）

【**天命**】指至上神，也就是天的意志。周朝人以「天」指稱所信仰的至上神，簡而言之，天是自然與人間的主宰，祂是所有生命的終極本源，同時使自然界的運作得以永續。祂會挑選適當的人選來治理人間，維持人間的秩序。也隨時監觀下界，觀察與評價君王之德，並透過占卜、民意與君王的智慧來顯示其自身的意志。天本身展現絕對正義，祂擔負監督人間君王的責任與審判、獎懲的大權。以上皆是「天命」的內涵。在周代，天命是自稱為「天子」之周王，政權合法性的來源。

孔子將天命轉化為自身德行的來源（7‧23）。孔子雖曾說自己不語「怪、力、亂、神」，但孔子對天實是擁有虔誠的信仰（7‧21）。孔子說自己五十歲時可以領悟天命，六十歲時可以順從天命而為，並且對天命深具敬畏之心，不敢違逆（2‧4；16‧8）。在孔子的理解中，「天命」是天賦使命，其內容有二：普遍來說，是天對人的命令，使人自覺內在的向善要求，進而擇善固執，最後止於至善；個別說來，是每一個人在擇善時，根據主客觀條件而把握的具體作為，如孔子在五十五歲時周遊列國，奉天之命宣揚正道。

孔子除了認為自己能知天命，還認為與天之間有雙向的了解，天

作為孔子一生德行的來源，孔子的所作所為直接向天負責，因而也只有天能了解孔子的內心（14‧35）。因此，周遊列國時，兩度遇到生命危險，皆立即訴求於天（7‧23；9‧5）。

相關：天、命、知、畏、天子。（陳淑娟）

【天道】天道是指天的客觀規則與天對人世的福禍效應。孔子重視人事，多談論人倫道德方面的問題，較少談及天道。子貢就曾表示：學生們有機會聽聞孔子在文獻與修養方面的成就，然而沒有機會聽到老師對於人性與天道的說法（5‧12）。不過，孔子少談及天道，並不代表他不重視天道。孔子一生使命的本源來自他的天命觀，而天命觀與天道觀有密切關聯，所以天道觀是孔子思想的重要組成部分。子貢無法了解孔子思想的這個重要部分，才會如此感嘆。

相關：天、天命、性、仁、道。（陳維浩）

【占】意即占卜。《史記‧孔子世家》中記載孔子晚年喜歡研究《易經》，《易經》的重要功能之一就是「占」，透過占卜預測未來。孔子表示，透過對於《易經》內容的理解，專心研究《易經》並且把心得應用於生活中，未來就可以避免犯下大的過錯（7‧17）。不過孔子主張，雖然占卜能預測未來，但是恆常修養德行卻更為重要。他提出，就像南方人認為一個人要是沒有恆心，連巫醫也治不好他的病的俗諺，《易經‧恆卦》的爻辭也啟示了實踐德行缺乏恆心，就會常常招來羞辱的道理。而且這道理顯而易見，不用靠占卜也能知道。

相關：易教、過、羞、德、有恆者。（許詠晴）

【北辰】北極星。孔子對當時的天文學有所認識，他指出北極星並非固定不移，而是在一定的界域裡運行，其他星辰則環繞著它展布。並且北極星如同璇璣，只要轉動幾許，眾星就會跟著大幅旋移（呂氏

春秋‧有始覽；周髀算經）。孔子以此類比說明德治，主張像舜這種擁有高尚品德的領導者，就如同北極星，在自己的位置上恭敬地修德盡責，知人善任並分層負責。而由於人性向善，當君主只是真誠行善，沒有其他特別作為的情況下，百姓自然會像其他星辰一樣，自動親附以德行治理國家的帝王，走上人生正途（2‧1；15‧5）。

相關：德治、性、仁、德、善（楊舒淵）

【死】孔子看待死亡首先重視的是真情流露，他認為一般人除了在父母過世時，很少有充分顯露真情的機會（19‧17）。當顏回「不幸短命死矣」、子路因捲入衛國政爭而喪命、名列德行科的冉伯牛病危之時，他再三發出深沉的哀嘆，擔心淑世理想可能因而斷絕。即使不是親近之人的死亡，孔子也會致上真切的哀悼與敬意。他在家有喪事的人旁邊吃飯，從來不曾吃飽過（7‧9）。

他依此判斷一個人是否真誠，所以當宰我建議要把三年之喪改為一年時，孔子批評他不仁（17‧21）。這種回應人性真情需求的態度，與道家對死亡採取安時處順，哀樂不入於心的態度迥然不同。但孔子同時也堅持所有的真情流露都要受到禮的規範，即使是情同父子的顏回之死，或是親生子孔鯉之死，他都堅持要「死，葬之以禮，祭之以禮」，面對死亡，也要按照禮的規範來做適當安排（2‧5）。

關於死後的世界，雖然「子不語：怪、力、亂、神」（7‧21），但從《論語》、《禮記‧祭義》、《中庸》可知孔子不但承認鬼神的存在，並認為人的真誠可以感通鬼神。他尊重傳統，以天為信仰對象，一生奉行天命，並認為自己與天之間有雙向的交流。

面對死亡，孔子要人領悟與實踐生命的價值和意義，努力擇善固執，在有限的生命中趨近無限的理想，就是讓死亡成為完美的句點的方式，所以他說：「未知生，焉知死？」「朝聞道，夕死可矣！」（4‧8；11‧12）

而生命的意義就在於實踐道德使命，使人格趨向完美，並使社會趨於完善。人生以實踐道義為首要關懷，所以孔子說有志者與行仁者，不會為了活命而背棄人生理想，卻肯犧牲生命來成全人生理想（15・9）。曾參表示，讀書人不能沒有恢弘的氣度與剛毅的性格，因為他直到死亡之際都要努力行仁，在遙遠的人生路途中都要承擔重任（8・7）。曾參的說法把仁與死亡並列，可謂充分領悟了孔子的死亡觀。

相關：道、喪、鬼、天命、仁。（陳淑娟）

【君子三畏】要成為君子，必須敬畏天賦使命，政治領袖，以及聖人的言論。這三項分別指向人與超越界的連結，當下推行理想政治的關鍵，以及人文傳承的智慧。天賦使命有普遍與各殊的區分：人類的共同使命是要自覺內在的向善要求，進而擇善固執，最後止於至善；個人的使命是在人生歷程中擇善，考量主客觀條件，努力恪守職分來堅持行善。天賦使命指引出人生應行的正途，不遵從就只是靠著僥倖來免於災禍，所以必須敬畏。政治領袖負責治理國家，位高權重，稍有差池，就會殃及百姓，所以值得人們敬畏，希望藉此敦促他們善盡職責。聖人之言是古代聖人的智慧結晶，指出人生應行之道並且昭示吉凶禍福，足以使人敬畏。與此相反，小人不了解天賦使命而不敬畏，奉承討好政治領袖，輕慢侮辱聖人的言論（16・8）。

相關：君子、小人、天命、仁、易教。（楊舒淵）

【命】「命」有多重意涵。首先，「命」的字源意義是上對下之號令。像是孔子託言有病，派人拒絕來訪的孺悲時，意指傳令之人的「將命者」的「命」字就是這個用法（17・20）。

其次，從上對下號令的原意，引申出「命」的命運義，意指不受個人意志左右，而被客觀條件、形勢所限制的命運。它通常與人的生死壽夭有關，例如孔子說好學的顏回「不幸短命死矣」（6・3）；又如，

列名於德行科的冉伯牛重病將死之際，孔子握著他的手說：「亡之，命矣夫！」悲嘆這樣的人竟然得了不治之症（6・10）！由子夏的傳述也可知孔子曾說：「死生有命，富貴在天」（12・5），這種命運之「命」不僅決定了人的生命期限，同時也決定了人類整體的歷史與政治走向，孔子就曾明白的說，政治理想的實現與否，都是被命運決定的（14・36）。

但孔子並不是消極的宿命論者，能夠彰顯儒家精神所在的，正是「命」的第三層意涵：使命。對於一個走在人生正途上，努力修德行善的人來說，他的使命就是：看到利益應思考該不該得，遇到危險願意犧牲生命以實踐理想價值，長期處於窮困也不忘平生期許自己的話，這樣才算具備理想的人格（14・12）。孔子對此身體力行，即使世衰道微，仍周遊列國推廣政治理念，並將此視為「天」所賦予的使命，因此也被時人評價為「知其不可而為之者」，說他是一位明知行不通還一定要去做的人（14・38）。最後孔子說：「不知命，無以為君子也。」這是說，君子不只要了解客觀的限制，對人間富貴不必強求；更要在限制之中，體認自我生命意義的所在，明白行善的使命，並努力求其至善（20・3）。

相關：天命、仁、道、成人、君子。（陳淑娟）

【**怪力亂神**】孔子不談論「怪、力、亂、神」。「怪」指反常的；「力」指勇力的；「亂」指悖亂的；「神」指神異的。孔子不談論這四類事情，並不表示沒有這些事。他不談論的原因是：反常的事使人迷惑，勇力的事使人忘德，悖亂的事使人不安，神異的事使人妄想。這些都會妨礙人們，讓人難以明智的擇善，正確的發揮勇氣固執於行善，追求適當的人生理想。在這裡，神異之事是指與迷信有關的，並非指古代所信的鬼神（7・21）。

相關：祭、神、鬼、惑、思。（陳維浩）

【松柏】松樹是松科植物的通稱，松科植物大約有兩百多種，針狀樹葉是其普遍特徵，故稱為松針。在松針外包覆有一層蠟膜，可減少水分的流失，因此松樹可在嚴寒與乾燥的氣候下生存。柏樹為柏科植物的通稱，木材適合當作建材使用，樹齡一般很長，甚至可達至千年，亦耐乾寒。孔子曾說：「歲寒，然後知松柏之後彫也」，正是把寒冷的氣候比喻為嚴酷的考驗，把松柏比喻為堅忍不移的君子，唯有君子才能在人生的各種試煉中，堅持到底，屹立不搖（9·28）。

相關：君子、小人、勇者。（陳淑娟）

【河圖】「河圖」一詞，出自《尚書·顧命》，據說為周康王即位時，陳列於禮堂東牆的寶物之一。犬戎攻滅西周都城時，盡奪財貨珍寶，從此《尚書》記載的河圖便不再出現。因為這個緣故，後人對河圖為何物，便提出種種揣測。

春秋戰國以至秦漢諸子典籍，如：《墨子》、《管子》、〈繫辭傳〉、《史記》、《禮記》、《淮南子》等皆提及河圖。河圖可能是具有某種特殊紋理的玉球，被視為古代聖王受天命治理天下的祥瑞與象徵。孔子曾說：「鳳鳥不至，河不出圖，吾已矣夫！」孔子在此感嘆身處衰世，不遇明君，鳳鳥不再飛來，黃河的圖像不再出現，平治天下的抱負也無從實現了（9·9）。

相關：天命、鳳、獲麟絕筆、易教。（陳淑娟）

【苗】穀子。孔子曾說：「苗而不秀者有矣夫！秀而不實者有矣夫！」這是說有穀子生長了卻不開花這樣的情況，也有開了花吐了穗卻不結實的狀況。此章所比喻的，可能是嘆息顏回早死。不過，若是用來描述修養必須堅持到底，才能開花結果，也很恰當。擇善若不能固執，終究令人惋惜（9·22）。

相關：穀、命、勇者、有恆者。（陳淑娟）

【唐棣之華】「華」原意是花朵，唐棣之華指唐棣樹的花。孔子曾引「唐棣之華，偏其反而。豈不爾思？室是遠而」的逸詩。詩的意思是說，唐棣樹的花長在同一莖上但卻方向相反，詩人以此寄意，比作兩人本在一處卻背對背，以便帶出不是不思念只是距離遙遠的浪漫情懷。但孔子引此詩並不是想做文學上的遣興，因此他接著說，只是沒有真正去思念而已，事實上怎麼會遙遠呢？因花朵本就長於同一處（9‧31）。孔子話中的意思與「仁遠乎哉？我欲仁，斯仁至矣。」的意思相同，即人與行仁的人生正途相距不遠，只要真的欲求，立刻就可以把握住，當下擇善而固執之（7‧30）。

相關：仁、性、言、詩教。（陳淑娟）

【神】神為超自然的存在或力量。神沒有具體形象，但其作用不能抹殺，這是古人祭祀的前提，祭祀的對象有三：天神、地祇、人鬼。孔子認為行祭者的態度要尊敬，因此要齋戒沐浴，以求專心與誠意，「祭神如神在」即是此意（3‧12）。孔子對真誠的要求，不僅是要應用在人與人之間的關係上，對無具體形象的神也要虔誠恭敬。另外「子不語：怪、力、亂、神」，這裡的「神」是指神異之事，與迷信相關的事，與古代所指的鬼神不同（7‧21）。

相關：敬、鬼、祭、禮。（陳慧玲）

【鬼】古代相信人死為鬼，祖先死後皆稱為鬼，沒有具體形象，是一種超自然的存在或力量，可以享受子孫的祭祀。祭祀鬼必須符合禮，人對於鬼在祭祀上要守分寸，身分符合才能祭祀，人亦可各依身分不同而去祭祀別的鬼。但若是身分不符而去祭祀，那就是諂媚，在祭祀時不應有諂媚及求福的心態（2‧24）。在服事鬼的行為上，孔子說：

「未能事人，焉能事鬼？」強調要先做到服事人，才能進一步服事鬼（11‧12）。

相關：敬、神、祭、喪、禮。（陳慧玲）

【匏瓜】古代星辰之名。《天官‧星占》說：「匏瓜一名天雞，在河鼓東。」《論語》記載當晉國趙簡子專政時，其家臣佛肸起兵反叛趙簡子，佛肸召請孔子，孔子想要前往。子路認為佛肸是叛臣，因而反對孔子前去。不過孔子回應道，自己並不是掛在那裡不讓人食用的匏瓜星，更何況，最堅硬的東西是磨也磨不薄的，最潔白的東西是染也染不黑的（17‧7）。孔子對自己的能力與理想是充滿自信的，他曾表示要是有人任用他，他也不會只想維持東周這種衰弱的局勢（17‧5）。所以他認為自己足以產生正面影響，而不像匏瓜星那樣懸而無用。

相關：天、天命、權、大臣、匏瓜空懸。（陳淑娟）

【祭】孔子對祭祀相當重視。孔子對於祭祀前的齋戒，看重的程度相較於同屬大事的戰爭與疾病來說更為優先；即使吃的是粗飯與菜湯，也一定要祭拜（7‧13；10‧11）。可由下列三個方向來了解孔子的祭祀觀念。首先，內心應以虔誠、恭敬的態度進行祭祀。祭祀的對象是祖先與神明，祭祀時有如受祭者親臨一般，孔子不贊成那種祭祀時有如不祭祀的態度（3‧12）。

第二，祭祀要依禮的規定。祭品的使用、步驟，規格的安排、受祭者與舉祭者的身分，都應遵照禮制的規定。孔子認為，若是祭祀了自己不該祭祀的鬼神，就是諂媚（2‧24）。孔子還認為，要依禮的規定來侍奉父母；父母死後，依禮的規定來安葬、祭祀父母，才算是完整的孝道（2‧5）。

第三，孔子雖然重視祭祀，但卻不迷信。祭祀是侍奉鬼神的事務，但若沒有辦法服事活人，無法專心做好為百姓服務該做的事，怎麼有

辦法服事死人？所以，面對宗教與祭祀的正確態度是，以理性與人文精神為準則，敬奉鬼神但是保持適當的距離（6‧22）。

相關：祭禮、齊、鬼、禮之本、孝。（陳淑娟）

【雉】野雞。孔子見到山谷中橋梁上的母山雞，只因人的臉色稍有變化，就能察覺情況不對立即飛起來，在空中盤旋之後再聚在一起。他有感而發，讚賞雌雉懂得時宜，由此提醒學生也應該依時機而行動（10‧27）。

相關：時、義、色。（陳淑娟）

【鳳】古代傳說中的神鳥，為祥瑞的象徵，只有天下政治安定太平時，才會出現。《禮記‧禮運》有「麟、鳳、龜、龍，謂之四靈」之說。鳳鳥又名鳳凰，據晉代郭璞所注的《爾雅‧釋鳥》，可知其外形有如：雞喙、蛇頭、燕頷、龜背、魚尾、色五彩、高約六尺。孔子曾感嘆春秋政治衰敗，鳳鳥不再飛來，有生之世無法遇見賢明的君主，無從實現匡正天下的抱負（9‧9）。此外，「鳳」也比喻志行高潔的人。楚國隱者接輿就將孔子比作落魄的鳳鳥，勸孔子離開混濁的世局（18‧5）。

相關：河圖、獲麟絕筆、狂。（陳淑娟）

【齊】等同於「齋」，祭祀前的齋戒。古人祭祀之前要先調攝身心。依《禮記‧祭義》所載，要先致齋三日，集中精神；散齋七日，隔絕交際。致齋之時，要時時想念死者先前的起居、笑語、心意，及其喜愛與嗜好的情形。如此三天後，所要祭的親人影像便活現於心中。孔子以慎重態度對待的三件事是：齋戒、戰爭、疾病。齋戒於三者中排第一順位，表示孔子將宗教事務的重要性，置於軍事、個人健康之上，這是出於對超越界的信仰（7‧13）。孔子對齋戒與祭祀的重視，符合

春秋時代的觀念。《左傳·成公十三年》有云：「國之大事，在祀與戎。」祭祀的重要性先於兵戎軍事。齋戒的目的在於淨化身心。因此齋戒時必須沐浴更衣；改變平時的飲食，以簡單、潔淨為主；居住也要換房間，不住平日所居的舒適臥房（10·7）。

相關：祭、孝、疾、病、食。（陳淑娟）

【禱】向神明祈禱求福。某次孔子病重時，子路請示要向神祇禱告，孔子則認為，不必刻意在此時為了個人福祉而勞煩神祇。孔子並不反對禱告，只是孔子禱告的對象是天（7·35）。天作為至上神和萬物的主宰，同時也是人間價值的最終根源，所以，若是作惡、不行正道，就是得罪天，那就沒有對象可以獻上禱告了（3·13）。孔子知天命、順天命，並將天視為一生德行的來源，因此，孔子認為自己長期以來一直都在禱告（7·23）。

相關：天、天命、神、德。（陳淑娟）

【驥】千里馬。孔子指出，被稱道為「千里馬」的，不是讚美牠的力氣，而是讚美牠的「德」，也就是牠能善用力氣，奔馳千里的風格（14·33）。動物的行為表現無關善惡，所以千里馬的「德」並不是指德行或操守，而是指牠天生的優雅姿態或特殊風格。相較於千里馬，孔子認為人類也天生擁有向善的人性，內心真誠就能在人生正途上快意馳騁。可惜的是，許多人空有天賦卻缺乏真誠、畫地自限甚或自甘墮落。如果說，千里馬不是光有力氣，那麼真正的人也不是光有向善之性，還要真誠不懈地實現善行。

相關：德、性、仁、勇者。（楊舒淵）

四之四、政治哲學

導論

　　孔子生處春秋末年，此時周朝王室勢力衰微，各諸侯國間征伐不斷，社會發生激烈動盪與深層變革，既有制度與秩序幾近崩潰。孟子生動地描述這期間的社會現象：社會紛亂，正道不明，荒謬的學說與暴虐的行為又紛紛出現了。有大臣殺君主的，有兒子殺父親的（孟子·滕文公下）。孔子要結束這種混亂邪僻的局面，恢復社會的安定和諧，認為最好的方法就是實現古代的德治。孔子認為以德行來治理國家，就像北極星一樣，安坐在它的位置上，其他星辰環繞著它而展布（2·1）。

　　德治的基礎，主要在於帝王本身的高尚品德，因此帝王的責任重大；德治的效果據說也十分理想，幾乎像是無為而治。事實上，德治與無為而治不同，但是為何天下自然而然歸於太平？這是因為孔子對人性有一個基本信念，就是人性向善，所以百姓會自動回應德治的帝王（13·4）。孔子認為：政治領袖的言行表現，像風一樣。一般百姓的言行表現，像草一樣。風吹在草上，草一定倒下（12·19）。只要為政者有心為善，百姓就會跟著向善。若為政者品行不端，就算用嚴刑峻法威嚇百姓，百姓也不會服從政令。孔子指出：以政令來教導，以刑罰來管束，百姓免於罪過但是不知羞恥。以德行來教化，以禮制

來約束，百姓知道羞恥還能走上正途（2‧3）。治理國家應以德行與禮制為主。德行是順應人性的善行，禮制是人際行為的規範。唯有德行教化與禮制約束並行，才能讓百姓自動行善，進而使社會和諧安定。

德治的施行須搭配禮制規範，所以孔子主張治理國家要靠禮，並痛恨破壞禮的行為（3‧1；11‧26）。人們都應遵守和奉行禮制所規範的各種職務要求和理想，才能使社會各階層有序和諧地分工合作，所以糾正各種身分職務的名分是治理國政的首要大事（12‧11；13‧3）。不過，孔子也體認禮制規範應隨時代變遷而有所改革，夏商周三代禮制的傳承也都有所增減，只是禮制的改革須按照一定的標準進行，而這標準就是禮的根本道理（2‧23）。孔子認為：一般的禮，與其鋪張奢侈，寧可儉約樸素；至於喪禮，與其儀式周全，不如心中哀戚（3‧4）。禮的根本道理就是人心的真實情感。可見以禮治國的目的同樣在教化人心，欲使天下人主動行善。

百姓的信賴讓國家得以存在，獲得百姓信賴的政府才能進一步推行教化（12‧7）。要收到這樣的效果，施政的進展順序是：先使人口眾多，再使生活富裕，最後再教育百姓（13‧9）。事實上，教育在任何階段都是不可或缺的，只是有簡單與完備之分而已。此外，孔子還主張治理國家要注重分配正義與社會安定。做好這兩點便能使百姓遠離貧窮，並使國家強盛（16‧1）。最後，孔子的政治理想是建立一個老年人都得到安養，朋友們都相互信賴，青少年都得到照顧的大同境界（5‧25）。孔子大同境界的理想，也成為後代儒者從政所共同追求的最高理想。（陳維浩）

【才】人才或才華的意思。孔子認為，提拔優秀人才參與政務是政治上軌道的要件（13‧2）。舜有五位賢臣而天下太平，周武王有十位治理國家的能臣而能平治天下（8‧20）。可見提拔人才並使其貢獻所長，是實現理想政治的重要條件。不過，雖然人才可貴，但光有才華

而無品德，也不可取。孔子認為：即使一個人才華卓越有如周公，如果他既驕傲又吝嗇，其他部分也就不值得欣賞了（8‧11）。才華是天賦優點，善加發揮可以成己成物。但是，如果因此而驕傲自大，又吝於關懷別人，就不值一談了。

相關：德、賢、學、仁、美。（陳維浩）

【大臣】國之重臣。孔子表示大臣是以正道來服事君主，行不通就辭職。大臣與「具臣」，也就是專業的臣子不同，他不只是盡責地完成自己分內的工作，還肩負以正道來協助君王治理國家的重任（11‧24）。《左傳》有「國之大臣，榮其寵祿，任其大節」的說法，認為國家的大臣是光榮地接受國家的信任與爵祿，承擔國家的大事（左傳‧昭公元年）。以正道去執行國家的大事，如此才稱得上是大臣。

相關：具臣、道、義、權、事君。（陳慧玲）

【干祿】指從政做官，得到俸祿。這是古代讀書人的主要出路，目的可以包括追求功成名就與造福百姓。孔子的教導重在修身，修身而有官位，自然會勤政愛民。子張向孔子請教怎樣獲取官職與俸祿時，孔子教誨他，要多聽各種言論，有疑惑的放在一邊，然後謹慎去說自己有信心的，這樣就會減少別人的責怪；多看各種行為，有不妥的放在一邊，然後謹慎去做自己有把握的，這樣就能減少自己的後悔。說話很少被責怪，做事很少會後悔，官職與俸祿自然不是問題。可見，孔子認為求取奉祿的方法在於修身，要是能夠做到謹言慎行，自然能獲取奉祿（2‧18）。

相關：士、學、言、行、義。（陳維浩）

【不在其位不謀其政】孔子認為不是擔任某一職位，或肩負某種責任，就不去設想那個職位或責任的業務。「正名」是孔子政

治方面的重要思想，認為每個人在他的職務上都應完成自身所應遵守的規範與職責，各級官員分工合作，政治自然會上軌道。因此，人們不應當踰越自己的職務本分，去對其他的業務任意發表意見。這個主張可以推而至於人生的各種狀況，要人考量職分專心以對，而君子的思慮，正是以自己的職位和責任為範圍（8‧14；14‧26；周易‧艮象）。

　　相關：正名、順、名正言順、思不出位。（陳維浩）

【**五美四惡**】　子張請教孔子如何才能把政務治理好，孔子回答應推崇五種美德，排除四種惡行。五種美德分別是：順著百姓所想要的利益，施惠於民，自己卻不耗費；選擇適合勞動的情況去勞動百姓，不致招來怨恨；自己想要行仁，也得到了行仁的機會，就是表現欲望，而不貪求；不論人數多少，以及勢力大小，神情舒泰，但是並不驕傲；服裝整齊，表情莊重，嚴肅得使人一看就有些畏懼，態度威嚴，但是並不兇猛。

　　應排除的惡行有四：第一是酷虐，不先教導規範，百姓犯錯就殺；第二是殘暴，不先提出警告，就要看到成效；第三是害人，延後下令時間，屆時卻嚴格要求；第四是刁難別人，同樣是要給人的，出手卻吝惜（20‧2）。

　　相關：君子、德治、善、美、惡。（許詠晴）

【**均無貧和無寡安無傾**】　孔子聽說，諸侯與大夫不擔心人民貧窮，只擔心財富不均；不擔心人口太少，只擔心社會不安。因此認為君子治理國家的態度與遠見，在於施政要能：「均」，使財富合宜分配；「和」，讓人民和諧相處；「安」促進社會安定。財富分配均宜，便無所謂貧窮；人民和諧相處，就不會缺乏人力；社會安定，國家就不會傾危。政治上做到這樣，國人就可安居樂業，外邦的人也可能順服。如果還不順服，就致力於禮樂教化，讓他們親近與支持，

進而自動歸附。歸附後再安頓他們，國家發展將越亦安定穩健（4·25；16·1）。

　　相關：安、信、庶富教、禮、樂。（陳慧玲）

【刑】在《論語》中，「刑」一指刑罰，一指規範。

　　對於刑罰，孔子並不主張廢除，他認為刑罰與政令一樣，都是自古治國所需的。但是孔子反對專用刑罰治國，他強調為政當配合德與禮，以順應人性的善行來教化，以規範人際行為的禮制來約束，讓百姓在無所逃於罪責的情況下，知道羞恥也走上正途。若國君也有心為善，上行下效，不需殺人也能安定國家（2·3；12·19）。制定刑罰，是為了樹立行為的標準，不能有模糊的空間。因此孔子強調立法者需名副其實，在位謀政。立法者的名分順當，訂定的刑罰才能順乎理而成章，其標準有憑有據，百姓就能清楚的知道怎樣行事才是適當（13·3）。

　　「刑」作為規範來理解，要配合德行來看，重視德行與規範的行為者，所作所為的正是超越自我中心的君子之道。小人則不然，他們只重視自我的產業與利潤，並且不惜忽略德行、破壞規範。相較於小人，君子則是進到「人我互動」的階段，並努力朝「超越自我」的階段提升（4·11）。

　　相關：正名、德、惠、君子、小人。（楊舒淵）

【事君】指服務君上。古代擁有屬地者皆可稱「君」，如天子、諸侯、卿大夫。為君所用，就須事君。在今天的意思是指為自己服務的機構或老闆工作，但彼此之間的關係不像古代那麼穩定。服務君上最重要的原則就是盡忠職守，認真做好自己的工作，然後才想到俸祿的問題（15·38）。並且要以正道服事君主，行不通就辭職（11·24）。服事君主的目的並非戀棧權貴，而是以此實現造福百姓的理想。

四、哲學思想

因此，不可欺騙君上，還要直言進諫，才能使他做出正確的判斷（14·22）。

相關：道、大臣、禮、忠、詩。（陳維浩）

【具臣】形容臣子特性的詞語，可指無實權卻擁有官位。孔子認為具臣是可以盡忠職守的臣子，像是子路與冉求就是如此。雖然具臣不像大臣，能夠在無法以正道服事君主時主動辭職，但也不代表他們會對長官唯命是從。像是子路與冉求，他們就不可能會順從長官要他們殺害父親或君主的命令（11·24）。

相關：大臣、義、權、干祿。（陳慧玲）

【社稷】「社」指土地，又指土神；「稷」是糧食作物，古人認為它是五穀之長，所以又指穀神。由於建國育民需要土地與糧食，土神穀神又是由天子、諸侯或官員負責祭祀，所以「社稷」又泛稱城邦、國家。像孔子以「社稷之臣」指稱魯國的附庸藩屬顓臾，就是以「社稷」代稱魯國（16·1）。值得注意的是，孔子不認為一個人擁有百姓與官員、土地與五穀就適合投身政治實務。最好先讀書求學，擁有相當學識後再投入，以避免付出太多錯誤的代價（11·25）。

相關：神、祭、賊、學。（楊舒淵）

【食】有兩種意思。作名詞常指食物、糧食，可引申為薪俸。作動詞多指飲食。

孔子說，要走上人生正途，最好不要整天吃飽閒著，卻對什麼事都不花心思（17·22）。立志成為君子，就不要在意食欲的滿足，也不要以衣著簡陋與飲食粗糙為羞恥（1·14；4·9）。要知道在正常情況下，認真耕作自然得到食物，認真學習自然獲得薪酬；何況物質成就只是附帶的結果，不全是自己能預期與掌握的。對君子來說，他掛

念的只有理想能否實現，而不會憂慮生活是否困窮（15‧32）。被孔子讚許德行優良的顏回，正是師法孔子，長期真誠而主動的實現內在向善的要求，讓他即使只有一筐飯、一瓢水能享用，只能住在破舊的巷弄，也依然樂在其中。在行道的路上，孔子也說自己是發憤用功就忘了吃飯，內心快樂就忘了煩惱，連自己快要衰老了都不知道（6‧11；7‧16；7‧19）。

孔子的飲食之道還反映出對祭祀與疾病的慎重，及對待生命根源、內心情感、他人期許、倫理規範的真誠（7‧13）。孔子在齋戒時，飲食一定與平日不同，重視簡單、潔淨，讓自己減少欲望；即使是吃粗飯菜湯，也會虔敬祭拜製作飲食的前人（10‧7；10‧11）；在喪家身旁用餐，從來不曾吃飽，當自己居喪，連食物滋味都無法品嘗（7‧9；17‧21）；接受國君賞賜的食物或餐宴，動作都符合禮節（10‧18）。孔子不挑剔餐點的精粗，但考量衛生與健康，不吃變色、發臭、腐爛、不當令的食物；不吃烹煮失當、切割方式不對、調味不搭的料理；不吃來路不明的酒與肉乾；注重各類食物的攝取比例與分量。為了維護食欲與消化，吃飯時也不交談（10‧8；10‧10）。

施政上，孔子繼承古代聖王對糧食的重視，主張要充實倉廩，維護百姓的生存（20‧1）。不過他還指出，讓百姓信賴比提供糧食更重要。要是百姓不信賴政府，再多糧食，社會也將失序混亂。信賴的關鍵，在於保持政事、倫常的名實相符（12‧7；12‧11）。

相關：樂、齊、喪、信、庶富教。（楊舒淵）

【庶富教】指施政的三個順序：先使人口眾多，再使生活富裕，最後再教育百姓（13‧9）。從庶到富，再到教，是指進展的順序，而不是指重要性的順序。所以，沒做到「教」這一步，就不能算是理想的政策。事實上，教在任何階段都是不可或缺的，只是有簡單與完備之分而已。並且，施政到了教，就不能再追問下一步了。因為第一，

教育工作永遠做不完，譬如終身教育；第二，受了教育之後，人須自行努力進修與實踐，政府或老師無法代勞。

相關：德治、食、學、行、禮。（陳維浩）

【莊】指莊重的態度。上位者要以莊重的態度治理百姓，才會受到百姓的尊敬（2‧20）。如果不以莊重的態度來治理，百姓就不會認真謹慎，這將造成政府的政策得不到百姓支持（15‧33）。上位者以莊重的態度來處理政務，是重視百姓的表現。百姓感到受重視，自然會尊敬上位者，並且支持政府的各項政策。因此，若上位者不受百姓尊敬，推動政務得不到民眾支持，應該先反省自己是否以莊重、嚴肅的態度來處理政務。

相關：色、敬、禮、信。（陳維浩）

【順】「順」涉及兩個領域。第一是政治倫理領域，如：「名不正，則言不順。」孔子認為治理國政的首務是糾正名分，就是要做到「君君、臣臣、父父、子子」，君的位階是「名」，君的作為與德行是「實」，在孔子看來，君之「名」本身就預設了某種應當之「實」。當現實中名實相符時，「名」就得其所正。名分正，然後一切言論就能順當無悖，此處「順」為順當、不矛盾之意（12‧11；13‧3）。第二是信仰領域，如：「六十而順」（2‧4）。孔子自從五十知天賦之使命後，五十五歲至六十八歲即順應天命而周遊列國，推行政治理想，此時「順」為順應之意。

相關：正名、言、天、天命、名正言順。（陳淑娟）

【損益】廢除與增加。子張請教有沒有可能知道未來十代的制度？孔子表示，殷朝沿襲夏朝的禮制，周朝又沿襲殷朝的，其間所廢除與增加的都可以得知。根據考察的成果，若有國家接續周朝，其制度就

算經歷百代也能推知（2‧23）。要得知損益的內容，唯有好學，並且審慎求證；同時要運用理性、認真思考損益的一貫之道（2‧15；3‧9；15‧3）。禮制是呼應向善的人性，為維繫與鼓勵善行而制定的。它回應心理情感，推源生理特性；其儀節與形式或可從簡，但總以真誠情感為底蘊（3‧4；9‧3；17‧21）。時刻考量向善的人性並與時推移，就是損益禮制的原理。

相關：禮、禮之本、善、仁、思。（楊舒淵）

【寬】指寬大的態度。為政者對待百姓要寬大，但並不是要減少合宜的法令，而是要基於恕道，多為百姓設想，如「舉善而教不能」（2‧20；3‧26）。寬大地對待他人，才會受到眾人支持，所以這是為政者應具的品德（17‧6）。孔子認為：不先教導規範，百姓犯錯就殺，這稱作酷虐；不先提出警告，就要看到成效，這稱作殘暴；延後下令時間，屆時卻嚴格要求，這稱作害人；同樣是要給人的，出手卻吝惜，這稱作刁難別人（20‧2）。這四點都是為政者對待百姓不寬大的表現，孔子對此提出嚴厲的斥責，稱之為「四惡」。

相關：德治、刑、恥、庶富教、五美四惡。（陳維浩）

【德治】儒家所推崇的政治理念，指為政者以身作則，透過自身的德行教化百姓，引導百姓主動為善，終至天下太平。德治並非孔子首創，而是周人考察夏、商二代的政權更替，認為那是永保天命的政治理念。孔子繼承周文並闡發其內涵，指出：以德行來治理國家，就像北極星一樣，安坐在它的位置上，其他星辰環繞著它而展布（2‧1）。孔子相信百姓會自動回應為政者的品德，進而走向人生的正途，達到無為而治的效果。

孔子認為以政令來教導，以刑罰來管束，百姓免於罪過但是不知羞恥。以德行來教化，以禮制來約束，百姓知道羞恥還能走上正途（2‧

3）。光靠政刑來管理百姓是不夠的，會讓百姓在心存僥倖的情況下，犯下各種罪行。唯有用卓越的品德來感召百姓，以合理的人際規範來約束百姓，才能讓百姓有羞恥感，真誠地反省自己的言行，並且自動自發地走上人生正道。如此，天下自然太平安定。此外，由於德治是以身作則的政治，所以德治的施行首重為政者的品德。孔子認為：政治領袖的言行表現，像風一樣；一般百姓的言行表現，像草一樣；風吹在草上，草一定倒下（12．19）。只要為政者有心為善，百姓自然會跟著向善。反之，若為政者品行不端，就算以嚴刑峻法來威嚇百姓，百姓也不會服從政令。舜就是具備完善的品德，所以只要端莊恭敬地坐在王位上，就可以治好天下（15．5）。可見，德治要求為政者對百姓負完全的責任。百姓的行為不當、社會風氣不佳都與為政者的品德有關。因此在德治思想中，政治不是壓迫人民的工具，而是統治者教化及培育百姓的機制。

相關：德、北辰、禮、仁、刑。（陳維浩）

【穀】主要有兩個意思，一是指糧食作物，如：「舊穀既沒，新穀既升」、「五穀不分」（17．21；18．7）；一是指做官的俸祿，如：「邦有道，穀」等（14．1）。在做官的俸祿方面，孔子認為：入學讀書三年，還未想到做官的念頭，已經是很不容易的事了（8．12）。入學三年想要學以致用而有從政的念頭，是順理成章的事。但能不想到穀，表示心在學上，願意更加充實自己，這是可貴之事，因此孔子嘉許之。此外，孔子也認為：國家上軌道，才可做官領俸祿；國家不上軌道而做官領俸祿，就是恥辱（14．1）。做官領取俸祿需竭盡全力為國家服務。若在國家不上軌道時，卻只想做官領取俸祿則是件可恥的事。

相關：士、干祿、道、義、恥。（陳維浩）

【聽訟】指審判訴訟案件。孔子曾擔任魯國司寇，是魯國最高司

法長官。在位大約三年，但政績卓著，可見孔子審判訴訟案件相當高明。孔子認為：審判訴訟案件，自己與別人差不多。如果一定要有所不同，是希望使訴訟案件完全消失（12‧13）。審判案件要做到公平公正，並非特別困難。孔子就肯定子路能夠根據一面之詞查出實情，做出判決（12‧12）。但孔子認為做出公正的判決還不是最重要的，最重要的是讓百姓自發地守法重禮，這樣訴訟案件自然會消失。

相關：孔子斷獄、禮、司寇、言。（陳維浩）

【讓】謙退、謙讓。孔子周遊列國，倡言政治理想，也參與討論各國政事，子貢觀察孔子與各國君臣交往時的態度，可歸納為溫和、善良、恭敬、自制、謙退（1‧10）。謙讓也是人與人互相尊重的明確表現，「禮」與「讓」經常合稱，「禮」是人際關係的具體規範，「禮讓」是一種禮貌謙讓的態度。孔子認為若能以禮貌謙讓的態度治理國家，要成功並不困難（4‧13）。

相關：禮、溫、恭、儉。（陳慧玲）

四之五、教育與藝術哲學

導論

　　教育是孔子與儒家思想重要的一環，因為它涉及了儒家有關人性、政治與人生理想的根本主張。

　　孔子生當春秋衰世，禮壞樂崩，他一心想恢復周文，故以傳統典籍《詩》、《書》、《禮》、《樂》、《易》五經教人，期望透過這些典籍，充分理解與傳達古代聖王的政治理念與立國精神，並尋求當時社會困境的化解之道。不過孔子並不是一味的復古，他賦予傳統以新的內涵與詮釋：周代的禮樂與文化並不是一套虛文，而是順應人性所建構的文化體制，所以孔子強調一個人要是沒有真誠的心意，禮樂也無法發揮作用。所以教導傳統禮樂文化，就是幫助人民實現向善之人性與建設理想的世界（3‧3）。

　　因此教育的首務便是人格教育。教導傳統的五經與六藝，可視為人才教育（史記‧孔子世家）。但孔子認為學習需以實踐來印證，所學的知識最後都要對社會有所貢獻，並且能完善自身的德行，所以孔子標舉「德行」為孔門四科之首（11‧3）。培養為世所用的人才固然重要，但孔子認為「君子不器」，君子不應以具備某項專業能力為滿足，他還有更為重要的志向，即實現人性向善的潛能，抵達至善的理想（2‧12）。所以人才教育的目標是用之於外，人格教育的目標是成

之於內；確立「德行」之根本，才能超越「用」的局限，走在成全人性之途上。

此外，還有人文教育。孔子答覆子路請教怎樣才是理想的人時，除了表示要能明智、寡欲、勇敢、多才多藝之外，還強調要學習禮樂。由此可見，人才與人格皆有基礎時，還需加上禮樂的文飾（14·12）。孔子也曾強調「興於詩，立於禮，成於樂。」禮樂是使一個人的內在性情與外在表達合而為一的必要條件（8·8）。如果禮樂不興，一般百姓就會惶惶然不知所措了（13·3）。因此，禮樂不只是外在規範，更應該被視為人的內在要求之合情合理的表達方式；由此可見，人文教育可以使一個人在表現喜怒哀樂時，都能合乎節度（中庸）。不但如此，禮樂教育還可以延伸開展人的生命向度。禮的宗教性格，使人領悟宗廟祭祀、朝會儀式的意義，使人進入不同的時空，感受永恆的存在，提升生命的高度。樂的藝術性格，則助人點化當下的生命困境，優游自得，並在「樂」這門藝術的涵養中，感受天人、物我和諧的融合與一體，達到互相感應的程度，開拓生命的深層奧秘。

孔子的學習方法是學思並重的，他認為學習而不思考，將會毫無領悟；思考而不學習，就會陷於迷惑。單獨偏重學或思，都會帶來後遺症（2·15）。孔子見聞廣博，但他的學問並非記誦之學，而是有一個中心思想來貫通的，此即是「仁」（15·3）。孔子首開平民教育之風，他的教學態度是「有教無類」，在教學時一視同仁，不會區分學生的類別；而且只要是十五歲以上的人來向他學習，他沒有不教導的（7·7；15·39）。而他的教學方法是「因材施教」，即使是針對同一問題，也會根據學生們不同的知能才性，給予不同的啟發。如：孔子對學生們對何謂「仁」、「孝」、「智」等等概念的提問，就是根據學生們在性情、行為模式、處境的不同，給予不同的答案與點撥。　　（陳淑娟）

【**五經**】儒家重要的五部典籍，指《詩》、《書》、《易》、《禮》、

《春秋》，這些典籍為上古至周朝的知識分子所共享的文化知識。孔子整理這些典籍並將其作為教材，戰國時期的《莊子‧天運》有《詩》、《書》、《禮》、《樂》、《易》、《春秋》等「六經」之說，並將六經視為孔門之學，《史記‧孔子世家》也說：「孔子以詩書禮樂教。」《樂經》後來亡佚，漢武帝獨尊儒術，設置五經博士，從此這五部典籍不但成為儒家的重要經典，也成為官方思想的代表。

《詩》為古代最早的詩歌總集，《史記‧孔子世家》說孔子編刪《詩》至三百零五篇。孔子曾說不學詩就沒有說話的憑藉，並認為要啟發上進的意志就要靠讀詩（8‧8；16‧13）。學《詩》的作用有二：培養內政與外交的人才，和以詩的抒情作用達到寓教化於美的目的（13‧5）。孔子認為《詩經》三百篇的精神即是：無不出於真情，讀《詩》可啟發人的真誠情感（2‧2）。此外，亦可藉由讀詩宣洩不平之志與導人入於中和心境（3‧20；17‧9）。

《書》是上古國家策命告誓的檔案紀錄，對《尚書》的研習屬於孔門四教中對文獻知識的學習（7‧25）。《論語》中直接引用《尚書》之處並不多，但《論語》記載孔子用不同於春秋當時的各國方言，亦即用雅言，也就是標準古音來讀《尚書》（7‧18）。此外，孔子也引《尚書》的逸文來回答時人的提問，而「譬如為山，未成一簣」的比喻，也顯示它與《尚書‧旅獒》的關聯（2‧21；9‧19）。

《易》有《經》與解經之《傳》兩部分。《史記‧孔子世家》載：「孔子晚而喜《易》」，讀到韋編三絕，並撰寫各部《易傳》。《易傳》雖未必為孔子所著，但孔子對《易經》的重視是無可置疑的。孔子說如果他在五十歲時能專心鑽研《易經》，並把心得應用於生活中，就不會有大的過錯（7‧17）。他並引〈恆卦‧九三〉爻辭「不恆其德，或承之羞」說明缺乏恆心會招致羞辱的道理（13‧22）。

「禮」是古代典章制度的統稱，孔子認為不學禮就沒有立身處世的憑藉，所以志在恢復禮的功能與價值（16‧13）。孔子的創舉在於

以「仁」重新詮釋「禮」的意義，認為一個人要是沒有真誠的心意，禮的功能就無從發揮，並強調能夠自己作主去實踐禮的要求就是「仁」（3‧3；12‧1）。

《春秋》原為魯國史，孔子對其文字記載進行刪削改正，透過修辭的斟酌與材料的選擇，委婉地表達自己的政治見解，以此評價歷史人物與事件，並提供價值評斷的標準。《論語》裡雖無直接出現《春秋》的語句，但從《春秋》明辨是非長於治理，以及孔子於《禮記‧經解》中對春秋教的重視這兩點看來，《春秋》無疑是孔門重要的政治思想教材。

相關：六藝、文、學、禮、仁。（陳淑娟）

【六藝】古代的貴族教育之一，為六種基本技能，據《周禮‧地官‧保氏》記載，六藝內容為：禮、樂、射、御、書、數。

根據《周禮》的內容，「禮」指的是對禮儀的學習，分為吉禮、凶禮、賓禮、軍禮、嘉禮五種。各種禮儀規定人在不同場合下的自處與相互對應之道，所以對禮的學習也是一種道德教育。孔子認為「不學禮，無以立」，不知禮就沒有立身處世的憑藉，所以孔子要人「立於禮」（8‧8；16‧13；20‧3）。

關於「樂」，主要是學習古代樂舞。《周禮‧春官》記載，貴族子弟所修習之舞目最重要的是描述黃帝、堯、舜、禹、湯、周武王等歷代聖王事蹟的戲劇性舞蹈，分別為《雲門》、《大咸》、《大韶》、《大夏》、《大鑊》、《大武》。孔子心目中理想的樂，是舜與周武王流傳下來的《韶》與《武》，孔子評論《韶》樂不但在形式組織上具有高度美感，同時也具有倫理意義的內涵，孔子在齊國聽聞《韶》樂之後，禁不住發出「三月不知肉味」的讚嘆（7‧14）。而《武》只有盡美而未盡善（3‧25）。

「射」指射箭，射箭是一種武藝，學習者不但可以強健體魄，國

家更可透過舉辦射禮來選拔人才。但於射禮中，競技並不是最重要的，射禮有一套禮儀須遵守。《禮記‧射義》說諸侯舉行大射之前，須先舉行燕禮，以表明君臣間的大義；卿大夫舉行鄉射之前，先舉行鄉飲酒禮，以表明長幼間的次序。所以孔子認為比試者上下台階與飲酒，都拱手作禮，互相謙讓，因此這樣的競技，重點不在爭勝而在於依禮而行，參與人際互動，可以表現君子風度（3‧7）。

「御」指駕駛馬車。古代的馬車都是多隻馬匹共拉一輛車，所以在指揮調度上有一定難度，所以須學習駕馭之術方能掌握馬車以行走作戰。曾有達巷黨人稱讚孔子學問廣博而偉大，孔子則謙遜的說自己的專長只是執御（9‧2）。

「書」指學習成為文化人所必備的識字、書寫與寫作文章。「數」則是與邏輯思維相關的算術或數學知識。

從春秋戰國以後，「六藝」出現另外一種意涵，指儒家經典「六經」。

相關：五經、禮、樂、射、藝。（陳淑娟）

【文】 文有三種意思：文獻知識、禮儀文飾，以及作為一個人聰明好學、不恥下問的表現。在文獻知識上，君子要「博學於文」，廣泛地學習文獻知識（6‧27）；在禮儀文飾上，孔子說：「文勝質則史」，認為一個人的文辭知識若是超過其未經加工的質樸性格，就會顯得此人過於華麗及虛浮（6‧18）。「文」作為學習過程，對於所學習的知識要有熱忱，遇到困惑不恥於向他人請教。衛國大夫孔圉死後即是以「文」為諡號，被稱為孔文子。孔子認為孔圉既聰明又好學，並不以放下身段向人請教為恥，這樣的求學態度才正確。

此外，孔子對於「文」有更進一步的闡述：一是文、質搭配。儒家對君子的要求是「文質彬彬」。就修養而言，文、質的互相配合才能成為君子，重點在於文質搭配的過程與心得（6‧18）。二是教導與

學習。在孔子「文、行、忠、信」這四個教學重點中，其一就是文獻知識（7．25）。在學習上，要愛好學習並且不恥下問（5．14）。三是曾參說的：「以文會友，以友輔仁。」談文論藝本是古代少數知識分子的活動，現代教育媒體發達，人人都可談文論藝並相互結交志同道合的朋友，這樣的朋友可以幫助自己走上人生正途（12．24）。

相關：質、禮、知、學、友。（陳慧玲）

【先進】指先學習禮樂再做官的人。孔子認為，先學習禮樂再得到官位的，是純樸的一般人；先得到官位再學習禮樂的，是卿大夫的子弟。若要選用人才，他會選擇先學習再做官的人（11．1）。從這裡可以得知，孔子認為質樸的性格與禮樂的素養，是擔任官員的必要條件；並且行禮應當發自真誠的心意，故以前者為優先。相較於一般人，先有官位的貴族子弟未必保存質樸的性格，也不見得能學好禮樂，所以孔子主張選用先進。

《論語》有以先進之名為題的先進篇。

相關：學、文、質、禮、樂。（楊舒淵）

【因材施教】孔子的教育方法，此詞並未出現於《論語》中，但其實例則在《論語》中常可見到。本辭彙的形成，有賴於程朱學派的指明，如朱熹的《論語集注》說：「孔子教人，各因其才。」

因材施教的精神是依據學生們的不同稟性、學習狀態與階段、資質條件、領悟能力與實際處境給予不同的點撥與啟發，沒有制式的教條與標準答案，教育者須具有識人的能力、淵博的知識與處世智慧，才能靈活運用此法。

《論語》中，像是學生請教「仁」、「孝」、「知」等重要概念時，孔子皆是以這種方法從不同角度來回答。即使是同一人，在不同階段請教同一問題，也會得到不同的答案。如樊遲向孔子請教了三次何謂

「仁」，孔子分別回答道：平時態度莊重，工作認真負責，與人交往真誠。即使到了偏遠的落後地區，也不能沒有這幾種德行，要依循正道來愛護別人，以及先努力辛苦耕耘，然後才收穫成果（6‧22；12‧22；13‧19）。

相關：學、才、問、中人、有教無類。（陳淑娟）

【有教無類】「類」指的是對人的各種區分，譬如：領悟人生正途的能力、聰敏愚鈍、家族背景、生長環境、階級地位、貧窮還是富裕等等。面對這種種區分，孔子自述他在教學時一視同仁，不會區分學生的類別（15‧39）。孔子教導學生的重點，在於學習文獻以廣博見解，遵從禮制以規範行為，忠於職守以完成使命，言而有信以符合期許，都是要人以真誠的心意，與人際適當互動而修養、實現德行（7‧25）。由於人性向善，所以學生的學習與其類別無關，他只要真誠，接受這些教導就有機會做出善行，或改過遷善，或擴大善行的效應。因此高柴、曾參、子張、子路等弟子，雖然生性各有缺點，受過教育之後也令人刮目相看；九夷之地雖然地處偏遠、文化落後，孔子相信自己去了亦能化民成俗（9‧14；11‧18）。

相關：束脩、性、因材施教、曾參、九夷。（楊舒淵）

【君子九思】孔子教導學生，要成為君子，需要有九種考慮。包括：看的時候，考慮是否明白；聽的時候，考慮是否清楚；臉上的表情，考慮是否溫和；容貌與態度，考慮是否莊重；說話的時候，考慮是否真誠；做事的時候，考慮是否敬業；遇到有疑問，考慮向人請教；臨到發怒時，考慮麻煩的後患；見到可欲的東西，考慮該不該得。這九思說明孔子重視理性的作用，也表示人生時時刻刻都要自覺與反省，考量與人互動的心意與表現是否真誠合宜，時刻學習、不恥下問。否則稍一不慎就會造成過錯，進而引發一連串堪虞的後果（16‧10）。

相關：思、問、仁、知、義（楊舒淵）

【束脩】原指十束乾肉。在古代，「行束脩」是指男子十五歲入大學所行的禮，故束脩又可代表十五歲的男子。在「子曰：自行束脩以上，吾未嘗無誨焉」中，「束脩」當取引申義，譯為：「從十五歲以上的人，我是沒有不教導的」，用以表達孔子作為老師的心願。這樣的翻譯，符合古人以「自……以上」來表示「從幾歲以上的人」的習慣（周禮·秋官司寇）；也能圓融解釋《論語》中沒有孔子收取學費，卻有「童子見」、「有鄙夫問於我」的事實（7·29；9·8）。最重要的是，它與孔子有教無類的精神相互呼應（7·7；15·39）。

相關：禮、學、誨、有教無類。（楊舒淵）

【易教】司馬遷在《史記·孔子世家》中，記載孔子晚年喜歡研究《易經》，其用功程度竟然使繫綁竹簡的牛皮帶都斷了好幾次！歷來較明顯記載孔子與《易經》之關係的文獻大體而言有《論語》、《禮記》、《易經》這三部著作。

首先，「易教」一詞是《禮記·經解》所提及的「六教」之一。所謂的「六教」包含詩教、書教、禮教、樂教、易教、春秋教這六類教學領域。易教的內容主要著重心思清靜與觀察入微二項。並提醒人在行為上若不遵守常規又不節制，甚至在語言上不周到而任意發言，就會造成危害。如果既能夠做到節制行為，又能使言詞周到，那麼可謂深通《易經》的道理。由此可見，易教教人的重點，圍繞著人的行為與言詞兩方面。

其次，孔子曾表示，讓他多活幾年，到五十歲時專心研究《易經》，以後就不會有大過錯了。如果專心研究《易經》並且把心得應用於生活中，成效將自然展現出來。孔子以「可以無大過矣」一語自我勉勵，惟有如此戒慎，才可日進於德（7·17）。

另外，孔子也引用《易經》來說明道理。他稱道南方人流傳的，「巫醫也治不好沒有恆心者的毛病」的俗諺說得很好，因為這正是《易經‧恆卦》的爻辭所啟發的道理：實踐德行缺乏恆心，常常會招來羞辱。

相關：德、過、羞、有恆者、天命。（許詠晴）

【美】有兩種用法，一是屬於審美價值的語詞，如「宋朝之美」是形容春秋時代宋國公子宋朝的美色，以及把「美」與「惡」相對，描述禹自己穿得粗糙，但將祭祀的禮服做得華美的「惡衣服而致美乎黻冕」（6‧16；8‧21）。在這種意義下，「美」專指藝術形式的美好，而與道德價值「善」有明顯不同，如孔子評價《武》樂「盡美矣，未盡善也」（3‧25）。

另一種是屬於道德價值的語詞，與「善」意義相近，最明顯的是「尊五美」，五美是指施惠於民，自己卻不耗費；勞動百姓，卻不招來怨恨；表現欲望，但並不貪求；神情舒泰，但並不驕傲；態度威嚴，但並不兇猛這五種美德（20‧2）。而住在民風純厚的地方堪稱為美的「里仁為美」，也是兼具道德與審美評價的用語（4‧1）。

在道德價值的基礎上，「美」可用來形容人格或才能的美善，如：「周公之才之美」（8‧11）。最理想的人格美是在禮的陶冶與天生良質完美搭配下的「文質彬彬」，孟子進一步認為「充實之謂美」，能夠完全把善充分展現於自身即是美（6‧18；孟子‧盡心下）。

相關：善、仁、禮、和、五美四惡。（陳淑娟）

【射】射箭。古代六藝之一，是男子必學的基本武藝，用於防身、作戰，也是娛樂與競賽項目。在古代，射中標把雖然是習射的目的之一，但為了不流於粗野爭勝，忽略禮儀與風度，就制定出明確的禮儀（3‧16）。孔子推崇並繼承古代教民以禮的風氣，因此主張沒什麼需爭勝的君子，若一定要競賽，就依禮而行、抱持風度來比賽射箭（3‧

7）。粗野與爭勝皆有弊病，所以當南宮适評論善射的后羿卻不能善終時，孔子嘉許他是崇尚德行的君子（14‧5）。射者若能循禮而射、不計較勝負，就是能主動實踐禮的要求，走上人生正途。

相關：君子、六藝、禮、德、禮教。（楊舒淵）

【時】以時間而言，有曆法、季節之意，四時也即是春夏秋冬四季。其次，時指適當的時候或時機，進一步引申為懂得時宜。孔子強調人要懂得時宜，應該依時機而行動。在飲食方面，若是季節、時令不對的食物，孔子是不吃的（10‧8）。在「學而時習之，不亦說乎？」一語中「時」字不指「時常」而言，孔子的意思是：君子學了做人處事的道理，在「適當的時候」印證練習，不也覺得高興嗎（1‧1）？官員派遣百姓服勞役時，一定要配合時機，否則有違君子之道（1‧5）。《孟子‧萬章下》推崇的四種聖人中，評價最高的是孔子所代表的「聖之時者」。

相關：天、雉、食、習、聖。（陳慧玲）

【書教】即以《尚書》為內容的教育。《尚書》即是「上書」，指上古之書，是古代國家策命告誓的檔案紀錄。因此《尚書》不僅是中國最早的史書，也是重要的古代政治思想典籍。因此《禮記‧經解》說一國之人若是能疏通歷史與政治的關聯，通曉遠古之事，就是得力於《尚書》的教育。

《尚書》所記錄的內容到孔子之時已相當龐雜，據《史記‧孔子世家》、《漢書‧藝文志》記載，孔子曾針對《尚書》作一番整理，刪其繁瑣重複之處，編訂次序，上敘堯舜之事，下逮於周。

孔子編刪《尚書》不僅只為整理古代典籍，其目的更在於將《尚書》作為講學的教材。孔子有文、行、忠、信四項教學重點，研習《尚書》就屬於意指學習文獻知識的「文」（7‧25）。對古代文獻知識的

學習，其目的不僅要讓學習者成為一位具有文化底蘊的人，更是希望藉由對《尚書》的學習以了解治國的理想與方針。

　　《論語》中直接引用《尚書》之處並不多，但孔子思想融會了《尚書》的精髓是無庸置疑的。《論語》記載孔子用雅言，也就是不同於春秋當時的各國方言的標準古音來讀《尚書》（7‧18）。此外，孔子以《尚書》中的語句來回答當時人的提問，像是有人問孔子為何不去參政，孔子引《尚書》的逸文回答說：《書經》說最重要的是孝順父母，友愛兄弟，再推廣到政治上去。對於政治所要追求的群體和諧，孝友是根本，所以能做到孝悌已經算是在參與政治（2‧21）。此外，當子張對《尚書‧無逸》所說的「高宗諒陰，三年不言」一句話有疑問，孔子即藉機會說明三年之喪在古代的普遍流行，而且並不只是在守喪時的房舍居住三年而已。國君死了，新君亦三年不問政事（14‧40）。此外，由「譬如為山，未成一簣，止，吾止也」，也可看出孔子取材於《尚書‧旅獒》的「為山九仞，功虧一簣」一語（9‧19）。

　　相關：五經、文、學、雅言。（陳淑娟）

【啟發】教師面對學生有心向上的志意，而給予開導引發的教學方式。孔子的啟發式教學並不是由教師單向教導學生，也不只是針對學生的性格、態度與知能等，量身訂做幫他實現潛能的教材或教法。孔子是「不憤不啟，不悱不發」，直到學生努力想懂而懂不了，心中憤憤想要奮發用功的時候才去開導；直到學生努力表達但說不出，需要老師指點合適語詞的時候才去引導。同樣的道理，如果學生接受了指導，卻不努力聯想舉一反三，孔子也不會重複講說。畢竟學習而不思考，無法自己領悟知識也是枉然（2‧15；7‧8）。

　　相關：思、舉一反三、因材施教、學而不思、循循善誘。（楊舒淵）

【異端】孔子說：「攻乎異端，斯害也已。」「異端」是指與自

己相異的主張，並不代表一定不對。自古以來，不同學派互相批判造成了許多禍害，孔子借鑒於此，認為批判其他不同立場的說法，難免帶來後遺症。因此在消極方面，希望大家「道不同，不相為謀」。人各有志，若人生理想有所不同就不必互相商議，同時也要採取寬容與尊重的態度，不要否定人有各行其道的自由。在積極方面，如果不用「攻」，也就是不批判否定，而用互相切磋請益，則未嘗不能促使學術進步。孔子本人的態度，在做人與為學上顯然都是寬容的（2‧16；15‧40）。只是當所作所為違背大義，傷害人際的合宜期許或社會規範時，孔子一樣主張要「攻」。像是當弟子冉求在擔任季氏家宰時，忽略大義來為季氏斂財，孔子就痛心的說：「鳴鼓而攻之可也。」（11‧17）

相關：道、義、志、兩端、冉求。（陳淑娟）

【習】意思包含兩點，一是後天的習染，二是對知識與技能的印證練習，而印證練習的程度能夠改變習性。孔子認為，雖然人性向善，但從習染來看，每個人要求自己行善的程度有很大的差異（17‧2）。不過習染的狀況是由後天積習而成，也能藉由學習來改變。孔子提倡要學做人處事的道理，好懂得更適當地實現向善的自我要求。孔子也相信，要是能把握適當的時機來印證練習所學，就會帶來實現人性的快樂（1‧1）。

相關：性、仁、性相近習相遠、學、樂。（楊舒淵）

【勞】有四種意思。一是指派百姓勞動。君子愛護百姓，所以勞動百姓（14‧7）。君子知道在勞動前要先取得信賴，也知道要避免勞動引發民怨，所以帶頭工作，並且衡量環境與民力來適當安排勞務，讓百姓從勞動中成長，學會自力營造幸福的生活。如此為政的要領無他，就是持之以恆、無所倦怠（13‧1；19‧10；20‧2）。第二是為長輩

代勞辦事。這只是孝順的基本要求，孔子認為最難的是保持和顏悅色，因為這關乎內心真誠與否（2‧8）。第三是疲勞倦怠，孔子認為一味恭謙而失去禮的制節，會讓人流於勞倦（8‧2）。第四是形容內心憂愁（4‧18）。

相關：愛、信、怨、孝、禮。（楊舒淵）

【**循循善誘**】指老師教學很能夠循序漸進地帶領學生。在《論語》中，隨處可見孔子在教導學生時能夠耐心地啟發，並因材施教，讓學生自己思考以尋求答案。顏回就讚嘆，當他跟隨孔子求教，一方面透過文獻學習來廣博知識，一方面接受禮制規範來約束行為，在生命道路上雖然亦步亦趨的學習追隨，然而全方面觀照生命的孔子，卻總是教導示範活潑神妙的智慧，讓他欲罷不能（9‧11）。孔子循循善誘，不斷啟發學生實現潛能，讓他們走上人生正途，這樣的教學方法也為後代的教育立下典範。

相關：因材施教、博文約禮、啟發、顏回。（陳維浩）

【**雅言**】標準古音，不同於當時的各國方言。方言之間，音義或有異同，不便於溝通交流，所以周朝以周原地區的音韻為準，制定標準化的官方通用語言。孔子生長於魯國，習慣說魯國的方言，然而在誦讀《詩》、《書》與執行禮儀的時候，都說標準古音。這樣的做法，可以顯示古籍與禮儀中的原始音義，一方面保存了先王的訓典，傳承文化，一方面也能讓辭義明達（7‧18）。《爾雅》這部解釋古代詞彙的儒家經典，書名就是取「近正」之意，也就是接近於雅言的意思。

相關：言、禮、詩教、書教、禮教。（楊舒淵）

【**詩教**】即以《詩經》為內容的教育。《詩經》為中國古代最早的詩歌總集，相傳為西周王朝在各諸侯國的幫助下，派遣王官至全國

各地採集民歌，並在周朝史官的整理之後，呈獻給周天子以觀各地民風、民情之美惡，作為施政諮詢之用的文學選集。《詩經》的成書雖具有政治實用的目的，但因詩歌本身的文學性質，以及《詩經》的彙編過程亦經過了知識分子的潤飾，故《詩經》也成為周朝貴族子弟重要的學習教材之一。《禮記・內則》載貴族子弟於十三歲時學樂、誦《詩》；《禮記・王制》載周朝學校教育以詩書禮樂來教育士階層，春秋二季教以禮樂，冬夏二季教以詩書。貴族子弟在受了《詩經》的教育後，則能具有高度優雅的語言能力，在與各國的外交場合中能表現豐富的外交辭令，並透過歌詩、賦詩的行為表達微妙的政治立場與態度。

孔子作為周文的繼承人，理所當然注重《詩經》的學習，周代《詩經》亦經孔子的刪定而成為孔門的重要教材，孔子曾說不學詩就沒有說話的憑藉，並認為要啟發上進的意志就要靠讀詩，學習詩就是教化的開始（8・8；16・13）。在孔子的教育理念中，學《詩》的作用有二：一是政治實利導向的，二是抒情的。政治實利指的是培養內政與外交的人才。孔子曾表示，一個人縱然熟讀《詩經》三百篇，但給他任務沒有順利完成；派他出使外國，不能獨當一面；這樣念書再多，又有什麼用處（13・5）？除此之外，詩中亦包含了經驗事物的知識與做人處事的道理，所以孔子認為讀詩的好處有：近的來說可以懂得如何事奉父母；遠的來說可以懂得如何事奉君主；並且還可以廣泛認識草木鳥獸的名稱（17・9）。

而詩的抒情作用，是詩作為教化工具的重要美學功能。孔子說：「《詩》三百，一言以蔽之，曰：思無邪」，就是認為《詩經》三百篇的精神，用一句話來概括，即是：無不出於真情（2・2）。《詩經》皆是詩人抒發一己之情感的作品，因而讀者閱讀時也可激起心中真實直接的感受，有了這真實感受，個人的主體性就顯現了。再藉由詩中的情意內涵，可以使人觀照自我生命力所要發展的方向。於讀詩之後，

人與人之間所產生的相應感通的情感，可以促成社會的和諧關係。此外，亦可藉由讀詩發洩難伸之志與積滯之怨，這就是孔子所說的「詩，可以興，可以觀，可以群，可以怨」（17·9）。總的來說，《詩》可以導人入於快樂而不至於耽溺，悲哀而不至於傷痛的中和心境（3·20）。孔子論詩，重在引發一個人內心真正的情感，觀照之、疏導之、並使人與人同情交感，使社會趨於和諧快樂之境，因而詩具有重要的教化功能，《禮記·經解》認為詩教的影響就是使人溫柔敦厚。古代之詩皆可入樂，所以詩教與樂教有密切的關聯。

相關：五經、雅言、學、言、仁。（陳淑娟）

【歌】 意思包括唱歌、歌聲。當孔子和別人一起唱歌，唱得開懷時，一定請那人再唱一遍，然後跟著唱和。然而，只要當天曾因有感而發或觸景生情而悲傷落淚，孔子就不再唱歌（7·10；7·32）。由此可見孔子不但感情豐富，而且個性率真，很能自得其樂。

孔子也曾用歌聲來施行不教之教。孺悲有一次登門想要拜訪孔子，孔子託言有病而拒絕見他。然而當傳命的人一走出房間，孔子就取出瑟來彈唱，故意讓孺悲知道自己是有意拒絕見他，希望他能自省改過（17·20）。

相關：樂教、哭、情、樂、言。（楊舒淵）

【誨】 意指教導、規勸。在教育上，孔子有教無類，自十五歲以上的人都樂意教導，並且期許自己能不倦怠，積極奉獻（7·2；7·7）。這樣的心願與態度，一方面來自於孔子對聖與仁的境界的真誠嚮往與追求，所以他孜孜不倦地教導他人，幫助人找到方法向善；另一方面，來自孔子真誠待人的心意，讓他懇切地在別人迷惘時提供規勸（7·34；14·7）。孔子提醒學習者，在求知的態度上，最重要的是對自己知道的有所信心，對不知道的不可虛張聲勢（2·17）。腳踏實地，才

能對知識有真切的領會，進而幫助生命理想的實現。

相關：束脩、有教無類、忠、知、行。（楊舒淵）

【鄙夫】 在《論語》中有兩種意思，一是指鄙野之夫，也就是鄉下人；一是指志節鄙陋的人。孔子有教無類，自十五歲以上的人沒有不教導的，所以鄉下人也來求教。孔子雖然不是什麼都知道，但懂得推敲問題的正反兩端，為態度誠懇虛心求教的鄉下人，推理出適當的答案（7‧7；9‧8）。

在指志節鄙陋者的意思上，孔子強調難以與這樣的人一起事奉上司。因為這種人只考量利益，並且患得患失，為了牟求利益可以不擇手段。既然鄙夫無法配合道義循規蹈矩，更遑論一同推行政治理想（17‧15）。

相關：兩端、有教無類、小人、事君、患得患失。（楊舒淵）

【樂】 音樂素養在孔子的教育哲學中占有重要地位，孔子說「興於詩，立於禮，成於樂」，意即一個理想的人格，要靠讀詩來啟發上進的意志，要靠學禮來具備處事的條件，而最後要靠學習「樂」來達成教化的目標（8‧8）。

「樂」之所以成為教化的指標，首先在於「樂」能觸及人的真誠情感。孔子說「人而不仁，如樂何？」就算學會所有的禮樂文化與知識，但缺乏真誠的心意，「樂」就只是一種虛假的文飾（3‧3）。孔子擅長歌唱與琴、瑟、磬等多種樂器的演奏，於這些藝術活動中，每每展露深刻的情感。其次，人於音樂的活動中，所獲得的審美經驗可以使心靈滿足。孔子告訴魯國大樂官有關音樂的原理。孔子分析當時「樂」的演奏形式，認為開始演奏時，眾音陸續出現，顯得活潑而熱烈；由此接下去，眾音和諧而單純，節奏清晰而明亮，旋律連綿而往復，然後一曲告終（3‧23）。孔子高度細膩的藝術知覺，讓他深知聲

音運動變化的規律與美感，從中獲得極高的精神滿足，讓他在齊國聽聞《韶》樂之後，發出「三月不知肉味」的讚嘆（7·14）。基於以上兩點理由，孔子認為，一個人除了在德行上要明智、淡泊、勇敢，最後還須加上禮樂的文飾，才算是理想的人（14·12）。

孔子心目中理想的音樂，是舜與周武王流傳下來的樂舞《韶》與《武》。孔子評論《韶》樂「盡美矣，又盡善也。」這是說，《韶》不但在形式組織上具有高度美感，同時也具有倫理意義的內涵。而《武》只有盡美而未盡善（3·25）。對於當時鄭、衛等國宮廷中所流行的靡靡之音，孔子則加以批判，在治國時，要「放鄭聲，遠佞人」，排除鄭國的樂曲，並且遠離阿諛的小人（15·11）。

相關：樂教、仁、文、美、善。（陳淑娟）

【**樂教**】周代貴族的音樂教育。在古代，「樂」並不如現代用語般的單指一種聲音的藝術，而是一種融詩歌、音樂、舞蹈於一體的綜合藝術。所以，完整的樂教，是透過修習《詩經》的吟唱、樂舞的操演以及樂器的演奏來完成的，而其成效是「廣博易良」（禮記·經解）。

《詩經》的教習是樂教的重要內容之一。樂舞的學習是樂教的另一個重要部分。據《周禮·春官》記載，貴族子弟所修習之舞目最重要的是六代樂舞，是描述黃帝、堯、舜、禹、湯、周武王等歷代聖王事蹟的戲劇性舞蹈。於祭祀大典中，貴族子弟操演樂舞，不但可文飾祭典，並可於音聲舞容的催化下，再次強化傳統的宗教宇宙觀與民族凝聚感。樂舞的表演也具有很高的藝術價值，於舞蹈動作中，舞者不僅是徒具姿勢，更重要的是調動所有的感知與身心協調能力，使得肢體、聽覺、視覺、專注力、情感、精神狀態高度配合凝一。在遲速有度的音聲韻律之中，於屈伸俯仰、魚貫綴兆的舞容之中顯現個體生命與文化的雍容文雅。

關於樂器演奏技巧的習得，雖然是樂師與樂工的專業，但貴族子弟仍須學習演奏琴瑟等樂器，不只作為基本的文化藝術修養，更能以音樂陶養人格。《禮記・曲禮下》記載：「士無故不徹琴瑟。」除非舉行喪禮，否則士人不能一日不彈琴瑟。據先秦典籍記載，孔子本人就具備彈琴、鼓瑟、擊磬、歌唱等多種演奏能力，可供平時作為雅興、教學之用（17・4；17・20）。孔子於周遊列國危難之際，更多次以音樂安撫弟子之心、自明己志以化解危難。

總括而言，樂教作為一種教育制度，其教育功能是全方位發展的。既有技藝的訓練，也強調人格情感的陶冶，更重要的還是在於期望受教者經由修習，把「樂」所從屬之「禮」內化為道德意識與行為規範。

相關：樂、歌、詩教、禮、成人。（陳淑娟）

【儒】 《周禮・天官冢宰》說：「儒，以道得民。」「儒」字在字源上從人從需，有弱者之意。因此「儒」這個團體，一說認為源自殷人遺族，另一說認為源自周朝的沒落貴族；兩者共同之處在於文化素養優良，可以在各種禮儀場合擔任助手。由於助禮者的特製服裝稱為「襦」，所以「儒」也可能源自此一行業。孔子長期習禮，也曾以助祭與助喪為業，應該屬於這種早期儒者。

作為一個學派，儒家始自孔子的教學與思想。從孔子立說，提出仁與禮，人性與天道等重要概念，到漢代董仲舒倡議獨尊儒術之前，可稱作古典儒家。古典儒家經過四百多年的傳承與推衍，藉《論語》、《孟子》、《荀子》、《易傳》、《中庸》與《大學》等著作，形成相當完整而深刻的思想體系。這些原典也資益後來的儒者，讓他們闡發出呼應時代、饒富理趣的學說。

儒家有三個特色：第一，尊重傳統、重視教育。注重學習，珍惜並詮釋傳統經典來進行教學，成為傳承文化的主力（3・14）。第二，積極入世、關懷社會。學以致用，在實際的政治活動中印證理想（2・

21；13・3）。第三，修養德行、超越拘限。人性的尊嚴來自主動地修養德行，所以不受限於事功成敗與時代環境，可以遙契超越的天命（14・35；18・7）。

儒家還肯定三點信念：第一，天賦予人向善的可能性，能趨於完美的道德，成就聖人的境界（7・30）。第二，真誠面對自己，向善的可能性會讓人明確地自覺應該努力行善，必要時還可犧牲生命。換言之，行善是人生的唯一正途（4・6）。第三，當人行善時必然會引起好的效應，啟發相關的人走上善的道路（6・30）。

「儒」字在《論語》中僅在孔子教導子夏時出現一次，意思接近教育工作者。孔子對治子夏拘謹溫和的個性，勉勵他要當氣度恢宏的大儒，不要做志趣褊狹的小儒（6・13）。

相關：君子、禮、喪、仁、天命。（楊舒淵）

【興觀群怨】學詩的四種作用。孔子鼓勵學生學詩，因為學詩可以「興」，引發真誠心意；可以「觀」，觀察個人志節；可以「群」，感通群眾情感；可以「怨」，紓解委屈怨恨。學了詩，讓人真誠體貼，與人互動懂得設身處地為人著想。以近的來說，懂得如何事奉父母；以遠的來說，懂得如何事奉君主。學了詩，也讓人廣泛認識草木鳥獸的名稱，懂得由名致實，使用適當的類比和譬喻來表達立場。對於個人，能夠抒發志意與感情；施於教化，能夠感化向善，培養溫柔敦厚的民情風氣（17・9）。

相關：詩教、言、仁、怨、孔鯉。（楊舒淵）

【禮教】即以「禮」為主體的教育。《禮記・經解》說，一個國家的人民若是「恭儉莊敬」，那就是得力於禮的教化。狹義而言「禮」指禮節儀式，廣義而言「禮」涵蓋了政治制度、社會生活、道德秩序等層面的規範。禮是周代最具代表性的文化成就，但據孔子之言，這

是建立在對夏商二代之禮制的參酌與沿襲上，才發展成熟的燦爛文化（2‧23）。

周代政治建立在宗法制度之上，以嫡長為大宗，繼承政治主權成為天子；庶出為小宗，臣於天子，成為諸侯或卿大夫。大小宗之間以血緣親疏為據而有身分等級高低的區別。這套等級制度，以及在這套等級制度中，不同等級之間的彼此應對之道，和各個等級自處之道的守則都稱為「禮」。十三經中的《儀禮》記載以士大夫階層為主的禮儀，範圍包括喪祭、朝聘、鄉射、冠婚等禮的相關儀節。而《周禮‧春官‧大宗伯》又將禮分為吉禮、凶禮、賓禮、軍禮、嘉禮等五類，「禮」涵蓋了人間事務的一切面向，宗法社會中的成員無不是在這套禮制的教育下形成其社會觀與價值觀。

春秋時代周天子式微，因而禮壞樂崩，各諸侯、卿大夫僭越禮制的事例層出不窮，周禮已成一套虛文，社會政治以及道德倫理秩序亦隨之混亂。孔子以繼承周文為己任，志在恢復「禮」之功能與價值，因此，禮的學習在孔子的教育理念中占有重要的地位。孔子認為「不學禮，無以立」，不知禮就沒有立身處世的憑藉，所以孔子要人「立於禮」（8‧8；16‧13；20‧3）。但孔子的創新在於他賦予了周禮新的內涵，他認為禮不是那種於外在壓制、限制人行為的冰冷法則；而是與人良善品性有內在關聯，而為人性所需的價值規範體系。

孔子將「禮」與「仁」相結合，他說：「人而不仁，如禮何？」就人之性而言，「仁」指的是真誠的心意以及向善的自覺力量，孔子指出建基於宗法血緣關係上的禮，實際上是建基於人內心最真誠的情感之上，有真誠心意的發動才能開展出深刻穩固的道德世界；相反的若是缺乏真誠心意，禮就無所用（3‧3）。孔子對於「三年之喪」的看法最能深刻說明禮與真誠情感之間的關聯（17‧21）。

所以當顏回請教如何行仁時，孔子答以「克己復禮為仁」，強調自覺、主動的實踐禮的規定。「克」是能夠的意思，亦即能夠自己作

主去實踐禮的要求就是「仁」，此處的「仁」是指擇善固執的人生正途。而自主的走在禮所指定的人生正途上的具體做法就是：「非禮勿視，非禮勿聽，非禮勿言，非禮勿動」，一切行為皆須以「禮」來調節（12‧1）。不過孔子認為，即使行為屬於一般所認定的善行，但若是缺乏禮的節制，一味謙恭就會流於勞倦；一味謹慎就會顯得畏縮；只知勇敢行事就會製造亂局；只知直言無隱就會尖刻傷人（8‧2）。

最終，一個人在禮教與樂教配合的禮樂文化的教育之下，才能成為一個具有理想人格的「成人」（14‧12）。

相關：禮、禮之本、仁、立、成人。（陳淑娟）

【藝】意指技能與藝文活動，具體內容包括禮、樂、射、御、書、數六項。孔子期望人能自在涵泳於藝文活動，並且認為多才多藝的人，自然能在政事上扮演好從政大夫的角色；同時，努力培養才藝也是成為理想的人的條件之一（6‧8；7‧6；14‧12）。屢次被孔子肯定富有才藝的冉求，正是列名政事科的高弟（11‧3）。在孔子進德修業的生命歷程中，曾經有過一段沒有機會從政做官、發展抱負的時間，他自述自己會的不少技藝都是在當時學的（9‧7）。孔子的表現，正符合《易經》「潛龍勿用」的教誨。

相關：六藝、學、才、成人、易教。（楊舒淵）

【權】權力、權宜、權衡、權量之意。孔子認為與朋友一起學習、走上人生正途、立身處事、權衡是非，代表學習的四個階段。所學的是做人處事的道理，而權衡是非是最難的（9‧30）。孔子的原則是通權達變，因時制宜，確定自己的理想後，可行則行，可止則止（18‧8）；「謹權量」，檢驗及審定生活所需的度量衡，整頓官職，國家的政令才可通行（20‧1）。

相關：友、學、道、立。（陳慧玲）

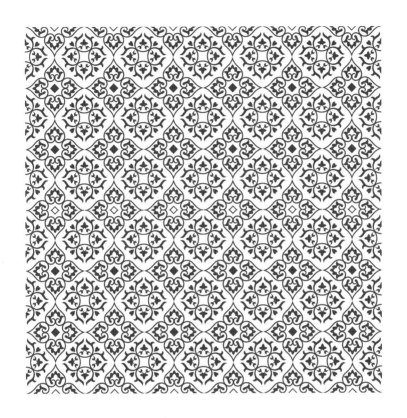

五、成語

【一言以蔽之】子曰：「《詩》三百，一言以蔽之，曰：思無邪。」（2‧2）

「一言以蔽之」是指用一句話來概括全部。孔子用一句話來概括《詩經》三百篇的精神，就是：無不出於真情。後來「一言以蔽之」成為習慣用語，有言簡意賅、以簡馭繁的意思。（陳淑娟）

【一朝之忿】一朝之忿，忘其身以及其親，非惑與？（12‧21）

「一朝之忿」指一時的氣憤。人常因一時的憤怒就忘記自己的處境與父母的安危，這就是迷惑。樊遲請教孔子自我修養的功夫，如何才能做到：增進德性、消除積怨、辨別迷惑。孔子依序說明：要先努力工作再想報酬的事；以批判自己的過錯來取代批判別人的過錯；而辨別迷惑就是要克制自己不要因一時的氣憤而失了分寸。（陳慧玲）

【人之將死其言也善】曾子言曰：「鳥之將死，其鳴也哀；人之將死，其言也善。」（8‧4）

曾參生病時，魯國大夫孟敬子來探望他，曾參特地教導孟敬子為政的道理。在此「善」是指有價值的言論。因為人之將死，其言出於真心，總結一些心得，應有可參考的價值。曾參以此句話開頭是希望孟敬子能真心聽從自己接下來的教導，並加以實踐，造福百姓。（陳維浩）

【人而不仁】子曰：「人而不仁，如禮何？人而不仁，如樂何？」（3‧3）

《論語》中的「仁」有三義：第一，就人之性而言，是指真誠的心意以及向善的自覺力量。第二，就人之道而言，是指人生正途或擇

善固執。第三，就人之成而言，是指完美的人格。就此處來說，「仁」是指真誠、自覺向善的心意，是道德修養與理想人格的基礎與起始點。若缺乏真誠向善的心意，有再多的禮樂文飾都是無用的，這就是孔子藉由「人而不仁」所表達的思想。從此語衍生出來的成語有「麻木不仁」。（陳淑娟）

【三人行必有我師】子曰：「三人行，必有我師焉。」（7·22）

三人是指少數的人，非專指三個人。意思是只要有心觀察別人的優點與缺點，我們都可針對他人的優點來效法；針對他人的缺點來警惕自己不要學壞。因此，到處都可以找到學習的機會，也都有值得我們學習的對象。（陳維浩）

【三十而立】孔子自述三十歲時，可以懂得立身處世的道理，走在人生的正途上（2·4）。

孔子立身處世的依據，就是他所嚮往與希望修復的西周禮制。他曾說「立於禮」（8·8），欲具備處世的條件，要靠學禮，因為禮制包含了一個人在社會中所有人際關係的適當應對之道。因此，孔子對學生以及自己兒子的教誨都包括了「不學禮，無以立」的箴言（16·13；20·3）。既然要立於禮，一切行為就要以禮為準繩，所以孔子說：「非禮勿視，非禮勿聽，非禮勿言，非禮勿動。」（12·1）並且認為如果沒有禮的節制，謙恭會流於勞倦，謹慎會顯得畏縮，勇敢會製造亂局，直言無諱會尖刻傷人（8·2）。現代用此成語，已失去禮制的社會背景，只用來說明一個人三十歲時能自立於社會，並有所成就。（陳淑娟）

【三月不知肉味】子在齊聞《韶》，三月不知肉味。（7·

14）

　　孔子在齊國聆聽《韶》樂的演奏，有一段相當長的時間食肉而不知其味，於是他說：想不到製作音樂可以到達這麼完美的地步。在此，「三月」是指相當長的時間，有如一個季節。《韶》樂引起孔子長時間食不知肉味的原因在於，人的感官功能有相通的作用，若是其中一種受到強烈的震撼，其他的就退居幕後。這也可以說是：「用心」所在，可以使人暫時忽略其他官能。所以這句成語用以比喻專心一致、全神貫注的狀態。（陳維浩）

【三月不違仁】子曰：「回也，其心三月不違仁，其餘則日月至焉而已矣。」（6‧7）

　　這是孔子對於顏回和其他弟子行仁的評論。孔子認為顏回的心可以在相當長的時間內不背離人生正途，其餘學生卻只能在短時間內做到這一步。「三月」大約一個季節左右，心能夠在如此長的時間不違背仁德，除了顯示顏回的志向堅定外，也證明了行仁的不易。對於學做君子的人來說，唯有透過行仁，才能走上人生的正途。（解文琪）

【三年有成】子曰：「苟有用我者，期月而已可也，三年有成。」（13‧10）

　　孔子說到自己的治理能力，認為若真的有人任用他的話，一年就可以略具規模，三年就會成效卓著。

　　今日的用法指在一定的時期內，應當能得到相當的成果。相較於當時孔子的意思，只有在時間上的意義比較含混，三年指稱一段時期而已。（陳弘智）

【三思而行】季文子三思而後行。子聞之曰：「再，斯可矣。」（5‧19）

季文子對於每件事都要考慮許多次才去做。孔子聽到他的行為後，認為考慮兩次就可以了。孔子的意思是做事不要猶豫不決，把時間浪費在思想或權衡得失上，而是該做就立刻放手去做，否則錯失行動的時機。「三」在古代經常表示多數，「三思而行」指反覆再三考慮，然後去做，今多比喻謹慎行事。（解文琪）

【三省吾身】 曾子曰：「吾日三省吾身：為人謀而不忠乎？與朋友交而不信乎？傳不習乎？」（1‧4）。

　　此為曾參所說之修養實踐原則。古人常以「三」代表多數，所以在此不必局限於字面說曾參每天只自省三次，而可理解為曾參每天都省察自己多次。孔子曾於（11‧18）中評論曾參生性遲鈍，但曾參一生戰戰兢兢，從愛惜身體到修養品德，皆努力奉行孔子的教導，且力求突破自我限制而達到完美的境界，所以時時刻刻皆以最嚴格的標準來檢視自己。在（1‧4）的文本中，曾參自我省察的範圍包括：為別人、上司辦事，有沒有盡心盡力？與朋友來往有沒有信守承諾？傳授學生道理，自己有無印證練習？事實上，曾參所省思的事不只局限於此三件事上，只是以此三件事來代表。這些事都涉及人與人之間的適當關係與規範的實現。由此可見，曾參每日念茲在茲的都是如何扮演好自身所承擔的每個角色，並 精益求精以臻至善。（陳淑娟）

【小不忍則亂大謀】 孔子認為如果在小事情上無法忍耐，就會攪亂大的計畫。由此可見，孔子對於長遠規劃的作法給予肯定，並且認為近視短利的作為是不合宜的（15‧27）。

　　今日的用法與當時孔子的意思無太大差異，皆是指在細節或小事上不能忍耐，就很容易破壞全盤計畫。（陳弘智）

【己所不欲勿施於人】 子曰：「出門如見大賓，使民如承

大祭。己所不欲，勿施於人。在邦無怨，在家無怨。」子曰：「其恕乎！己所不欲，勿施於人。」（12‧2；15‧24）

從仲弓請教如何行仁來看，孔子的回答包含三個步驟：第一，與人交往要存敬守禮；第二，以恕道增益人間情義；第三，由無私促成群體和諧。「己所不欲，勿施於人」是第二步驟，意指自己不喜歡的，不要加在別人身上。孔子認為的行仁三步驟，一步比一步高遠，由個人的互動到群體的和諧，是人生過程中正確的標竿。（陳慧玲）

【己欲立而立人】夫仁者，己欲立而立人，己欲達而達人。能近取譬，可謂仁之方也已。（6‧30）

這是孔子在子貢請教他能照顧百姓又能濟助眾人的人是否可稱得上行仁時的回答。孔子認為，所謂行仁，就是在自己想要安穩立足時，也幫助別人安穩立足；在自己想要進展通達時，也幫助別人進展通達。能夠從自己的情況來設想如何與人相處，就可以說是行仁的方法。「己欲立而立人」即是兼善天下、推己及人的舉動。本章句另作成語「能近取譬」，是指能就近以自身作比喻，推己及人。（解文琪）

【上知下愚】子曰：「唯上知與下愚不移。」（17‧3）

只有最明智與最愚蠢的人是不會改變的。明智與愚蠢專就領悟人生正途的能力而言，並且真知必能帶來實踐。上知已有真知，走上人生正途，不會也不必游移。下愚缺少真知，一切但憑僥倖，不會也不肯改變。（楊舒淵）

【工欲善其事】工欲善其事，必先利其器。居是邦也，事其大夫之賢者，友其士之仁者。（15‧10）

孔子為子貢說明怎樣行仁，走上人生正途。他以工人工作譬喻行仁。孔子表示工人想要做好他的工作之前，一定要先磨利他的器具，

而居住在一個國家之中也要事奉賢者、結交仁者。

今日的用法則不單指人生正途方面，而是廣義的指稱想要做好任何一件事情，事前的準備工作非常重要。（陳弘智）

【下學上達】 子曰：「不怨天，不尤人，下學而上達，知我者其天乎！」（14‧35）

孔子覺得沒人了解他，並且對子貢說明自己的想法。孔子認為人的命運與使命都可以推源於天，因此孔子自身廣泛的學習世間的知識，來領悟深奧的天命，而不會去怨恨天，或是責怪人。由此可見，孔子是重視自我要求的。

今日的用法則省去中間的「而」字，成為「下學上達」。相較當時孔子的意思無太大差異，指的是個人可以藉由努力學習而接近不惑的程度，進而推其源頭而得知天命。（陳弘智）

【五十而知天命】 這是孔子對五十歲時重要的生命轉捩點的自述。這裡的「命」具有使命與命運兩重意義。孔子認為自己在五十歲時領悟了自己負有使命，必須設法去完成。這使命的來源是天，所以稱為天命。孔子的天命內容有三：第一，從事政教活動，使天下回歸正道。第二，努力擇善固執，使自己走向至善。第三，了解命運的無奈與不可逆，只求盡力而為（2‧4）。根據孔子說的「加我數年，五十以學《易》，可以無大過矣」，可以合理的推論，孔子對天賦使命的領悟，與其對《易經》的深入研究有關（7‧17）。（陳淑娟）

【六十而順】 孔子自述他六十歲時的生命境界，是可以順從天命（2‧4）。

通行本原作「六十而耳順」，「耳」字為衍文，應刪除，理由如下：第一，孔子五十歲後，由知天命到畏天命，然後對於天命的具體要求，

感到必須順從與實踐。所以孔子從五十五歲至六十八歲周遊列國，過程備極艱辛，曾兩度遇到生命危險，都立即訴求於天，這階段的生命經歷，印證了孔子的作為是順天命而行的（7‧23；9‧5）。第二，孔子自述的其他階段，都是直接以「志、立、不惑、知、不踰」等動詞描寫修行的進境，此處不應有例外。第三，敦煌石經的版本是「六十如順」，無耳字。第四，孟子私淑孔子，談到「順天命」，並且在《孟子‧公孫丑下》宣稱「舍我其誰」時，正是想要順天命；除此之外，他未曾提過耳順。故知，「六十而順」才是正確的。（陳淑娟）

【六言六蔽】 子曰：「由也！女聞六言六蔽矣乎？」（17‧8）

「六言六蔽」指的是六種品德與六種流弊。孔子提醒人們，愛好品德的同時也要愛好學習，善用理性的能力，明白事理，實踐時才不容易出現流弊。他舉出六種品德，指明它們在缺乏學習的情況下，所會衍生的弊病。愛好行仁而不愛好學習，流弊就是愚昧上當；愛好明智而不愛好學習，流弊就是游談無根；愛好誠實而不愛好學習，流弊就是傷害自己；愛好直率而不愛好學習，流弊就是尖酸刻薄；愛好勇敢而不愛好學習，流弊就是胡作非為；愛好剛強而不愛好學習，流弊就是狂妄自大。（楊舒淵）

【不忮不求】 子曰：「衣敝縕袍與衣狐貉者立，而不恥者，其由也與？『不忮不求，何用不臧？』」（9‧27）

這句成語出自《詩經‧邶風‧雄雉》，是稱讚人不嫉妒，不貪求的意思。子路把握了正確的價值觀，視道義重於外在財物，所以孔子用這句話肯定子路。後來引申為形容淡泊名利，恬淡無欲的處事態度。（陳維浩）

【不舍晝夜】 子在川上，曰：「逝者如斯夫，不舍晝夜。」（9‧

17）

　　「逝者」指時光，也指時光中的事件，而人的生命也在裡面。孔子這段話是感嘆時間與生命的流逝永不停歇，要人們珍惜並把握時間。這句成語則是形容日夜不停，持續不斷。（陳維浩）

【不恥下問】子曰：「敏而好學，不恥下問，是以謂之文也。」（5‧14）

　　這是孔子對於子貢請教他衛國大夫孔圉為什麼得到「文」的諡號時所作的回應。孔子認為孔文子聰明又好學，並且不以放下身段向人請教為可恥，所以能夠得到「文」的諡號。「不恥下問」是指不以向身分較低微，或是學問較自己淺陋的人求教為羞恥。（解文琪）

【不得其死】是孔子看到子路的儀表態度時所說出的話（11‧13）。子路是孔子弟子中剛強好勇的一位，不僅性格如此，外在的表現也是如此。但在亂世之中，剛強的性格恐怕難以免除禍患，所以孔子為他擔心。事實上，在孔子七十二歲時，子路捲入衛國父子爭位的亂局中，不幸遇害。今日的用法中有「不得好死」、「不得善終」。（陳慧玲）

【不得其門而入】夫子之牆數仞，不得其門而入，不見宗廟之美，百官之富。（19‧23）

　　子貢藉此比喻別人難以了解孔子的才德。叔孫武叔在朝廷上稱讚子貢的才德比孔子卓越，子服景伯將這番話轉告子貢。子貢聽到後以房屋的圍牆為喻，認為自己的才德僅如及肩高度的圍牆，外面的人可以清楚見到房舍內部擺設的美好情況。然而老師孔子的才德有如數丈高牆，能夠找到大門進入的人很少，更遑論看見高牆內宗廟的宏偉壯觀與連綿房舍的多采多姿。以牆為喻，比喻鮮少有人能夠認識孔子真

正的才德。「不得其門而入」今日用以比喻人做事沒有找到適當的方法與門徑。（許詠晴）

【不遷怒不貳過】孔子對曰：「有顏回者好學，不遷怒，不貳過。不幸短命死矣。」（6‧3）

　　這是孔子回答魯哀公詢問弟子中誰愛好學習時的回答。孔子認為顏回不會把怒氣發洩在不相干的人身上，也從不再犯同樣的過錯。不過孔子也惋惜這位道德修養極佳的人年紀輕輕就去世，並且感慨目前所教授的弟子中沒有一個人像顏回一樣愛好學習。從孔子對顏回的評論，可知他肯定「好學」是以德行為首要目標的。（解文琪）

【仁者知者勇者】子曰：「君子道者三，我無能焉：仁者不憂，知者不惑，勇者不懼。」子貢曰：「夫子自道也。」（14‧28）

　　君子修養德行，嚮往的是達到仁者不憂，知者不惑，勇者不懼的境地。孔子自稱他還沒有辦法如此，但在子貢看來，行仁而不憂慮，明智而不迷惑，勇敢而不懼怕，正是老師對自己的描述。

　　行仁的人真誠面對人性向善的要求，一定有勇氣，能無所畏懼的實現善行。真知帶來實踐，領悟天賦使命、懂得擇善的明智者，在人生正路上不會迷惑游移，同時發揮勇氣固執到底（6‧23；14‧4；17‧3）。貫穿明智與勇氣的中心思想，正是「仁」。人之性向善，真誠而主動行善就會心安；配合時機與事件，運用智慧擇善，發揮勇氣堅持行善，就是人生正途；盡己所能，用自然生命戮力成就價值使命，自然樂在其中，終可至止於至善。（楊舒淵）

【內省不疚】子曰：「內省不疚，夫何憂何懼？」（12‧4）

　　司馬牛請教孔子怎樣才是君子。孔子認為君子是不憂愁也不恐懼的，要能自己反省而沒有任何愧疚，這樣又憂愁什麼與恐懼什麼？「內

省不疚」意指問心無愧，自我觀察反省而不感到有所愧疚，是不憂不懼的前提。（陳慧玲）

【**分崩離析**】意指邦國分裂瓦解。季康子是擅權主政的魯國大夫，他準備攻打魯國的附庸藩屬顓臾。魯國先王授命顓臾的領主，世代主持魯國領內東蒙山的祭祀，他們也效忠魯君。然而季康子卻因為顓臾接近其采邑費城，所以想出兵占據，同時向魯哀公宣示其權力。對於主政大夫為了私利帶頭作亂，孔子感嘆這是邦國自身的分裂瓦解，也感嘆主政者沒有令人順服的德行（16‧1）。（楊舒淵）

【**中道而廢**】冉求曰：「非不說子之道，力不足也。」子曰：「力不足者，中道而廢。今女畫。」（6‧12）

這是孔子與冉求之間的對話。冉求說自己並非不喜歡孔子的人生觀，只是力量不足以實行。孔子回應他說，力量不夠的人，走到半路才會放棄，但冉求只是畫地自限。孔子說他沒有看過力量不夠的人，也曾因冉求個性退縮而鼓勵他努力進取。孔子的這番話有直指冉求的缺點，要他改進之意。「中道而廢」是指事情尚未完成就停止不做，亦作「半途而廢」。（解文琪）

【**匹夫不可奪志**】子曰：「三軍可奪帥也，匹夫不可奪志也。」（9‧26）

「三軍」指周朝時，大國諸侯擁有每軍一萬兩千五百人的三軍，與今日指陸、海、空三軍的意思不同。「匹夫」指古代一般百姓為一夫一妻，兩相匹配，稱為匹夫匹婦。這句話肯定了一般人的志向由自己負責，若堅守意念，任何人或事都不能改變他的志節。（陳維浩）

【**手足無措**】刑罰不中，則民無所措手足。（13‧3）

子路請教孔子，如果衛君要請孔子治理國家，首先該做什麼。孔子認為若不能糾正名分，則後續言語無法順當，將導致公務辦不成、禮樂不上軌道、刑罰失去標準。一旦刑罰失去標準，百姓就惶惶然不知所措了。也就是「則民無所措手足」。

今日用法則是將「無所措」與「手足」兩詞倒裝，並省略「所」字，成為「手足無措」。指遇到惶恐不安的情況不知如何是好，連手腳都不知道該如何安放了。相較於當時孔子的意思，並無太大差異。（陳弘智）

【升堂入室】 子曰：「由也升堂矣，未入於室也。」（11・15）

堂，指的是正廳。再走進去就是內室。「升堂入室」表示逐漸達到最高境界。由於孔子對子路所彈奏的瑟之音提出質疑，導致其他學生不尊重子路。孔子因而對學生們說明，子路的修養已經可以登上大廳，只是還沒進入深奧的內室而已。「升堂入室」的意思說明此人的境界已經很不錯了。後來引申為學養能夠循序漸進，逐步達到很高的境界。後代常用「登堂入室」。（陳慧玲）

【文質彬彬】 子曰：「質勝文則野，文勝質則史。文質彬彬，然後君子。」（6・18）

孔子認為質樸多於文飾，就會顯得粗野；文飾多於質樸，就會流於虛浮。文飾與質樸搭配得宜，才是君子的修養。「文質彬彬」是指人在接受教育之後表現出的文雅，與未接受教育時天生的質樸搭配合宜，這是孔子所要培養的君子典型。後用以形容人的舉止文雅有禮。（解文琪）

【天縱之才】 子貢曰：「固天縱之將聖，又多能也。」（9・6）

吳國大宰因為孔子有許多才幹，於是向子貢詢問孔子是不是一個聖人。子貢認為孔子會成為聖人是受上天特殊的造就，所以向大宰表示：是天要讓孔子成為聖人，並且具有許多才幹的。這句成語比喻得到上天賦予卓越才能的人。（陳維浩）

【父母之邦】 自己的國家。被孔子稱許才德卓越的柳下惠，在魯國擔任典獄官時屢遭罷黜，遭受屈辱卻不願離開自己的國家。他認為世道既已衰微，堅持原則做事的人不論到哪裡都會被這樣對待，不如留在自己的家鄉，幫助親友國人走上正途（18‧2）。（楊舒淵）

【犬馬之養】 子曰：「今之孝者，是謂能養。至於犬馬，皆能有養。不敬，何以別乎？」（2‧7）

　　子游請教孔子什麼是「孝」，孔子說當時的子女，以為能夠侍奉父母衣食無虞、照顧父母的起居飲食就算是行孝道了。但是像「狗」與「馬」等動物也能夠服侍人，所以孔子提出「孝」的標準在於尊敬父母，以「敬」作為「犬馬之養」與真正的孝道之間的差異。「孝」是孔子哲學中重要的概念之一，常有學生請教孔子什麼是孝，孔子也會因材施教，給與不同學生不同的答案。在子游的提問中，則是專以尊敬作為「孝」的標準。後代在使用這句成語時，則以「犬馬之養」泛指對父母的奉養。（陳淑娟）

【以文會友】 曾子曰：「君子以文會友，以友輔仁。」（12‧24）

　　「文」，指的是談文論藝，是古代知識分子的日常活動；「友」，說明朋友相互勉勵扶持，共同走在人生正途上。曾子說明君子以談文論藝來與朋友相聚，再以這樣的朋友來幫助自己走上人生的正途。現在教育普及，媒體發達，人人皆可從事藝文活動，如詩社、讀書會、

研習會，都可與志趣相同的朋友們一起切磋。（陳慧玲）

【以直報怨】或曰：「以德報怨，何如？」子曰：「何以報德？以直報怨，以德報德。」（14．34）

有人問孔子：「以恩惠來回應怨恨，這樣如何？」孔子反問，這樣要拿什麼來回應恩惠呢？主張應以正直的態度來回應怨恨，以恩惠回應恩惠，才能區別恩惠及怨恨兩者。由此可見，孔子的處事態度是恩怨分明，而不是一味的討好世俗。今日的用法也是指：以公正的態度來對待對我不好的人，以恩惠來對待對我好的人。由此可見，孔子對於為人處事的要求，確實深刻影響今人的行事方法。（陳弘智）

【以德報怨】或曰：「以德報怨，何如？」子曰：「何以報德？以直報怨，以德報德。」（14．34）

「以德報怨」的意思是，別人對我不好，我也要對他好，任何待遇都不必計較，要以恩惠來回應怨恨。《老子》亦有「大小多少，報怨以德」的說法（老子．六十三章）。然而孔子反問，若以德報怨，那要以什麼來回應恩惠呢？一個人要是無法恩怨分明，久而久之，可能沒有人願意對他好了。在人生哲學上，「以直報怨」和「以德報怨」是孔子與老子的分辨之一。在今日的使用上，「以德報怨」也是指別人對我不好，我也要對他好。（陳弘智）

【四十而不惑】孔子自述四十歲時可以免於迷惑（2．4）。

繼三十歲「立於禮」之後，在禮的規範下，兼顧學與思，並重學習與實踐，所以在四十歲時，對於人間一切事物的道理與價值都能透徹明瞭，信念堅定而不困惑。根據孔子對「知者不惑」的定義，我們可以說孔子四十歲時已成為一位智者（9．29）。（陳淑娟）

【四海之內皆兄弟】子夏引述孔子的話，回答司馬牛關於沒有兄弟的困擾。說明作為一個君子，只要態度認真、言行無誤，對人謙恭，交往又合乎禮節。那麼，天下又有哪一個人不能成為自己的兄弟呢（12‧5）！

　　此句意指四海之內的人都可以稱兄道弟，亦有「四海兄弟」的說法。但是前提是作為一個君子，其言行態度都符合禮的規範，這樣才能在四海之內結交朋友。現今的用法忽略了作為君子的前提，只留下廣交朋友的意思了。（陳慧玲）

【四體不勤五穀不分】四肢不勞動，五穀也分不清。「四體」指雙手雙腳，「五穀」是禾、黍、稷、稻、麥。從事農業，要了解作物性質與時令等自然知識，再加上勤奮勞動，盡力工作以確保收成。在農業社會，要是不勞動四肢，也分不清五穀，就是缺乏實用的生活知能。務農的老人家以此譏嘲子路，進而諷諭讀書人與官員別只是空談道理學問，還要有推行實務的知能。雖然說在多元分工的人類社會，只重農事是失之片面；但荷蓧丈人說的，善用知識加上辛勤耕耘，才有踏實收穫的道理，依然值得鑑戒（18‧7）。（楊舒淵）

【本立而道生】君子務本，本立而道生。（1‧2）

　　這是有若說的話。意指有志成為君子的人，應把握根本的原則，在根基上努力修持，根基穩固了，人生的正途就會隨之展開來。依據此章，所謂的「本」指的是「孝」、「悌」，即孝順父母與尊敬兄長。孝悌是人類真情的第一步與最直接的表現，因此是做人的根本，行仁的出發點。在有若看來，一個人能做到孝悌，卻喜歡冒犯上司的，那是很少有的；不喜歡冒犯上司，卻喜歡造反作亂的，那是不曾有過的。所以有若說：「孝弟也者，其為仁之本與！」有若的思想是根據孔子的教導而來的，孔子曾說，弟子在家要孝順父母，出外要敬重兄長，

行為謹慎而說話信實，普遍關懷別人並且親近有善行芳表的人（1.6）。總之，孝悌是走在人生正途上的青年首先應培養的德行。（陳淑娟）

【巧言令色】子曰：「巧言令色，鮮矣仁。」（1.3；17.17）

是孔子評鑑人格的標準。「巧言」表示一個人說話美妙動聽，「令色」則指表情討好熱絡。孔子認為這樣的人是很少會有真誠心意的，所以說「鮮矣仁」。「仁」在孔子的哲學思想中，具有多層次的意涵：首先以「仁」代表真誠向善的人性。其次，「仁」代表了人在具體道德實踐過程中的擇善固執。最後，又以「仁」表示人格成熟完善的境界。在這一則成語中，「鮮矣仁」是專就第一層次的真誠心意而言。（陳淑娟）

【未知生焉知死】未知生，焉知死？（11.12）

子路先請教孔子如何服侍鬼神。孔子認為，沒有辦法服事活的人，怎麼有辦法服事死人？子路進一步請教孔子關於死的看法，孔子的回答是，沒有了解生的道理，怎麼會了解死的道理。離生而言死，只是誕妄；離死而言生，只是愚蒙。孔子所知的死，是與生不可分開的；因為只有知道如何生與為何生，才能明白死的意義。（陳慧玲）

【白圭之玷】南容三復《白圭》。孔子以其兄之子妻之。（11.6）

「圭」指古代帝王、諸侯舉行隆重儀式時所用的玉製禮器，形狀上圓下方。《白圭》為《詩經》裡的一首詩，南宮适一再誦讀，可知他謹言慎行，如此可保安樂，因此孔子把姪女嫁給他。「三復白圭」，後人引申為形容一個人謹言慎行。

244

「白圭之玷」原指白玉上有瑕疵。引申為形容美好之物上的缺點。其出處為《詩經・大雅・抑》，內容為「白圭之玷，尚可磨也。」意思是指白玉有瑕疵，可以磨掉。其相近的用法有「人無完人」；相反的用法有「完美無瑕」。（陳慧玲）

【生而知之】子曰：「我非生而知之者，好古，敏以求之者也。」（7・20）

　　孔子以博學知名，也許有人以為他是生而知之，因而有這一段話說明。我們要效法的，是「敏以求之」。孔子肯定有人天資聰穎能夠生而知之，生來就明白人生正途，但這樣的人極為少見，大部分的人都是學而知之的，連孔子也自認是學而知之（16・9）。孔子豐富的學養來自於他勤奮敏捷地學習，這才是我們所應該效法的態度。這句成語用以比喻天資聰穎、聰明伶俐之人。（陳維浩）

【用行舍藏】子謂顏淵曰：「用之則行，舍之則藏，惟我與爾有是夫。」（7・11）

　　指出仕為官或退隱山林全憑實際的狀況，不強求功名富貴，可以隨遇而安的處世態度。人是否能被別人任用，除了本身有無才德外，更重要的是別人的喜好與選擇。不過，雖然任用權在別人，如何因應則在自己。孔子認為這是極其困難的挑戰，因為一般人容易發揮抱負而難以安靜修行。孔子肯定顏回與自己一樣，不僅能夠發揮抱負，也能夠安靜修行。孔子認為：避世隱居來磨練他的心志，實踐道義來貫徹他的理想（16・11）。退隱山林是要磨練及持守志節，並非就此放棄人生理想與原則。有機會發揮抱負則要堅持道義原則，而非追求個人權勢利祿。可見，「行」與「藏」都需要很高的修養。（陳維浩）

【任重道遠】曾子曰：「士不可以不弘毅，任重而道遠。仁以

為己任，不亦重乎？死而後已，不亦遠乎？」（8‧7）

「士」在此是指讀書人，讀書人必須兼備恢弘的氣度與剛毅的性格。因為讀書人的目標是行仁，行仁是一生的志業，要推己及人，兼善天下，所以肩負重大的責任；到死才能停下腳步，所以是需要不斷努力的遙遠路程。「任重道遠」原意指行仁所需承擔的重大挑戰，加上「死而後已」更指出行仁的責任至死方休。後用來比喻長期肩負重大的責任，遇事能竭盡其力，認真負責的態度。（陳維浩）

【先難後獲】仁者先難而後獲，可謂仁矣。（6‧22）

這是孔子回答樊遲請教什麼是行仁時所作的回應。孔子認為行仁的人應先努力辛苦耕耘，然後收穫成果，才可以算是行仁，這是他期許樊遲行仁時應先自我要求，做完該做的事，歷經艱辛的過程，然後才考慮收穫。（解文琪）

【名正言順】名不正，則言不順；言不順，則事不成。（13‧3）

子路請教孔子：如果衛君要請孔子去治理國家，首先該做什麼？孔子認為如果一定要做的話，要先糾正君臣的名分，如此言語也就跟著順暢。今日的用法則省去兩個「不」字，成為「名正言順」。指的是名義上若正當適切，在道理上必然也說得過去，也就是做事的理由充分。（陳弘智）

【危言危行】子曰：「邦有道，危言危行；邦無道，危行言孫。」（14‧3）

孔子說明國家情勢與個人言行應有的原則。無論何種情況，個人行為都要一貫正直，但在說話方面則有差異。國家上軌道時，應該說話正直；國家不上軌道時，則說話委婉。「危」字的意思，指的是正直而嚴肅。今日的用法相較當時孔子的意思，並無太大的差異，皆是

指稱言行都正直。（陳弘智）

【各得其所】
子曰：「吾自衛反魯，然後樂正，雅頌各得其所。」
（9‧15）

「雅」與「頌」是不同的詩體，其配合的篇章與樂音須隨不同場合有所調整，以免流於俗陋。這句成語原意是指各有適當的安排，後來也引申為各得所願，各取所需的意思。（陳維浩）

【守死善道】
「守死」是持守至死。「善道」是完成理想，「善」作動詞使用。意思是為了完成人生理想可以犧牲生命。孔子肯定的人生理想是行仁，並且認為人們行仁的決心應當堅定到犧牲生命也在所不惜（8‧13；15‧9）（陳維浩）

【安則為之】
心安就去做。宰我自認守喪一年就已足夠，孔子要他捫心自問，守喪未滿三年就吃精緻的食物，穿華美的衣服，能不能心安。心安的話，就可以這麼做。事實上，三年之喪是推源生理特性、呼應心理情感而制定的倫理規範，因此不守喪三年就會不安。所以只要宰我的內心真誠，就不會有此主張。孔子的反問，正是要提醒他，凡是關係到待人接物的言論與行為，一定要真誠面對內心情感，絕不能完全計較利害。而且，由於人性向善，只要真誠處世，擇善固執，自然就會心安（4‧2；17‧21）。（楊舒淵）

【好謀而成】
子曰：「暴虎馮河，死而無悔者，吾不與也；必也臨事而懼，好謀而成者也。」（7‧11）

指遇事仔細思考規劃，以求完善解決。子路請教孔子，若率領軍隊，會找誰同去？孔子告訴他，他不會與無懼於空手打虎，徒步過河，死了都不後悔的人同去；而是會與面對任務戒慎恐懼，仔細籌畫以求

成功的人同去。孔子認為遇到事情要仔細籌畫，以尋求最好的解決之道。不過，孔子也不贊同魯國大夫季文子的做法，認為他每件事都要考慮多次才做，考慮兩次也就差不多了（5．19）。孔子要人遇事思考是要人謹慎處理事情，並非要人苦思窮究或者鑽牛角尖而猶豫不決。（陳維浩）

【成人之美】子曰：「君子成人之美，不成人之惡。小人反是。」（12．16）

君子幫助別人完成善行，不幫助別人完成惡行，小人則是協助別人行惡，卻對行善之事漠然。此處的「美」，與惡相對，指的是善行，但意思更廣，包括一切可喜可欲、無傷大雅者。君子樂於幫助別人做好事，也樂於見到別人行善。現今常用「成人之美」，來稱讚君子樂見好事成功，也樂於助人行善。（陳慧玲）

【朽木不可雕】子曰：「朽木不可雕也，糞土之牆不可杇也。」（5．9）

這是孔子批評宰我的話。宰我在白天睡覺，孔子很難接受，於是批評他就像是腐朽的木頭沒有辦法用來雕刻，也像是廢土砌成的牆壁沒有辦法塗得平滑。孔子更從這件事改變了向來聽到別人說法便相信其行為的做法。「朽木不可雕」，比喻資質低劣，不堪造就。亦作「朽木不雕」、「朽木糞土」。（解文琪）

【死生有命富貴在天】商聞之矣：「死生有命，富貴在天。」（12．5）

表示死生各有命運，富貴由天安排。命與天，在此是就人的遭遇而言，屬於命運範圍。因此無須怨天尤人，反而應該把握個人還能決定的事項；而個人能做的就是自發自動，並且自行抉擇的使命了。這

是子夏安慰勸導司馬牛的話，應該是引用自孔子的教誨。（陳慧玲）

【死而無悔】子曰：「暴虎馮河，死而無悔者，吾不與也。」（7・11）

　　指人到臨死都不後悔。子路請教孔子，若有機會率領軍隊會找誰同去？孔子表示，他不會與無懼於空手打虎，徒步過河，死了都不後悔的人同去。孔子重視生命的價值，對憑藉血氣之勇隨便犧牲性命的態度不表認同。不過若是為了完成行仁的人生理想，則須堅持到死都不後悔。孔子認為：為了完成人生理想可以犧牲生命（8・13）。也認為有志者與行仁者，不會為了活命而背棄人生理想，卻肯犧牲生命來成全人生理想（15・9）。可見，孔子重視生命但更重視追求人生理想。（陳維浩）

【有始有卒】有始有卒者，其惟聖人乎！（19・12）

　　是子夏對於子游發言的回應。子游認為子夏的學生們雖然還可以勝任洒水、掃地、接待賓客及進退禮儀方面的事，但這些僅只是末節而已。只學會末節而不能學會做人的根本道理是不可以的。子夏回應子游的這一段話，他認為對於君子應學習的道理不應任意妄加批評。君子所應學習的道理，包括知識與德行，哪一項要先傳授，哪一項要最後講述，就如同認識草木，要先區分為各種各類。教導時能夠有始有終全面兼顧的，大概只有聖人吧。「有始有卒」一語指做事有開頭有結尾，能夠貫徹到底。今日亦作「有始有終」。（許詠晴）

【有朋自遠方來】有朋自遠方來，不亦樂乎？（1・1）

　　意指志同道合的朋友從遠方來相聚，不也感到快樂嗎？此段引文完整的前後文為：「子曰：『學而時習之，不亦說乎？有朋自遠方來，不亦樂乎？人不知而不慍，不亦君子乎？』」本章的內容分述求學歷

程的三種情況：首先是自己努力學習；其次是朋友互相呼應；然後在學習有成而未受到重視時，仍可以坦然自處，成就君子的風度。（陳淑娟）

【**曲肱之樂**】子曰：「飯疏食飲水，曲肱而枕之，樂亦在其中矣。」（7‧16）

　　孔子認為自己雖然處於貧困的生活處境，內心卻依然感到快樂。一個人活著，只要具備最基本的生活條件，照樣可以快樂。這種快樂是走在人生正途上的效應，其明確目標是「從心所欲不踰矩」（2‧4）；若能進而兼善天下，與民同樂，更是足以快慰平生。可見立志追求人生正道，內心便會有快樂感受。這句成語現在用以比喻安於貧困的生活。（陳維浩）

【**行己有恥**】子曰：「行己有恥，使於四方，不辱君命，可謂士矣。」（13‧20）

　　子貢請教孔子作為士的條件，孔子認為除了要做到出使外國而不負君主所託，還必須能夠達到本身操守廉潔而知恥。今日的用法與當時孔子的意思，並無太大差異。指個人行事能夠因為感到可恥，而停止這樣的行為。孔子說的是對於士的品性要求，現今則廣泛的形容人的品格規範。（陳弘智）

【**行不由徑**】出自孔子與子游談論澹臺滅明的對話。孔子問他在這裡找到什麼人才了？子游說有一個叫澹臺滅明的人，走路時不抄捷徑，若不是公事，也從不到他屋裡來。從上述對話可知，澹臺滅明公私分明，奉公守法，有所不為，是從事政治的人才。「行不由徑」是指走路不走捷徑，比喻行事光明正大，不投機取巧（6‧14）。（解文琪）

【老而不死是為賊】 子曰：「幼而不孫弟，長而無述焉，老而不死，是為賊。」（14‧43）

此話是孔子對於原壤的評語。原壤雖是孔子的舊友，但兩人的性格與作風大不相同，因此孔子批評原壤年紀雖長，卻沒有任何貢獻，簡直是傷害了做人的道理，立下了錯誤的示範。由此可見，孔子對於為人處事的要求在於對社會有所貢獻，不可虛度此生。今日的用法與當時孔子的意思無太大差異，指的是年紀雖大，卻沒有德行或貢獻值得傳述的老者。（陳弘智）

【克己復禮】 子曰：「克己復禮為仁。」（12‧1）

孔子認為一個人若能夠自己作主去實踐禮的要求，這就是人生正途。孔子主張禮的規範是群體的秩序與和諧所不可或缺的。一個人應該自覺而自願，自主而主動地去實踐禮的要求；若是人人如此，則個人與群體之間的緊張關係便能化解於無形。（陳慧玲）

【克伐怨欲】 克、伐、怨、欲不行焉，可以為仁矣？（14‧1）

原憲請教孔子，去除好勝、自誇、怨恨、貪婪這四種毛病，能否算是行仁？孔子認為去除這些毛病是困難的事，但是要走上人生正途還須依各人的性格與環境而做調整及應用，並且不到完美境界之前，無法作確定的評估。今日的用法則與當時的意思相同，指四種應該克服的惡習。（陳弘智）

【君子之爭】 子曰：「君子無所爭，必也射乎。揖讓而升下而飲，其爭也君子。」（3‧7）

孔子認為君子不與一般人一樣喜好爭強鬥勝，如果一定要爭，那也只有在射箭場上的競爭。在這種競賽場合，比賽前後都有一套禮儀

須遵守。《禮記‧射義》說諸侯舉行大射之前，一定先舉行燕禮，以表明君臣間的大義；卿大夫舉行鄉射之前，會先舉行鄉飲酒禮，以表明長幼間的次序。孔子在此章提到，比試者上下台階與飲酒，都拱手作禮，互相謙讓，因此這樣的競技，重點不在爭勝而在於依禮而行，參與人際互動，所以是很有君子風度的。此外，《禮記‧射義》還提到，射箭的人前進後退、左右周旋的動作都需符合禮節；然後內心意志堅定，外表身體挺直、拿穩弓箭瞄準目標，如此才能射中鵠的。由此看來，君子於射箭競賽中，不僅只求一較高下，還可以看出一個人的修養。（陳淑娟）

【**君子不器**】孔子認為君子的目標，不是要成為一個有特定用途的器具（2‧12）。「君子」指立志成就德行的人，「器」泛指各種具有特定用途的器具。這句成語點出了君子與一般人的差別。在孔子的教育哲學中，一個知識分子，應該廣泛學習文獻知識，並遵守禮的行為規範而發展良善德行（6‧27）。孔子教學的四項重點是文、行、忠、信，文獻知識、行為規範、忠於職守、言而有信（7‧25）。孔子還認為一個君子的養成所要憑藉的條件是：靠著讀詩啟發向上的意志；藉由學禮具備處世條件；經由學習音樂達成教化的目標（8‧8）。由以上資料可知，經由這樣的養成過程，君子是一個能擁有廣泛文化知識，並能主動實踐社會規範，且懷抱崇高理想的人。這樣的人，雖然在社會的分工之中，也會具有某種特定身分與用途，但對孔子來說，君子不能只以成為某個領域中的專才、圖得衣食溫飽為滿足。還應發揮所學，在自我的要求與工作的崗位上，實現人生的理想。（陳淑娟）

【**君子固窮**】子曰：「君子固窮，小人窮斯濫矣。」（15‧2）

孔子與弟子困在陳國與蔡國之間，沒有糧食充飢，子路憤而感慨君子走投無路的窘態，孔子認為君子即使是走投無路，仍舊能夠堅持

原則，藉以開導子路。由此可知，孔子對於君子的要求之一，在於堅持自身正確的原則。今日的用法與當時孔子的意思並無太大差異，指的是君子在遭遇窮困時，依然堅持操守與原則。（陳弘智）

【君子坦蕩蕩】 子曰：「君子坦蕩蕩，小人長戚戚。」（7‧37）

君子心胸光明開朗，小人經常愁眉苦臉。在此「君子」是指修養有成者，不論窮達順逆，都因為走在人生正途上而充滿自信與喜悅。小人是指不肯立志追求人生理想的人，這種人即使富貴，也會「患得患失」，更何況處於困境時？孔子這句話是要勉勵人們成為君子，追求人生理想，才能隨時充滿自信與喜悅。（陳維浩）

【求仁得仁】 求仁而得仁，又何怨？（7‧15）

子貢請教孔子，伯夷、叔齊是什麼樣的人？孔子認為他們是古代的有德之士。子貢再問他們會抱怨自己的遭遇嗎？因為伯夷與叔齊兩人為了不當孤竹國的國君，相偕逃離孤竹國，最後餓死於首陽山，是兄弟讓國與堅守道義的故事。孔子認為他們所追求的是行仁，也得到行仁的結果，所以不會抱怨。這句成語原意比喻有德之士追求人生理想有所成果而感到滿足，不在意外在的名利與是非成敗。後來比喻為如願以償。（陳維浩）

【求生害仁】 子曰：「志士仁人，無求生以害仁，有殺身以成仁。」（15‧9）

孔子說明有志者與行仁者，不會為了活命而背棄人生理想。由此可見，孔子認為「仁」是人生目標，其價值比生命更高。今日的用法與當時孔子的意思無太大差異，皆是指為了個人性命而犧牲道義與理想。（陳弘智）

【秀而不實】子曰：「苗而不秀者有矣夫！秀而不實者有矣夫！」（9‧22）

「秀」指穀苗開花吐穗，「實」指穀苗結實成果。意思是穀苗開花卻不結實。孔子可能是藉此比喻顏回的早死。不過，如果用來描述修養必須堅持到底，才能有所成果，也很恰當。這句成語原意是比喻人雖有才能，卻終無結果。後來則引申為空有外表或一點皮毛本事，沒有真材實學。（陳維浩）

【言不及義】子曰：「群居終日，言不及義，好行小慧，難矣哉！」（15‧17）

孔子當時是批評一群人整天相處在一起，說些無關道義的話，又喜歡賣弄小聰明，這樣很難走上人生的正途。今日的用法則是取「言不及義」來使用，在意思上也就有兩種用法。一種與當時孔子的意思無太大差異，指稱說的話沒有談到正經的道理，另一種用法則是指稱說話沒有碰到問題的關鍵所在。（陳弘智）

【言必有中】子曰：「夫人不言，言必有中。」（11‧14）

形容一說起話就很中肯。意指一個人平日不說話，但是一說話就很中肯、實在。魯國官員準備擴建國庫，但閔子騫認為此舉勞民傷財又帶來動亂，因而提出建言。孔子稱讚閔子騫在關鍵的時刻能說出中肯之言，故說「言必有中」。相反詞為「言不及義」。（陳慧玲）

【里仁為美】子曰：「里仁為美，擇不處仁，焉得知？」（4‧1）

這是孔子對於居住環境與道德修養間的關係所發表的看法。孔子認為，居住在民風淳厚的地方是最理想的，一個人選擇住處若錯過了民風淳厚的地方，算不上明智。「里仁為美」是指選擇住處應挑選有

仁風的地方。（解文琪）

【見利思義】子曰：「今之成人者何必然？見利思義，見危授命，久要不忘平生之言，亦可以為成人矣。」（14‧12）

　　子路請教孔子怎樣才是理想的人，孔子先是提出明智、無欲、勇敢、才藝以及禮樂等條件，稍後又認為能夠達到看到利益時思考是否該得，遇到危險願意犧牲性命，長期處在窮困也不忘記平生期許自己的話，也算是理想的人。今日的用法是指人在碰到利益與道義衝突時，要能夠先思考道義原則。相較當時孔子的意思並無太大的差異。（陳弘智）

【見善如不及】子曰：「見善如不及，見不善如探湯。」（16‧11）

　　看到善的行為，就好像追趕不上，急於仿效實踐。孔子接著說，看到不善的行為，就好像伸手碰到滾燙的水，趕緊躲避遠離。而且不論古今，他都知道有這樣的人。這是因為人性向善，只要真誠，當人聞見善言善行，學習的意願就無可阻擋；聞見不善的言行，就會打從心底不安。然而孔子感嘆，他雖然聽聞過有人避世隱居來磨練志節，實踐道義來貫徹理想，但卻不曾親自見過，可見固執行善的困難。提醒人們志節需要砥礪與持守，不是表面功夫；發揮抱負要堅持道義原則，沒有絲毫妥協（7‧3；孟子‧盡心上）。（楊舒淵）

【見義勇為】見義不為，無勇也。（2‧24）

　　意即一個人看到正當、該做的事而沒有採取行動，就是懦弱。後代將原文簡省為「見義勇為」，以標舉一個人做到當為之事。勇敢是孔子非常重視的一項德行，孔子曾自我省視，認為自己尚未達到君子所嚮往的三種境界，這三種境界除了仁者不憂、知者不惑，最後一項

即是勇者不懼（14．28）。因此《中庸》說：「知仁勇三者，天下之達德也。」孔子所崇尚的勇敢不是空手打虎、徒步過河，死了都不後悔的那種有勇無謀之勇，勇必須配以道義（7．11）。所以當子路問孔子：「君子推崇勇敢嗎？」孔子回答說，君子推崇的是道義，君子光有勇敢而沒有道義，就會作亂；小人光有勇敢，就會偷盜（17．23）。在古代，禮就是道義的具體規範，因此孔子說君子厭惡勇敢而無禮之人（17．24）。由「見義勇為」這一成語可知，「義」是「勇」的準繩；「勇」是「義」得以實現的憑藉與力量。（陳淑娟）

【見過自訟】子曰：「已矣乎，吾未見能見其過而內自訟者也。」（5．26）

孔子感嘆：算了吧！我不曾見過能夠看到自己的過失就在內心自我批評的人。孔子曾經指出，有了過錯卻不改正，就是過錯所在，他在這裡進一步提出對於自己的過失要有足夠的警覺心，進而自我反省。「見過自訟」是指檢討過失而自我責備。（解文琪）

【見賢思齊】子曰：「見賢思齊焉，見不賢而內自省也。」（4．17）

指看見德行卓越的人，就要想怎麼努力做到像他一樣；看見德行有汙點的人，就要反省自己是否犯了同樣的毛病。若能做到如此，那麼天下人都能做自己的老師，使自己逐漸走向人格完美的境地。「見賢思齊」指看到賢能的人，便想效法他。（解文琪）

【侃侃誾誾】朝，與下大夫言，侃侃如也；與上大夫言，誾誾如也。（10．2）

藉由觀察者眼中所見的孔子，說明孔子在不同場合上言行舉止的合宜。侃侃，溫和而愉快；指孔子在上朝時與下大夫說話態度溫和愉

快。誾誾，正直而坦誠；指孔子與上大夫說話態度正直而坦誠。侃侃誾誾，說明了孔子依據對方的職位而採取不同的態度，孔子在朝廷上的態度是以爵位為依歸，這是禮的教育成果。此成語說明人的態度，溫和愉快又正直坦誠，並且從容不迫。（陳慧玲）

【來者可追】往者不可諫，來者猶可追。（18‧5）

　　未來的還來得及把握。楚國的狂者接輿將孔子比作落魄的鳳凰，感嘆他生不逢時，當今之世不但沒有明君能任用他，過度堅持政治理想還可能遭遇危險。唱著歌勸告他：過去的已經無法挽回，未來的還來得及把握，當止則止。接輿的話，蘊蓄著與時偕行的智慧。只不過，孔子雖然也認同國家不上軌道就隱居起來，推行理想可以因時制宜的道理，更強調不能捐棄原則來權變，不論命運如何都要堅持實踐天賦使命。所以晨門說孔子的志行不會因為行不通而有所妥協（8‧13；14‧38）。（楊舒淵）

【周而不比】子曰：「君子周而不比，小人比而不周。」（2‧14）

　　君子的交友原則。原文脈絡為，孔子從德行的層面比較君子與小人的交友原則與實際情況。君子心胸坦蕩，走在人生的正途上，只要遇到在理念上志同道合的人，不論是不是同黨同派、親朋故舊，都可以開誠布公，友善相處，所以「周」是指「開誠布公」。小人的交友原則與此相反，為「比而不周」，小人只根據既定的成見與私心來拉幫結派，藉由黨派的力量營私，排除與自己意見不同、有利益衝突的人，所以「比」是指「偏愛同黨」。孔子在此處，明顯貶斥小人的交友原則，而贊同君子的原則。「周而不比」與孔子說的「群而不黨」意思一致（15‧22）。（陳淑娟）

【和而不同】子曰：「君子和而不同，小人同而不和。」（13‧23）

　　孔子說明君子與小人的差別，認為小人強求一致，而不協調差異；君子則能協調差異，而不強求一致。今日的用法指能夠與人和睦相處，卻不盲目附和。這與當時孔子的意思並無太大的差異。孔子說的是君子面對差異時的態度，現今則廣泛的形容人的卓越風度。（陳弘智）

【忠告善道】子曰：「忠告而善道之，不可則止，毋自辱焉。」（12‧23）

　　子貢向孔子請教交友之道，孔子認為對待真正的朋友，要真誠而委婉勸導對方的過錯，如果對方不肯聽從就閉口不說，以免自取其辱。真正的朋友應該是「道義相期、肝膽相照、榮辱相關、過失相規」，在今日社會以此標準來要求朋友的，已經不多了。孔子在這裡所說的原則也同樣適用於一般的朋友，如同學、同事、同鄉、同道、同行。（陳慧玲）

【性相近習相遠】子曰：「性相近也，習相遠也。」（17‧2）

　　人與人的人性相近，習染則相差甚遠。這是孔子直接討論人性的唯一記錄。孔子說「性相近」而不說「性相同」，是因為他對人性的看法不分先天後天，認為它是在生命的整體與歷程中，等待被實現的潛能，是經由個人的選擇與實踐而不斷展現的力量。所謂「相近」，是指相近於善。然而，雖然每個人對善都有自我要求，可是隨著真誠與否及計較的程度多少，而讓力量發揮得有強有弱，所以在人性上只能說「相近」而不能說「相同」。同時，人只要違背推源生理特性的倫理規範就無法心安，所以能說人性「向善」。由於人性如此，加上善是人與人之間適當關係的實現，合宜與否須考量不同的時空與關係條件，每個人接受教育的際遇也有差異，所以說後天的習染便使人與

人相距甚遠。（楊舒淵）

【放利而行】子曰：「放於利而行，多怨。」（4‧12）

孔子認為做人處事全以利益來考慮，就會招致許多怨恨。利益是每個人都需要的，但天下的利益有限，自己若得到別人就失去，當然會導致「多怨」的結果，甚至招致仇恨。「放利而行」是指把利益作為做人處事的原則。（解文琪）

【松柏後凋】子曰：「歲寒，然後知松柏之後彫也。」（9‧28）

松樹與柏樹都是耐寒的植物，在寒冬中最後凋零，孔子以松柏比喻君子。這句成語比喻嚴酷的考驗，可以分辨君子與小人。亦可比喻君子在亂世或逆境中，依然能夠堅守志向節操，不隨波逐流。（陳維浩）

【河不出圖】子曰：「鳳鳥不至，河不出圖，吾已矣夫！」（9‧9）

比喻正值亂世，沒有改變轉好的跡象。相傳古代每逢聖人受命，政治即將清明，黃河就會出現某種圖像。這可能是玉球上有紋理，顯示為某種象徵。孔子感嘆衰世，無以得見明君，無以發揮抱負以平治天下。（陳維浩）

【知之好之樂之】子曰：「知之者不如好之者，好之者不如樂之者。」（6‧20）

孔子認為了解做人處事的道理，比不上進一步去喜愛這個道理；喜愛這個道理，比不上更進一步樂在其中。孔子的這番說法，包括了從知而行、喜愛這個道理，更進一步樂在其中，與道理合而為一等三個步驟，這是孔子鼓勵學生學習時應該做到身體力行，進而變化氣質與培養風格。（解文琪）

【知之為知之】子曰：「由，誨女知之乎！知之為知之，不知為不知，是知也。」（2‧17）

孔子教誨子路如何求知：知道就是知道，不必缺乏信心；不知道就是不知道，不能虛張聲勢；然後才會腳踏實地，認真學習，這才是求知的態度。（陳淑娟）

【知其不可而為之】是知其不可而為之者與？（14‧38）

子路入城時與守門者對話，子路表示自己為孔門弟子，守門者回應他：就是那位知道行不通還一定要去做的人嗎？表現出對孔子的評價。今日的用法則省去後面的「者」字，成為「知其不可而為之」。指的是一種態度，表現出個人明明知道無法達成，卻持續努力的堅決意志。（陳弘智）

【知者樂水仁者樂山】子曰：「知者樂水，仁者樂山。知者動，仁者靜。知者樂，仁者壽。」（6‧23）

孔子認為明智的人因為通達事理，周流無礙，像水一般活躍而富於變化，所以喜好水；行仁的人能夠安於義理，厚重不遷，好像山一樣，所以喜歡山。明智的人與物推移，行仁的人安穩厚重。明智的人常保喜樂，行仁的人得享天年。

孔子教導學生時並非區分「知」、「仁」兩科，而是全以行仁為主，知者是走向仁者發展的必經階段，仁者綜合了知者的表現，所以對孔子而言，人的最高境界應該是能樂水還能樂山。（解文琪）

【空空如也】子曰：「吾有知乎哉？無知也。有鄙夫問於我，空空如也。我叩其兩端而竭焉。」（9‧8）

形容虛心誠懇的態度。鄉下人請教孔子，內心一無所知，因其虛

心求教而非胸有成見前來問難，所以態度誠懇。現在也可比喻為一無所有。（陳維浩）

【直道事人】直道而事人，焉往而不三黜？枉道而事人，何必去父母之邦？（18．2）

堅持原則為人工作。「道」是指人生正途所應遵循的原則、理想。被孔子稱道有卓越才德的柳下惠，在擔任典獄官時多次被免職。有人問他，為何被委屈羞辱至此還不願離開魯國？他表示世道邪曲，只要還堅持原則為人工作，到哪都會多次被免職；要是放棄原則，又何必特地離開祖國呢？人生正道不可片刻遠離，柳下惠不願為了改善處境而逢迎媚世，從事公職不走偏門又盡忠職守，所以他內心安適，不會因窮困而憂愁；也能作為模範，感召身旁的人起而效尤。（楊舒淵）

【近說遠來】子曰：「近者說，遠者來。」（13．16）

葉公請教孔子政治的做法，孔子認為必須使境內的人高興，讓境外的人來歸。今日的用法則省去兩個「者」字，成為「近說遠來」。古字的「說」同「悅」，因此也作「近悅遠來」。用來形容在生意商場上遠近馳名，顧客眾多。這與當時孔子的意思差異頗大。因為孔子是說政治清明所能夠產生的結果，而不是形容做生意的情況。（陳弘智）

【非禮勿視】子曰：「非禮勿視，非禮勿聽，非禮勿言，非禮勿動。」（12．1）

顏回向孔子請教「仁」，並進一步請示有何具體作做法。孔子表示：不合乎禮的不去看，不合乎禮的不去聽，不合乎禮的不去說，不合乎禮的不去做。行仁的關鍵是人的主動自發。而實踐禮的要求，在具體做法上要先禁止四種不恰當的行為，如此才能將人生導引到正途上。今日的用法，常會依照當時情況將此四句拆開來單獨使用，此四句是

常用的成語。由此可知，孔子所提出關於行仁的具體做法，同樣合乎現今社會的要求。（陳慧玲）

【哀而不傷】子曰：「《關雎》，樂而不淫，哀而不傷。」（3・20）

　　是孔子用來評論《詩經》的審美語詞。由於古人有時以第一篇詩名綜括相關的幾篇，所以雖然此處所提到的詩是《關雎》，但一般認為「哀而不傷」是對《卷耳》的風格說明，《卷耳》的文詞與曲風聽起來悲哀，但又不過度傷痛以至於損害身心。由「樂而不淫」、「哀而不傷」可見，孔子的審美觀是藝術應出自真情，但又該符合中庸之道與中和之美。（陳淑娟）

【哀矜勿喜】曾子曰：「上失其道，民散久矣。如得其情，則哀矜而勿喜。」（19・19）

　　孟氏任命陽膚為典獄官，陽膚向曾參請求教誨時，曾參告訴他，由於政治領袖的言行失去規範，百姓離心離德已久。教誨陽膚如果查出罪犯的實情，要有難過及憐憫之心，不可沾沾自喜。體恤憐憫人民的處境而切勿沾沾自喜甚至幸災樂禍。（許詠晴）

【威而不猛】子曰：「君子惠而不費，勞而不怨，欲而不貪，泰而不驕，威而不猛。」（20・2）

　　子張向孔子請教治理政務的方法，孔子提出應推崇五種美德，排除四種惡行，就可以把政務治理好。「威而不猛」為五種美德之一，意指君子態度威嚴，但是並不兇猛。君子服裝整齊，表情莊重，外表嚴肅得使人一看就有些畏懼，態度威嚴卻不兇猛。（許詠晴）

【思不出位】曾子曰：「君子思不出其位。」（14・26）

孔子對曾參說明擔任職務時，應該就本身職位的業務去負責，進而推至人生的各種狀況也該如此專心以對，使曾參能夠明白君子的思慮應以自己職位為範圍的道理。今日的用法除了指稱個人思慮以自身的職位為範圍，也有暗指在職位上守本分而缺乏衝勁的意思。（陳弘智）

【思而不學】子曰：「學而不思則罔，思而不學則殆。」（2‧15）

此兩句共同傳達了孔子學思並重的學習方法。「思而不學」強調的是，如果只是根據自己有限的經驗與觀察，沉思其中的道理而不廣泛學習，就無法找出連貫而有系統的知識體系，因此難免感到困惑、危殆。孔子也說到，他曾經整天不吃，整晚不睡，全部時間都用來思考；可是卻沒有什麼益處，還不如去學習。因此，學思必須相輔相成，不可偏舉其一（15‧31）。後來，子夏提出進一步的總結：「博學而篤志，切問而近思，仁在其中矣。」這是說，廣泛學習同時堅定志節，懇切發問同時就近省思，就可以找到人生正途了（19‧6）。（陳淑娟）

【怨天尤人】子曰：「不怨天，不尤人，下學而上達，知我者其天乎！」（14‧35）

孔子覺得沒人了解他，這點讓子貢不解，因此孔子說明自己的觀點。孔子認為人的命運與使命都可以推源於天，所以對天才有「怨與不怨」的可能性，而孔子心目中的天，無疑是唯一可以了解他的。因此孔子廣泛的學習世間的知識，進而領悟深奧的天命，而不會去怨恨天，或是責怪人。今日的用法則省去兩個「不」字，成為「怨天尤人」，相較當時孔子的意思差異很大，變成消極的意思較重。指的是個人在遇到挫折或是阻礙時，習慣性的抱怨命運或是責怪他人，也就是將失敗的責任歸咎別人的意思。（陳弘智）

【後生可畏】子曰：「後生可畏，焉知來者之不如今也？四十、五十而無聞焉，斯亦不足畏也已。」（9‧23）

「畏」在此指敬重、不可低估而言。年輕人若肯努力，前途不可限量。這句成語意思是應當敬重年輕人，因為他們都有無限的可能，能夠開創偉大的功業。（陳維浩）

【待賈而沽】子曰：「沽之哉，沽之哉，我待賈者也。」（9‧13）

這段談話起因於子貢請教孔子，假設這裡有一塊美玉，那麼要把它藏在櫃子裡，還是找位識貨的商人賣掉呢？孔子表示就賣掉吧，像他自己就是在等待識貨的商人。在對話中，好商人或識貨的商人喻指有眼光的政治領袖。孔子希望得君行道，可以濟助天下百姓，所以不願被埋藏起來，希望遇到有眼光的明君。「賈」音ㄍㄨˇ，原指商人；如果音ㄐㄧㄚˋ，則指價格。後來也作「待價而沽」，是指等待好價錢再賣出手中商品。（陳維浩）

【是可忍孰不可忍】孔子謂季氏八佾舞於庭：「是可忍也，孰不可忍也！」（3‧1）

孔子對季氏以臣子的身分，在家廟庭前舉行天子專享的八佾舞，憤慨的批判道：「是可忍也，孰不可忍也！」意即「這若可以容忍，還有什麼是不可容忍的！」此後，這句話便成為一句慣用語，意思與原意沒有差別。（陳淑娟）

【既來之則安之】意指當遠方的人來歸順，為政者就要安頓他們（16‧1）。為政者要使居民安居樂業，遠方的人自願歸附的基本條件，在於施政要讓轄下百姓財富平均、和諧相處，免除貧窮與社會不安的問題。如果做到這樣，遠方的人還不順服，就要致力於禮樂教

化，讓境內的人高興，也讓境外的人來歸（13‧16）。遠方的人歸附後，就一樣依此做法安頓他們，進而繁衍人口，讓人民富裕，並持續地推動教育（13‧9）。（楊舒淵）

【既往不咎】 子聞之曰：「成事不說，遂事不諫，既往不咎。」（3‧21）

意思是說不再責怪過往已犯的過錯。原文脈絡為，魯哀公問宰我，土地神的牌位應該用什麼木材來製作才好。宰我回答說，夏代用松木，殷代用柏木，周代用栗木。因為古代栗木的栗與戰慄的慄是同一個字，所以經由聯想，宰我認為周代用栗木作土地神牌位的目的就是要使百姓緊張戰慄。孔子聽到這樣的話後，並不認同宰我的觀點，認為宰我在暗示魯哀公以武力解決三家大夫專權的現狀。但話已說出，無法收回。所以孔子只以三句話代表其立場：已成的事不能再解釋，過去的事不能再勸阻，而從前的種種也不能再責怪了。這些話都是用來提醒宰我不要自作聰明。（陳淑娟）

【為政以德】 子曰：「為政以德，譬如北辰，居其所而眾星共之。」（2‧1）

意指以德行來治理國家，就像北極星一樣，安坐在它的位置上，其他星辰自然環繞著它而展布。古代政治有德治、禮治、法治的分別。德治的基礎在於帝王本身的高尚品德；德治的哲學預設是人性向善。帝王不需以外在的嚴刑峻法或繁文縟節來治理國家，只需修養自身德行臻於完善的境界，百姓會自動回應德治的帝王，這樣就可以無為而治了。孔子認為舜就是以端莊恭敬的態度坐在王位上，無為而治的代表（15‧5）。孔子的德治與老子的「無為而治」差別在於：老子以宇宙規律「道」為出發點，聖人只須讓萬物順著規律自行，聖人本身無所作為；但孔子的德治，是以帝王本身的德行為出發點，有修德與盡

職的責任，知人善任，分層負責，並不是真正無所事事。（陳淑娟）

【苗而不秀】子曰：「苗而不秀者有矣夫！秀而不實者有矣夫！」（9‧22）

「苗」指穀子的幼苗，「秀」指開花吐穗。這句成語是指穀子生長卻不開花。孔子原意可能要藉此比喻顏回的早死。不過，如果用來描述修養必須堅持到底，才能開花結果，也很恰當。後來則比喻為材質很好卻沒有成就，常指聰明卻不努力的人。（陳維浩）

【述而不作】子曰：「述而不作，信而好古，竊比於我老彭。」（7‧1）

指傳述而不創作。孔子指出自己只是在傳述古代文化，並非創立新說。孔子表示周代的禮教制度參酌了夏殷二代，燦爛可觀，所以他是遵從周代文化的人，並且要宣揚並使其再度落實（3‧14）。所以孔子認為自己的學說並非新創，只是傳述周代文化的理念而已。孔子後來宣稱，自周文王死後，維繫文化的具體責任就落在他身上了（9‧5）。由此可知，以文化陶冶人才，以人才發揚文化，兩者必須兼顧。不過，後來孔子編修魯國史《春秋》，以一字之褒貶，臧否歷史人物。孟子認為孔子是「作春秋」（孟子‧滕文公下），即透過傳述《春秋》來建立自己的學說。（陳維浩）

【降志辱身】柳下惠、少連，降志辱身矣，言中倫，行中慮，其斯而已矣。（18‧8）

意指志節受委屈，人格遭侮辱。孔子評價柳下惠與少連，說他們雖然志節受到委屈，人格遭到侮辱，仍然讓言語合乎規矩，行為與思慮相應。這是因為他們以走上人生正途為理想，堅守原則待人處事，所以能超越外來的負面影響，做到行仁的人無所憂慮。（楊舒淵）

【食不語寢不言】孔子認為生活習慣應當如此：吃飯時不討論，睡覺時不說話（10‧10）。即便在今日社會，孔子對生活習慣的提醒，依然符合醫學上及生活禮儀上的要求。因為吃飯時討論問題，會影響食欲及消化；睡覺時與人談話，也會使心思複雜而無法入眠。長期下來，不僅損害健康，也養成不良的生活習慣，影響家庭成員的作息。（陳慧玲）

【風行草偃】君子之德風，小人之德草。草上之風，必偃。（12‧19）

君子之德的「德」是指言行表現有一定的特色或作風，在此與善惡無關。孔子認為政治上不需要使用殺人的手段，政治領袖的言行表現像風一樣，一般百姓的言行表現像草一樣。風吹在草上，草一定跟著倒下。一般來說，孔子談到政治效應時，總是論善不論惡，因為他對人的概念不能離開「仁」，亦即「人性向善」。（陳慧玲）

【修己安人】修己以安人。（14‧42）

子路請教孔子怎樣才是君子，孔子認為君子是理想人格的代稱，需要先能夠修養自己，以致能認真謹慎地面對一切，進而能使周圍的人都安頓，最終達成能安頓所有百姓的至高目標。今日的用法則省去中間的「以」字，成為「修己安人」，與當時孔子的意思無太大差異，指的是君子必須能夠修養自己，以致能安頓四周的人。（陳弘智）

【剛毅木訥】子曰：「剛、毅、木、訥，近仁。」（13‧27）

孔子說接近人生正途的四個簡明原則，分別是剛毅、果決、樸實、口拙。也就是「剛毅木訥」。不過孔子強調，人生正途不能只列出原則，還須依個人性格與處境去擇善固執。今日的用法與孔子當時的意思相

同，指的是四種值得稱頌的人品。由此可知，孔子對於「仁」的定義，依然深刻影響著今人的品德要求。（陳弘智）

【浸潤之譖】子曰：「浸潤之譖，膚受之愬，不行焉，可謂明也已矣。」（12‧6）

子張請教孔子如何將事情看得明白的道理，孔子認為日積月累的讒言與急迫切身的誹謗，若在一個人的身上都行不通，那就可以說是將情況看得很明白了。孔子認為，不必捨近求遠，能夠明白看見身邊的小詭計，就是「明」，也就是有遠見。「浸潤之譖」、「膚受之愬」可分開使用。「浸潤之譖」指的是讒言如水之滲透，積久而逐漸發生作用；「膚受之愬」指的是誹謗的感受，既急迫又切身，如同身體上皮膚的感受一般真實。（陳慧玲）

【益者三友】子曰：「益者三友，損者三友。」（16‧4）

三種朋友有益。包括正直的人，誠信的人，見多識廣的人。正直的人會順著向善的人性，擁有堅持行仁的勇氣；誠信的人掌握做人處事的根本原則，據此增進德行；見多識廣的人多方學習而免於固陋，進而養成明智。與他們交往，能幫助自己走上擇善固執的人生正途，帶來有益於人生的快樂。在進德修業的路上，也有同伴相互切磋勉勵。

相對於此，有三種朋友有害。包括裝腔作勢的人，刻意討好的人，巧言善辯的人。裝腔作勢的人仰賴外在威儀，缺乏內在勇氣；刻意討好的人慣於諂媚逢迎，缺乏原則與誠信；巧言善辯的人舌粲蓮花能言善道，但內容缺乏深思與實據。這三種人都缺乏真誠，不改正就只是僥倖地活著，與他們交往將會妨害自己走上人生正路（16‧4）。（楊舒淵）

【益者三樂】孔子曰：「益者三樂，損者三樂。」（16‧5）

三種快樂有益，分別來自接受禮樂的調節，述說別人的優點，以

及結交許多良友。獲得禮樂的調節，言行就能適當地表現真摯的情意與感受，與人合宜地互動，融洽地交流；述說別人的優點，有助於化除人我界線，同時鼓舞對方成就善行美事；結交許多良友，在擇善固執的路上就有互相切磋期勉的同伴。這三者能促進人與人適當關係的實現，回應了內心向善的要求，所以帶來堅定而恆常的快樂。

三種快樂有害，分別來自驕傲自滿，縱情遊蕩，以及飲食歡聚，皆是放縱自己的本能與欲望而來。這些快樂都需求諸於外，所以會患得患失，並且容易對人我關係造成傷害。因此，立志修養德行成為君子的人，樂於接受有益的快樂，同時遠離有害的快樂。（楊舒淵）

【託孤寄命】 曾子曰：「可以託六尺之孤，可以寄百里之命，臨大節而不可奪也；君子人與？君子人也。」（8‧6）

六尺指尚未成年者；百里指國家。意思是可以託付年幼的國君並且代行國政，負責國家的命脈。比喻為非常重大的責任。而能夠擔當此一重責大任之人，必須兼具能力與操節，不能只是高談心性。（陳維浩）

【唯女子與小人難養】 子曰：「唯女子與小人為難養也，近之則不孫，遠之則怨。」（17‧25）

只有女子與小人是難以共處的。要走上人生正途，孔子強調要真誠自主與接受教育。古代女子沒有公平受教育的機會，經濟亦不能獨立，所以心胸與視野受到很大限制。小人缺乏真誠向善的志意，以自我為中心，放縱欲望，計較利益而忽略道義。孔子認為只有女子和小人難以共處，與他們親近，他們就無禮，對他們疏遠，他們就抱怨。然而兩者的原因不同，古代女子是缺少教育也難以自立，小人則根本不願自覺反省。孔子對女子的說法是古代實情，今日已不再適用，但是對小人的批評，依然值得每個人戒惕。（楊舒淵）

【匏瓜空懸】吾豈匏瓜也哉？焉能繫而不食？（17‧7）

懸掛在夜空中的匏瓜星。「匏瓜」是古代星辰之名，《天官星占》記載：「匏瓜一名天雞，在河鼓東。」魯哀公五年，晉國發生內亂，佛肸占據位處要津的中牟縣反叛趙簡子，召請當時周遊到陳國的孔子襄助，孔子想要前往。子路請教孔子為何想要襄助佛肸？孔子舉匏瓜星為喻，說自己難道是徒有瓜名而不可食用的匏瓜星嗎？表示君子在天下政治上軌道時，固然不會幫助公然行惡的人，可是一旦天下政治脫離正軌，也須把握適當的時機，發揮才幹從事改革（18‧6）。（楊舒淵）

【從心所欲不踰矩】孔子自述其七十歲時，可以隨心所欲都不越出規矩（2‧4）。在《論語》中，孔子將人分為三個部分：血氣、心、向善之仁。心是主體的一種能動性，心念可作自覺的選擇，如果選擇以心追逐血氣，則會將主體帶向欲望的沉淪。反之，心若選擇順從向善的仁，其心就能顯現仁的內涵，而不背離人生正道。孔子曾說，他的學生之中只有顏回能夠「其心三月不違仁」，其餘的學生只能在短時間內做到這一步（6‧7）。而孔子七十歲時能夠做到從心所欲不踰矩，表示心的選擇與人生正途完全合而為一。並且從五十知天命、六十順天命的脈絡來看，七十的從心所欲不踰矩已經到達天人合德的境界了。（陳淑娟）

【患得患失】子曰：「鄙夫可與事君也與哉？其未得之也，患不得之。既得之，患失之。苟患失之，無所不至矣。」（17‧15）

害怕得不到，得到了又害怕失去。孔子認為在參與政治、事奉長官這方面，志節低陋的人在沒有得到職位時，害怕得不到；一旦得到了，又害怕失去。要推行理想的政治，最好不要和這樣的人共事，因

270

為他們為了保有職位，什麼事都幹得出來。（楊舒淵）

【**望而生畏**】君子正其衣冠，尊其瞻視，儼然人望而畏之，斯不亦威而不猛乎？（20‧2）

　　子張向孔子請教治理政務的方法時，孔子提出應推崇五種美德，排除四種惡行。五種美德中包括「威而不猛」這一個項目，孔子以君子的具體表現對於「威而不猛」進行說明。君子服裝整齊，表情莊重，態度威嚴卻不兇猛，外表嚴肅得使人一看就有些畏懼。「望而畏之」原來用以說明君子儀態，於今日則用以比喻見了就令人感到懼怕。（許詠晴）

【**殺身成仁**】子曰：「志士仁人，無求生以害仁，有殺身以成仁。」（15‧9）

　　孔子說明有志者與行仁者，都願意犧牲生命來成全人生的至高理想。由此可見，孔子認為「仁」是人生目標，並且應該不計任何代價去實現。今日的用法省去中間的「以」字，成為「殺身成仁」。相較於當時孔子的意思無太大差異，皆是指稱個人為了成就崇高的理想而犧牲生命。（陳弘智）

【**欲速則不達**】子曰：「無欲速，無見小利。欲速則不達；見小利則大事不成。」（13‧17）

　　子夏因為擔任莒父的縣長，向孔子請教政治的做法。孔子認為如果只看小利，反而辦不成大事；若只想著很快收效，反而達不到效果。今日的用法與孔子當時的意思，並無太大差異。指快速的完成事情，結果未必會好，甚至會讓人大失所望。孔子說的是政治上的做法，現今則廣泛的形容在任何需要花費時間或耐性的事務上。（陳弘智）

【欲罷不能】 夫子循循然善誘人，博我以文，約我以禮，欲罷不能。（9‧11）

　　意思是想要停下來都不可能。顏回受到孔子循序漸進的教導與啟發，因此對學習充滿熱忱，無法停止自己好學的欲望。這句成語原意是針對學習方面，但後來的使用非常廣泛，舉凡受到誘惑，無法克制自己停下來都可以用此形容。（陳維浩）

【深厲淺揭】 鄙哉，硜硜乎！莫己知也，斯己而已矣。「深則厲，淺則揭。」（14‧39）

　　「深則厲，淺則揭」出自《詩經‧邶風‧匏有苦葉》。孔子留居衛國時，某日在屋中擊磬，一位經過門前的荷蕢者聽到他的磬聲，就用這兩句詩來開導：「水深的話，穿著衣裳走過去；水淺的話，撩起衣裳走過去。」只是孔子並沒有這種堅決棄世之心。由此可見，孔子的志向在於社會實踐。今日的用法則省去兩句中間的「則」字，成為「深厲淺揭」。相較當時的意思無太大差異，指的是處事必須就情勢而隨機應變。（陳弘智）

【疏食飲水】 子曰：「飯疏食飲水，曲肱而枕之，樂亦在其中矣。」（7‧16）

　　雖然吃的是粗食，喝的是冷水，彎起手臂作枕頭，這樣的生活也有樂趣啊！孔子說明生活上只要具備最基本的生活條件，照樣可以快樂。「雖疏食菜羹，必祭，必齊如也。」（10‧11）孔子認為祭拜時態度應恭敬，雖然以粗茶淡飯祭拜，但是態度恭敬真誠，持之以恆，可以想見祭拜之人心靈的虔敬。「疏食飲水」指的是飲食清淡、生活簡單，現今的用法有「粗茶淡飯」。（陳慧玲）

【訥言敏行】 子曰：「君子欲訥於言而敏於行。」（4‧24）

孔子認為身為君子，就應努力在言語上謹慎遲鈍，並且在行動上敏捷有效。就言語來說，言語到處宣揚，容易造成相異的解讀，導致人際關係衝突，所以說話必須謹慎。至於行動必須配合時機，一旦錯過時機，就無法達成預計的結果。「訥言敏行」指說話謹慎，辦事敏捷。（解文琪）

【被髮左衽】微管仲，吾其被髮左衽矣。（14·17）

子貢對於管仲是否為行「仁」之人提出疑慮，孔子認為如果管仲堅守小信，選擇在公子糾死後以身殉難，便無法輔佐桓公一舉稱霸諸侯而使天下得到匡正，那麼當時的百姓可能已經淪為夷狄，披頭散髮，穿著左邊開口的衣襟了。今日的用法也是指古代中原地區以外少數民族的裝束，也是淪為夷狄的意思。（陳弘智）

【造次顛沛】君子去仁，惡乎成名？君子無終食之間違仁，造次必於是，顛沛必於是。（4·5）

孔子認為君子如果離開了人生正途，就無法成就自己的名聲，所以君子無論在匆忙急迫或是危險困頓的時候，不會有片刻時間脫離人生正途。「造次顛沛」是指在匆忙急迫、危險困頓時。本章句另作成語「終食之間」，是指吃一頓飯的時間，用來比喻極短的時間。（解文琪）

【貧而樂道】未若貧而樂道。（1·15）

原文脈絡為子貢請教孔子，當一個人能夠做到貧窮而不諂媚，這樣的表現如何？孔子告訴他這樣還可以，但比不上貧窮卻還是樂於行道的人。

朱熹的《四書章句集注》，此句為「貧而樂」，並於其下撰寫注文：「樂則心寬體胖而忘其貧。」《論語》此處意在指出有志修養德性的人，

不應該因貧賤而拋棄對理念的堅持。孔子也提到有德行的君子不會有片刻的時間脫離人生的正途,在匆忙急迫時堅持如此,在危險困頓時也堅持如此(4‧5)。因此,君子不是以貧為樂,而是在貧困中仍能以「行道」為樂,這才彰顯得出君子主動積極的心態。而且,皇侃本《論語》「樂」下有「道」字,鄭玄注曰:「樂謂志於道。」由此可見,朱熹的「貧而樂」在語意與情理上皆不合適。(陳淑娟)

【博文約禮】夫子循循然善誘人,博我以文,約我以禮,欲罷不能。(9‧11)

指以文獻知識廣博見解,又以禮制規範約束行為。可見,孔子的教學是知識與德行並重,一方面要廣博學生的知識,另一方面也要增益學生的品德。孔子是中國最偉大的教育家,他的教育原則為往後的知識分子立下典範,中國知識分子的養成教育都是知識與品德兼備。
(陳維浩)

【割雞焉用牛刀】殺雞何必要用宰牛的刀?這是孔子欣賞子游在小縣城也遵從教誨,用心地以音樂教化官員百姓,一時開心所說的親暱玩笑。不過,為了避免讓其他學生誤解,以為地方小就不用推行大道,孔子也隨即澄清。當子游引用自己的話,說明施行樂教是為了教育人生道理,讓官員愛護眾人,讓老百姓容易服從命令後,孔子馬上肯定子游,並且明確表示先前是同他開玩笑的(17‧4)。(楊舒淵)

【富而好禮】子貢請教孔子:當一個人做到富有而不驕傲,這樣的表現如何?孔子告訴他這樣還可以,但比不上富有而願意崇尚禮儀的人。因此,「富而好禮」成為一個人處順境時所應具有的德行。孔子的理由是,富有而不驕傲雖屬難能可貴,但「富而好禮」的人,則能在物質條件不虞匱乏的狀況下,還能對社會規範、道德價值、生

命理想有所尊崇與仰慕。就富而好禮而言，顯然比富而無驕在道德修養上更為積極主動，並且就境界的層次來說也表現了精益求精的態度（1‧15）。（陳淑娟）

【惠而不費】子曰：「君子惠而不費。」（20‧2）

子張向孔子請教治理政務的方法，孔子提出應推崇五種美德，排除四種惡行，就可以把政務治理好。「惠而不費」為五種美德之一，意指君子施惠於民，自己卻無所耗費。君子順應百姓所想要的利益，使他們得到滿足，加惠於民，自己卻不耗費。（許詠晴）

【斐然成章】子在陳，曰：「歸與！歸與！吾黨之小子狂簡，斐然成章，不知所以裁之。」（5‧21）

孔子在陳國時，認為家鄉弟子志向高遠，奮發進取，基本修養已經頗為可觀，只是還不知道裁度事理的原則。這是孔子周遊列國不順利又遇到戰爭，動彈不得時，回想起家鄉弟子種種所興起的不如歸去之嘆。「斐然成章」是指經過一段學習與努力的過程，顯示出可觀成績。今亦用來形容言語或文章富有文采，自成道理。（解文琪）

【朝聞夕死】子曰：「朝聞道，夕死可矣！」（4‧8）

意指早晨聽懂了人生理想，就算當晚要死也不妨。「道」指人生應行之道，就是孔子思想中的「仁」，如果能夠聽懂「仁」的理想，雖然尚未付諸實踐，但因心念向善，人生趨向光明，形成了「質」的改變，生命當下就能得到安頓。「朝聞夕死」用以比喻對真理或目標的追求十分熱切。（解文琪）

【無友不如己者】子曰：「君子不重則不威，學則不固。主忠信，無友不如己者。過則勿憚改。」（1‧8）

在道德上，君子與小人的差別在於「志」，君子立志行仁，所以君子要求自己具有莊重的德威，並多方學習而不固陋。與人交往以忠信為做人處事的原則，所以在交友上不與志趣不同的人來往。因此，「無友不如己者」的「不如」不應解釋為成就上的「比不上」之意，而是志趣的「不相似」之意；相對於君子，小人與人交往則是巧言令色、不真誠的。所以，「無友不如己者」意近於「道不同，不相為謀」之意（15‧40）。（陳淑娟）

【無可無不可】我則異於是，無可無不可。（18‧8）

不堅持一定要或不要怎麼做。孔子評價七位逸民，說他們雖然不得志，但是都堅持某些做法，使自己行走在人生正途上。其中，伯夷、叔齊發揮勇氣，柳下惠、少連專注行善，虞仲、夷逸善用明智。而自己與他們不同，在人生正途上，不堅持一定要或不要採取怎樣的做法來貫徹信念、實現理想。因為孔子明白，個人際遇和成道與否關乎命運，每一個人能抉擇把握的，只有如何面對與實踐天賦使命。他更進一步主張，面對使命除了真誠而主動的恪守職分、堅持行善之外，還要指向止於至善的人生理想。所以最好多方學習以免流於固陋，從而培養通權達變的明智；同時要盡力避免自我中心，志慮言行務以推廣善行為目的。真誠而無私，善用智慧與勇氣，因時制宜又有始有終地實踐德行，所以孟子頌揚孔子是集聖人之大成的「聖之時者」（14‧28；孟子‧萬章下）。（楊舒淵）

【無伐善無施勞】顏淵曰：「願無伐善，無施勞。」（5‧25）

這是孔子要學生們說出自我志向時顏回的回答。顏回志在自我修養，希望能做到不誇耀自己的優點，也不把勞苦的事推給別人，這是走向超越自我的無私境界。在這場問答中，孔子的另一位學生子路也

向孔子說出自己的志向。子路希望做到把自己的車子、馬匹、衣服、棉袍與朋友共用，即使用壞也不會遺憾。至於孔子本人則期許自己使老年人都得到安養，使朋友們都互相信賴，使青少年都得到照顧。（解文琪）

【無求備於一人】 不要對一個人要求十全十美。周公教導伯禽政治之道，提醒他身為政治領袖，看待官員不要要求十全十美。這是由於個人的性格與修養有別，不同職務也各其條件。而君子當期許自己能知人善任，依照下屬的才德來託付適當的任務和職位（18‧10）。（楊舒淵）

【無信不立】 自古皆有死，民無信不立。（12‧7）
　　子貢向孔子請教政治的做法，孔子回答要使糧食、軍備充足，並使百姓依賴政府。如果不得已只能做到一項，要逐步去掉軍備、糧食補給，但是千萬要使百姓信賴政府；百姓若不信任政府，國家就無法存在。百姓信賴政府，是因為施政配合教化，社會才能穩定而和諧。若是少了這層信任，人民活著不但受罪、受苦，而且也談不上任何希望。（陳慧玲）

【無為而治】 子曰：「無為而治者其舜也與！夫何為哉？恭己正南面而已矣。」（15‧5）
　　孔子認為舜能夠無所事事而治好天下。《老子》也有「無為而治」的主張，但孔子強調的不是真正的無所事事，而是以端莊恭敬的態度來治理國家。亦即君王自身行善，將使天下人「上行下效」，一起自然而然走上善途。今日的用法多以道家思想為主，指稱以順應自然的方式來行事處事。這與孔子的用意頗有差別。（陳弘智）

【無適無莫】 子曰：「君子之於天下也，無適也，無莫也，義之與比。」（4‧10）

孔子認為立身處事於天下的君子，應該無所排拒也無所貪慕，完全與道義並肩而行。「義」的原意是「宜」，任何事情若要做到適宜，都要符合「應該」的要求。至於如何判斷「應該」，則與擇善有關。「無適無莫」指對天下事無所排拒與貪慕，亦指對人事沒有偏頗及厚薄之分。（解文琪）

【發憤忘食樂以忘憂】 子曰：「女奚不曰：『其為人也，發憤忘食，樂以忘憂，不知老之將至云爾。』」（7‧19）

「發憤忘食」指專心學習或工作以致忘記吃飯，「樂以忘憂」是形容非常快樂而忘記憂愁。楚國大夫葉公問子路，孔子是怎樣的人？子路沒有回答。孔子知道之後便告訴子路，你可以描述我是發憤用功就忘記吃飯，內心快樂就忘記煩惱，連自己快要衰老了都不知道的人。子路沒回答葉公問題的原因，可能是因為像孔子這樣的人物很難被描述。孔子的自述則顯示出忘食、忘憂、忘老等特色，這正是一般人無法化解的難題。這句成語描述孔子勤奮努力、專心一致的學習與處事態度，他的內心充實且行仁的意志堅定，喜樂來自於內心的滿足，不受外在現實條件所困擾，連自然生命的限制都無法影響孔子。現代則用以形容十分勤奮而專心致志，非常快樂而忘了煩憂。（陳維浩）

【慎終追遠】 曾子曰：「慎終追遠，民德歸厚矣。」（1‧9）

「終」是指生命結束，「慎終」是指以哀戚之心謹慎舉行喪禮，才能表達對死者的尊敬與懷念，也才能使生者珍惜生命並努力行善修德，完成生命意義的建構。「遠」是指離我們較遠的祖先。「追遠」是定期舉行祭祀，提醒我們飲水思源，心存感激，然後為人處事也就較為寬厚仁慈了。因此曾參認為，一個社會若是能做到慎終與追遠，

社會風氣就會趨於淳良與仁厚，人民的道德品行也能有所提升。（陳淑娟）

【敬事後食】子曰：「事君，敬其事而後其食。」（15‧38）

孔子說明在事奉君主時，應該認真做好分內工作，然後才想到俸祿。由此可見，孔子強調的做事態度是重視責任道義，而非利字當頭。今日的用法則是將「敬其事而後其食」簡略寫為「敬事後食」，因此指稱的對象就不限定於事奉君主，而是強調做任何事情都要先全力以赴，然後才去考慮報酬。（陳弘智）

【敬鬼神而遠之】子曰：「務民之義，敬鬼神而遠之，可謂知矣。」（6‧22）

這是孔子回答樊遲請教他什麼是明智時所作的回應。孔子認為專心做好為百姓服務所該做的事，敬奉鬼神但保持適當的距離，就可以算是明智。孔子在此並沒有否定或懷疑鬼神的意思，只認為在尊敬鬼神時應該保持人的責任意識，不要「不問蒼生問鬼神」。「敬鬼神而遠之」是指對鬼神要存有尊敬之心，但不涉及迷信。（解文琪）

【溫良恭儉讓】夫子溫、良、恭、儉、讓以得之。（1‧10）

春秋時代，表面上是周朝天下，實際上是諸侯各自為政。孔子周遊列國，倡言政治理想，也參與討論各國政事。孔子的學生陳亢針對這樣的情況心生疑問，請教子貢說，孔子每到一個國家，一定會聽到該國政治的詳細資料，這是他自己去找的，還是別人主動給他的。子貢發表他的觀察，表示孔子能夠獲得他國的信任，是因為他為人溫和、善良、恭敬、自制、謙退才得到這樣的機會，與別人以權謀探求他國內政的方法是不同的。修養到這種境界，好像沒有什麼個性了，而其實不然，因為這五點是孔子在與各國君臣交往時的態度，個性不必在

此表現。現今此成語多用來形容一個人溫和謙沖不具攻擊性的性格或態度。（陳淑娟）

【溫故知新】 子曰：「溫故而知新，可以為師矣。」（2‧11）

這一則成語道出了，孔子對於身為一位作育英才的教師的自我期許。以廣義來說，凡是具有一門知識或技能的人，都可成為教導他人的老師。「溫故」意指熟習自己所學的知識或技能。「知新」表示教師不只是單純教導相同內容，還需在不斷的溫故之中，領悟出新的道理，用於啟發學生，這樣才能成為稱職的老師。子夏深思力行，提出對老師教導的心得。他表示：所謂的愛好學習，就是每天知新，知道自己所未知的，每月溫故，不要忘記自己所已知的（19‧5）。而唯有一個持續愛好學習的人，才會是一個理想的老師。（陳淑娟）

【瑚璉之器】 子貢請教老師自己的表現，孔子認為他像宗廟裡貴重的瑚璉。瑚璉是宗廟裡的玉器，用來盛裝黍稷，「瑚璉之器」比喻能擔當大任的才能，也用以比喻如瑚璉般高貴的品格（5‧3）。（解文琪）

【當仁不讓】 子曰：「當仁，不讓於師。」（15‧36）

孔子說明遇到人生正途上該做的事，即使對老師也不必謙讓。由此可見，孔子認為師生皆以「仁」為人生正途的目標，雙方互相勉勵，所以學生必須不讓於師。今日的用法與當時孔子的意思相近，但省略了最後兩字「於師」，因此指稱的對象就不限定於師生之間，而是強調個人面對該做的事情時，應該主動積極的去做。（陳弘智）

【義以為上】 子曰：「君子義以為上。」（17‧23）

推崇道義。子路請教君子是否推崇勇敢？孔子告訴他，君子推崇

的是道義。同時提醒愛好勇敢的子路，君子光有勇敢而沒有道義，就會作亂；小人光有勇敢而沒有道義，就會偷盜。君子的勇敢是用來行善的道德勇氣，有必要甚至肯為人生理想犧牲生命。（楊舒淵）

【群而不黨】子曰：「君子矜而不爭，群而不黨。」（15·22）

　　孔子認為君子應該要能做到自重而不與人爭鬥，合群而不成幫結派。孔子所說的「群而不黨」，特別指稱君子的人格操守，能夠不因為私誼而罔顧公義。今日的用法與當時孔子的意思無太大差異，皆是指稱個人能夠與眾合群，卻不集結私黨。（陳弘智）

【萬仞宮牆】子貢曰：「譬之宮牆，賜之牆也及肩，窺見室家之好。夫子之牆數仞，不得其門而入，不見宗廟之美，百官之富。得其門者或寡矣。」（19·23）

　　子貢用房屋圍牆的高度比喻自己與孔子的才德，用以凸顯孔子的才德崇高。子貢將自己的才德喻為及肩高度的圍牆，而孔子崇高的才德就好比數仞高的圍牆。後世為更顯孔子的崇高才德，而將「數仞」改為「萬仞」。（許詠晴）

【道不同不相為謀】子曰：「道不同，不相為謀。」（15·40）

　　孔子認為人各有志，選擇的人生理想因而未必相同。所以即使孔子深信自己把握的是正道，仍舊表現出寬容與尊重的態度，不否定別人有各行其道的自由，只是不必互相商議。今日的用法與當時孔子的意思並無太大差異，皆是指在思想或意見上不同的人，最好不要共事。（陳弘智）

【道聽塗說】 子曰：「道聽而塗說，德之棄也。」（17‧14）

聽到傳聞就到處散布，孔子認為，這是背離德行修養的做法。修養道德必須由聞見而省察，選擇其中好的部分來學習效法，同時要謹慎言語。若是聽見傳聞未經求證與省思，又好為口說助其流傳，正是和修身的方法背道而馳。（楊舒淵）

【過猶不及】 子貢請教孔子，子張與子夏兩個人誰的言行表現比較傑出？孔子回答子貢，子張的言行過於激進，子夏則稍嫌不足，而過於激進與不足都不好，都需要向中間修正。人的一生發展往往會受制於性格，性格則影響做事的態度，做得過分與做得不夠，都不妥當。「過猶不及」指的是做事情要適得其中。相似詞為「恰如其分」（11‧16）。（陳慧玲）

【飽食終日無所用心】 子曰：「飽食終日，無所用心，難矣哉！」（17‧22）

整天吃飽了飯，對什麼事都不花心思。孔子認為，人活著絕不是滿足身體需求就夠了，像這樣子浪費時間，也不去做些什麼來激發潛力，很難走上人生正途。甚至連玩玩擲骰下棋的遊戲，把心思氣力耗在娛樂上，也比這樣無聊還好些。（楊舒淵）

【夢周公】 子曰：「甚矣吾衰也，久矣吾不復夢見周公。」（7‧5）

原意指緬懷先賢。有思則有夢，孔子志在學習周公，既能匡正天下，又能制禮作樂。孔子感嘆很久沒有夢見周公，也是感嘆自己施展抱負實現理想的機會已經越來越渺茫。後來又引申為睡覺、作夢。例如：剛剛上課時，很多人都在「夢周公」。（陳維浩）

【察言觀色】 夫達也者，質直而好義，察言而觀色，慮以下人。

在邦必達，在家必達。（12‧20）

　　子張向孔子請教讀書人要如何做才能通達，孔子認為通達之人必須品性正直而愛好正義，並且認真聽人說話與看人臉色，凡事都以謙遜自處。讀書人若只想成名而不想作通達之人，表面可以裝出忠厚，實際行為卻是另一回事，但他還自認為不錯而毫不疑惑。如今，「察言觀色」經常用於形容一個人對他人的觀察能力。（陳慧玲）

【禍起蕭牆】吾恐季孫之憂，不在顓臾，而在蕭牆之內也。（16‧1）

　　意指禍亂起於內部。孔子分析季康子想對魯國藩屬顓臾用兵的原因，並非鄰近顓臾的采邑費城遭到其威脅，而是因為魯君與季氏在宮牆內的權力鬥爭。因為顓臾效忠魯君，所以季康子想藉由攻打顓臾，向魯哀公耀武揚威，宣示權力。（楊舒淵）

【盡善盡美】子謂《韶》：「盡美矣，又盡善也。」謂《武》：「盡美矣，未盡善也。」（3‧25）

　　此語原是孔子欣賞音樂時的品鑑辭彙。原文脈絡為，孔子欣賞完相傳為舜所留下來的樂舞《韶》之後，讚嘆的說《韶》的音樂與舞蹈藝術形式不但美妙得無以復加，它的內容與精神更是在道德的層面上善得無以復加。當聽完歌頌周武王伐紂的樂舞《武》之後，卻只說「盡美矣，未盡善也。」原因有二：其一，舜在政權的轉移上採取禪讓制度；而周武王的天下是透過武力取得的。其二，舜在位五十多年，廣行德政，德被萬民，他的善發揮到了極點；而周武王僅在位六年，還沒有機會在政治上將德治的成效發揮到極點，所以歌頌武王的音樂《武》就無法達到盡善的境界。現代人則是以「盡善盡美」來形容十全十美、完滿無缺的事物。（陳淑娟）

283

【舞佾歌雍】「季氏八佾舞於庭」、「三家者以《雍》徹」。（3·1；3·2）

指兩件魯國卿大夫僭越禮制的行為。「舞佾」指季平子在家廟堂前，舉行天子專享的八佾舞。「歌雍」指魯國三家大夫，在祭祖典禮中冒用天子之禮，唱著《詩經·周頌·雍》詩來撤除祭品。孔子對這兩件事均表達不以為然的批判態度。（陳淑娟）

【誨人不倦】子曰：「默而識之，學而不厭，誨人不倦，何有於我哉？」（7·2）

指耐心教導別人而不倦怠，這是孔子在教學方面的自我期許。孔子說：從十五歲以上的人，我是沒有不教導的（7·7）。對於有心學習的人都願意提供教導，為他們解答疑惑。並且還說：我在教學時一視同仁，不會區分學生的類別（15·39）。曾有鄉下未滿十五歲的小孩來請教孔子，孔子也親自教導，學生們對此感到困惑，孔子則說：我是贊成他上進，不希望他退步，又何必過度苛責（7·29）？孔子的教學態度，亦可由此體會。孔子是中國首創民間講學風氣的教育家，相傳弟子三千人，賢能者有七十二人。他一生的教學原則與態度，為後世立下良好的典範。（陳維浩）

【輕裘肥馬】子曰：「赤之適齊也，乘肥馬，衣輕裘。吾聞之也：君子周急不繼富。」（6·4）

這是孔子對於冉求給公西赤過多薪資所做的評論。公西赤出使齊國時，冉求替他的母親申請小米。孔子原給六斗四升，在冉求要求下，孔子另給二斗四升，冉求最後卻給了八百斗。孔子認為公西赤到齊國去，乘坐肥馬駕的車，穿輕暖的棉袍。他聽人說過，君子濟助別人的窮困，而不增加別人的財富。孔子認為君子待人應做到雪中送炭，而不必錦上添花，這也暗指冉求行為不當。「輕裘肥馬」是指輕暖的皮

衣，肥碩的馬，形容生活富裕。亦作「肥馬輕裘」。（解文琪）

【德不孤必有鄰】 子曰：「德不孤，必有鄰。」（4‧25）

這句話是指孔子認為有德行的人不會孤單，必定得到人們的親近與支持。從「必」字可見孔子秉持著人性向善的信念，因為有德者自然會得到多數人的親近，可推知人們對於善或惡會有一種自然的回應，所以這句話反映了孔子心中的信念，這個信念是他一貫思想的基礎。（解文琪）

【樂而不淫】 子曰：「《關雎》，樂而不淫，哀而不傷。」（3‧20）

「樂而不淫」是孔子用來評論《詩經》的審美語詞。《關雎》是《詩經‧國風‧周南》的第一篇，古人有時以第一篇詩名綜括相關的幾篇。《關雎》是一首情歌，描寫一位男子對心儀女子的愛慕之情。「淫」是過度的意思，孔子認為《關雎》的文詞與音樂演奏，聽起來風格快樂而不失節制，所以不至於讓人耽溺。（陳淑娟）

【暴虎馮河】 子曰：「暴虎馮河，死而無悔者，吾不與也；必也臨事而懼，好謀而成者也。」（7‧11）

指從事空手打老虎、徒步過河的危險行為都不感到害怕，比喻有勇無謀的人。孔子重視勇敢的品德，認為勇敢是行仁過程中不可缺少的條件，而懦弱的人則不會採取行動實踐道義（14‧4）。但是勇敢必須與道義原則和學習搭配，光憑血氣之勇行事只會造成更大的過失。因為不學習就無法明白事理，光有勇敢只會讓人胡作非為（17‧8）；而缺乏道義原則規範的勇敢，則會使人作亂與竊盜（17‧23）。（陳維浩）

【踧踖不安】君在，踧踖如也，與與如也。（10‧2）

踧踖，恭敬而警惕的樣子，描寫孔子在國君臨朝時的表現。孔子對國君態度恭敬，謹言慎行，心中雖有警惕但卻無不安的感受。後人加上「不安」，「踧踖不安」引申為心中恭敬警惕但卻忐忑不安。此成語相近的用法有：「坐立難安」、「忐忑不安」；相反的用法有「處之泰然」、「怡然自得」。（陳慧玲）

【學而不思】子曰：「學而不思則罔。」（2‧15）

孔子在此處傳達了他心目中理想的學習方式：學與思並重。「思」代表學習者主動的反省與理解，如果一個學習者，只是被動的從書本或老師那裡接收知識，而不能進一步思考其中道理，不但易學易忘，而且也無法領會知識的精髓而將之應用於生活上，「罔」意指毫無領悟。此句的下文為「思而不學則殆。」（陳淑娟）

【學而不厭】子曰：「默而識之，學而不厭，誨人不倦，何有於我哉？」（7‧2）

指認真學習而不感到厭煩，這正是孔子的學習態度。孔子曾說自己只要發憤用功就會忘記吃飯，連自然生命的限制都無法阻礙他的認真學習（7‧19）。孔子豐富的學識是經由認真學習逐步累積而成，「好學」正是他認為自己最突出的特點，孔子說：就是十戶人家的小地方，一定有像我這樣做事盡責又講求信用的人，只是不像我這麼愛好學習而已（5‧27；7‧20）。並且，培養品德也須以學習為基礎，若只追求某種品德而失去學習作為理性基礎，就容易產生流弊（17‧8）。孔子一生所成就的功業，由十五歲立志於學習展開，由此亦可見「好學」的重要（2‧4）。（陳維浩）

【學而優則仕】子夏曰：「仕而優則學，學而優則仕。」（19‧

　　勉人從政之後，行有餘力，就該學習；學習以後，深有心得，就該從政。古人有機會做官從政，執政之餘若有餘力，就該學習以自我充實，符合終身學習的原則。另一方面，勉勵學習有成以後，就該從政為百姓服務，造福國家社會。現代人就業之後，即使不是從政做官，也等於「仕」。現今社會中職業更加多元、教育普及，多單獨使用「學而優則仕」一句，亦作「學優而仕」。（許詠晴）

【學習】子曰：「學而時習之，不亦說乎？」（1‧1）

　　此處意指學了做人處世的道理，並在適當的時候印證練習，不也覺得快樂嗎？所以「學」與「習」是求學的兩階段：「學」指學會，「習」指練習與實踐，現代用語將兩者結合為一詞，用來指涉與求學相關的廣泛觀念，如：學得新知、練習進修、研習受教等等。在《論語》的出處中，所學的泛指做人處事的道理。就學的內容來說，包括當時的知識與技能，也就是五經與六藝，由此而成為有用的人才。就學的方法而言，要配合「思」，也就是學習者的反省與理解，以求溫故知新，活學活用。（陳淑娟）

【學無常師】夫子焉不學，而亦何常師之有。（19‧22）

　　「學無常師」是衛國大夫公孫朝向子貢請教孔子曾經在何處學習過的時候，子貢所作的回答。子貢指出周文王與武王的教化成就並未完全失傳，而是散落在人間各處。才德卓越的人把握住其中重要的部分，才德平凡的人把握住末節的部分。子貢敘述文王、武王的教化成就無處不在，故孔子多方請教，沒有固定的老師。「學無常師」今日意指善於學習的人懂得向各方專家請教學問，不能只有一個固定的學習對象。（許詠晴）

【擇善而從】子曰：「三人行，必有我師焉。擇其善者而從之，其不善者而改之。」（7‧22）

指選擇好的去跟從與學習。孔子認為只要有心，到處都可以發掘周遭人們的優缺點。選擇他們的優點來學習，看到他們的缺點就警惕自己，所以說「三人行必有我師」。並且，孔子更重視學習他人優點之後要努力堅持，勤奮不懈地去實踐，即「擇善固執」。（陳維浩）

【戰戰兢兢】《詩》云：「戰戰兢兢，如臨深淵，如履薄冰。」（8‧3）

形容戒慎恐懼的樣子。曾參晚年生病時將弟子召集到家中，並引用《詩經‧小雅‧小旻》教導他們。提醒大家要以戒慎恐懼的態度來愛護身體。因為一生愛護身體，便不會犯法受刑。這是對父母的孝心與對個人生命的盡責。（陳維浩）

【應對進退】子游曰：「子夏之門人，小子當灑掃應對進退，則可矣，抑末也。」（19‧12）

這是子游對子夏門人的評述，說他們可以做到接待賓客，進退禮儀方面的事。應對意指言語對話間的酬答；進退指與賓客相見、告退等禮儀。子游肯定子夏門人們還可以勝任灑水、掃地、接待賓客及進退禮儀方面的事，但卻認為這些僅只是末節而已。今日指人際相處在言語及行為等方面的互動。（許詠晴）

【牆面而立】人而不為《周南》，《召南》，其猶正牆面而立也與！（17‧10）

面朝牆壁站著。孔子教導伯魚，未曾仔細讀過《周南》與《召南》的人，就像是面朝牆壁站著一樣，什麼都看不到，哪裡都去不了。因為人生在世，必須發自真誠情感，從親近的人開始，實現適當關係。

這兩篇詩側重夫婦相處，勉人修身齊家，正有如此蘊意。（楊舒淵）

【獲罪於天】 王孫賈問曰：「『與其媚於奧，寧媚於竈。』何謂也？」子曰：「不然，獲罪於天，無所禱也。」（3‧13）

王孫賈是衛國大夫，他以流行的成語請教孔子。「奧」在室內的西南角，地位尊貴。「竈」則負責飲食之事，較有實用價值。「奧」與「竈」都被用來隱射當時的知名人士，一般認為「奧」指衛靈公夫人南子，「竈」指當權大夫彌子瑕。「與其媚於奧，寧媚於竈」這宗教性的隱喻，其中包含的是對權勢之衡量與投機的心態。孔子面對這種思維，則訴諸「天」，認為「天」是萬物的主宰與仲裁者，「天」是人間道德價值的根源，與其鑽營如何迎合一時的權勢，不如本著良心，順著道義做人處事。否則，若是違背道義做虧心事，最後得罪了上天，就沒有地方可以禱告了。（陳淑娟）

【臨事而懼】 子曰：「暴虎馮河，死而無悔者，吾不與也；必也臨事而懼，好謀而成者也。」（7‧11）

指小心謹慎的處事態度。子路請教，若老師率領軍隊，會找誰同去？孔子告訴他，自己不會與那種空手打虎，徒步過河，這樣死了都不後悔的人同去。一定要找同去的人，那就是面對任務戒慎恐懼，仔細籌畫以求成功的人。孔子認為應對處事要以謹慎的態度，不可敷衍怠慢，特別是率領軍隊這種關係到生命安危的重大任務更該如此。曾參本著孔子的教誨引述《詩經》，要人處事戰戰兢兢，好像走在深淵旁邊，好像走在薄冰上面。正是孔子要求的謹慎態度（8‧3）。（陳維浩）

【臨淵履薄】 《詩》云：「戰戰兢兢，如臨深淵，如履薄冰。」（8‧3）

比喻戒慎恐懼的態度。曾參晚年生病時召集弟子到家中，引用《詩

經》教導他們。提醒弟子要以戒慎恐懼的態度，謹慎地愛護身體。因為一生愛護身體，便不會犯法受刑。這是對父母的孝心與對個人生命的盡責。人走在深淵旁邊，走在薄冰上面，一不小心便會有生命危險，必須極度專心，仔細面對，以此形容戒慎恐懼的態度。（陳維浩）

【舉直錯諸枉】 意思為提拔正直者，使他們位於偏曲者之上。當魯哀公向孔子問政，請教如何使人民順服，孔子根據人性向善的前提給魯哀公「舉直錯諸枉」這個答案，認為這樣符合人民對善的期待，因此人民會信服；反之，若是舉枉錯諸直，人民則不服（2‧19）。孔子在教導樊遲時，還指出舉直錯諸枉，還能達到使偏曲者變得正直的效果。並且「舉直錯諸枉」還是政治上知人善任的表現，如：舜統治天下時把皋陶提拔出來，湯統治天下時把伊尹提拔出來，如此一來，不走正路的人就自然疏遠了（12‧22）。（陳淑娟）

【隱居放言】 虞仲、夷逸，隱居放言，身中清，廢中權。（18‧8）

　　隱居起來，放言高論。孔子評價虞仲與夷逸，說他們選擇隱居起來，放言高論的做法，在亂世中維持人格的潔淨，免除患難的行止也合乎權宜。這是因為他們明智地看待世局，不願同流合汙，堅持潔身自好的理想，才能毫無迷惑的決定遁世離群。（楊舒淵）

【禮之用和為貴】 有若論述古代禮制施用是「禮之用，和為貴」（1‧12）。《禮記‧曲禮》曰：「夫禮者所以定親疏，決嫌疑，別同異，明是非也。」禮的本質就是分別尊卑貴賤等級以及遠近親疏，以定出各種不同關係間的相待之道，以釐清行為的對錯。但是過度講求分別差異，就會造成人際的分隔離異。所以，有若認為禮在應用的時候，以形成和諧最為可貴。一般在禮樂制度之中，樂制的目的就是要達成不同等級位階間的和諧，這就是《禮記‧樂記》所說的：「樂者，

異文合愛者也。」但禮主要還是用來建立秩序與規範的制度，所以在此章中，有若接著指出遇到有些地方行不通時，如果只知了為和諧而求和諧，沒有以禮來節制的話，恐怕還是成不了事的。（陳淑娟）

【禮壞樂崩】 君子三年不為禮，禮必壞；三年不為樂，樂必崩。（17‧21）

禮儀荒廢，音樂散亂。宰我向孔子請教守喪三年的必要性，認為君子三年不舉行禮儀，禮儀一定會荒廢；三年不演奏音樂，音樂一定會散亂。所以為了維繫人文世界的制度與教化，沒有必要守喪三年。只是宰我忽略了倫理規範是回應心理情感而制定的，若不真誠奉行就無法心安。同樣的，君子舉行禮儀與演奏音樂，並不僅僅是配合形式去操作禮器和樂器，要是缺乏真誠的心意，即便保存完整，禮樂也將失去引導人們走上正道的效益。因此所謂的「禮壞樂崩」，不會來自宰我說的三年未曾演習，而是由於人們的不真誠（3‧3）。（楊舒淵）

【禮讓為國】 子曰：「能以禮讓為國乎，何有？不能以禮讓為國，如禮何？」（4‧13）

孔子認為若能以禮貌謙讓的態度治理國家，治理國家就不難；若不能以禮貌謙讓的態度治國，即使有禮也無法發揮作用。在這裡孔子希望治國者能以禮的精神治國，不要只注重禮的儀式，使其徒具虛文。「禮讓為國」是指以守禮謙讓的精神治理國家。（解文琪）

【簞食瓢飲】 子曰：「賢哉，回也！一簞食，一瓢飲，在陋巷，人不堪其憂，回也不改其樂。賢哉，回也！」（6‧11）

孔子稱讚顏回的德行很好，以一竹筐飯，一瓜瓢水，住在破舊的巷子裡，別人受不了這種生活的憂愁，他卻不改變自己原有的快樂。這是因為顏回體認了人的生命有內在的價值，可以透過不斷行善充實

五、成語

自我。「簞食瓢飲」用來形容生活雖然清苦，卻依舊不改樂道的志趣。後用以比喻安貧樂道。（解文琪）

【繪事後素】

子夏請教孔子《詩經·衛風·碩人》的詩句「巧笑倩兮，美目盼兮，素以為絢兮」是何意思。此詩所說的是，麗質天生的美女，不必多作裝飾，只要穿上素色衣服就很吸引人了，孔子進一步為子夏引申「繪事後素」的答案。「繪事」指繪畫，「後素」指古代繪畫先是上各種顏色，最後以白色分布其間，使眾色凸顯出來。這個隱喻要說明的是，禮就像白色一樣，是為了使原有的美質展現。通常人們以為禮是文飾，而忘記這種文飾的設計是為了適當表達人性原有的情意與感受。因此是人性的良質在先，就有如美女的麗質天生一般，而後才有禮飾的輔助來增添人文之美。子夏不愧為文學科的傑出學生，當下就體會出「禮後乎」的道理，因此得到孔子的讚許（3·8）。（陳淑娟）

【譎而不正】

子曰：「晉文公譎而不正，齊桓公正而不譎。」（14·15）

孔子說明晉文公與齊桓公兩人的作風正好相反，指出晉文公善用權謀，而齊桓公則是依循正途。以「譎」與「正」來表示兩者的行事風格。「譎」在此指善用權謀，「正」則指合法或公開的規範而言。今日「譎」的用法是指狡詐、欺騙，「譎而不正」用來指稱個人的行為欺詐而不正派。孔子當時是用於評論政治上的行事風格，現今則用來評價個人行為操守。（陳弘智）

【觀過知仁】

子曰：「人之過也，各於其黨。觀過，斯知仁矣。」（4·7）

孔子認為人們所犯的過錯，各由其本身的性格類別而來。因此，

查看一個人的過錯，就可以知道他的人生正途何在。「觀過知仁」是指觀察過失，由過失看性格，就可以知道一個人應該怎麼走在人生正途上。（解文琪）

【鑽堅仰高】顏淵喟然嘆曰：「仰之彌高，鑽之彌堅，瞻之在前，忽焉在後。」（9‧11）

　　顏回讚嘆孔子人格與學問的偉大，越抬頭看，越覺得崇高；越深入學，越難以透徹。顏回是孔子最得意的學生，也是孔門弟子中修養最高之人。他有如此感嘆出於自身不斷地進德修業、勤奮學習，才真見孔子的偉大是遙不可及，不論如何努力也永遠達不到孔子的境界。現在亦可比喻為深入鑽研。（陳維浩）

【鑽燧改火】一年各季打火的燧木用了一輪，喻指一年的時間。在鑽木取火的時代，不同時節各有適合製成燧木的樹種。現已佚失的《周書‧月令》記載，春天是用榆樹和柳樹來製作，夏天是用棗樹和杏樹，季夏是用桑樹和柘樹，秋天是用柞樹和楢樹，冬天則是槐樹和檀樹。宰我有守喪僅需一年的主張，他以輪用燧木為例，提出自然世界一年一循環，人類也是依此週期來運用自然物資，所以守喪一年就可以了。然而宰我忽略了人類嬰兒出生後，三年才能離開父母懷抱的生理特性，所以其類比並不完全恰當（17‧21）。（楊舒淵）

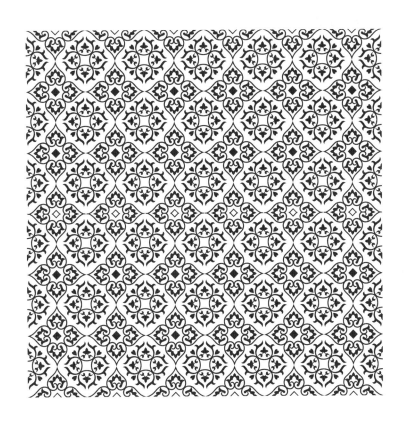

附錄一

論語全文

學而第一

〈1‧1〉

　　子曰：「學而時習之，不亦說乎？有朋自遠方來，不亦樂乎？人不知而不慍，不亦君子乎？」

〈1‧2〉

　　有子曰：「其為人也孝弟，而好犯上者，鮮矣；不好犯上，而好作亂者，未之有也。君子務本，本立而道生。孝弟也者，其為仁之本與！」

〈1‧3〉

　　子曰：「巧言令色，鮮矣仁。」

〈1‧4〉

　　曾子曰：「吾日三省吾身：為人謀而不忠乎？與朋友交而不信乎？傳不習乎？」

〈1‧5〉

　　子曰：「道千乘之國，敬事而信，節用而愛人，使民以時。」

〈1‧6〉

　　子曰：「弟子入則孝，出則弟，謹而信，汎愛眾而親仁。行有餘力，則以學文。」

〈1‧7〉

　　子夏曰：「賢賢易色，事父母能竭其力，事君能致其身，與朋友交言而有信。雖曰未學，吾必謂之學矣。」

〈1‧8〉

　　子曰：「君子不重則不威，學則不固。主忠信，無友不如己者。過則勿憚改。」

〈1‧9〉

　　曾子曰：「慎終追遠，民德歸厚矣。」

　　子禽問於子貢曰：「夫子至於是邦也，必聞其政；求之與？抑與之與？」子貢曰：「夫子溫、良、恭、儉、讓以得之；夫子之求之也，其諸異乎人之求之與！」

〈1‧11〉

　　子曰：「父在觀其志，父沒觀其行，三年無改於父之道，可謂孝矣。」

〈1‧12〉

　　有子曰：「禮之用，和為貴，先王之道斯為美，小大由之。有所不行，知和而和，不以禮節之，亦不可行也。」

〈1‧13〉

　　有子曰：「信近於義，言可復也。恭近於禮，遠恥辱也。因不失其親，亦可宗也。」

〈1‧14〉

　　子曰：「君子食無求飽，居無求安，敏於事而慎於言，就有道而正焉。可謂好學也已。」

〈1‧15〉

　　子貢曰：「貧而無諂，富而無驕，何如？」子曰：「可也。未若貧而樂道，富而好禮者也。」子貢曰：「《詩》云：『如切如磋，如琢如磨。』其斯之謂與？」子曰：「賜也，始可與言《詩》已矣！告諸往而知來者。」

〈1‧16〉

　　子曰：「不患人之不己知，患不知人也。」

為政第二

〈2‧1〉

子曰:「為政以德,譬如北辰,居其所而眾星共之。」

〈2‧2〉

子曰:「《詩》三百,一言以蔽之,曰:思無邪。」

〈2‧3〉

子曰:「道之以政,齊之以刑,民免而無恥。道之以德,齊之以禮,有恥且格。」

〈2‧4〉

子曰:「吾十有五而志於學,三十而立,四十而不惑,五十而知天命,六十而〔耳〕順,七十而從心所欲不踰矩。」

〈2‧5〉

孟懿子問孝。子曰:「無違。」樊遲御,子告之曰:「孟孫問孝於我,我對曰:『無違。』」樊遲曰:「何謂也?」子曰:「生,事之以禮;死,葬之以禮,祭之以禮。」

〈2‧6〉

孟武伯問孝。子曰:「父母唯其疾之憂。」

〈2‧7〉

子游問孝。子曰:「今之孝者,是謂能養。至於犬馬,皆能有養。不敬,何以別乎?」

〈2‧8〉

子夏問孝。子曰:「色難。有事,弟子服其勞;有酒食,先生饌;曾是以為孝乎?」

〈2‧9〉

子曰:「吾與回言終日,不違如愚。退而省其私,亦足以發,回

也不愚。」

〈2‧10〉

　　子曰：「視其所以，觀其所由，察其所安；人焉廋哉？人焉廋哉？」

〈2‧11〉

　　子曰：「溫故而知新，可以為師矣。」

〈2‧12〉

　　子曰：「君子不器。」

〈2‧13〉

　　子貢問君子。子曰：「先行其言，而後從之。」

〈2‧14〉

　　子曰：「君子周而不比，小人比而不周。」

〈2‧15〉

　　子曰：「學而不思則罔，思而不學則殆。」

〈2‧16〉

　　子曰：「攻乎異端，斯害也已。」

〈2‧17〉

　　子曰：「由，誨女知之乎！知之為知之，不知為不知，是知也。」

〈2‧18〉

　　子張學干祿。子曰：「多聞闕疑，慎言其餘，則寡尤；多見闕殆，慎行其餘，則寡悔。言寡尤，行寡悔，祿在其中矣。」

〈2‧19〉

　　哀公問曰：「何為則民服？」孔子對曰：「舉直錯諸枉，則民服；舉枉錯諸直，則民不服。」

〈2‧20〉

　　季康子問：「使民敬忠以勸，如之何？」子曰：「臨之以莊，則敬；孝慈，則忠；舉善而教不能，則勸。」

〈2‧21〉

　　或謂孔子曰：「子奚不為政？」子曰：「《書》云：『孝乎惟孝，友于兄弟，施於有政。』是亦為政，奚其為為政？」

〈2‧22〉

　　子曰：「人而無信，不知其可也。大車無輗，小車無軏，其何以行之哉？」

〈2‧23〉

　　子張問：「十世可知也？」子曰：「殷因於夏禮，所損益可知也。周因於殷禮，所損益可知也。其或繼周者，雖百世可知也。」

〈2‧24〉

　　子曰：「非其鬼而祭之，諂也。見義不為，無勇也。」

八佾第三

〈3‧1〉

　　孔子謂季氏八佾舞於庭：「是可忍也，孰不可忍也！」

〈3‧2〉

　　三家者以《雍》徹。子曰：「『相維辟公，天子穆穆。』奚取於三家之堂？」

〈3‧3〉

　　子曰：「人而不仁，如禮何？人而不仁，如樂何？」

〈3‧4〉

　　林放問禮之本。子曰：「大哉問！禮，與其奢也，寧儉；喪，與其易也，寧戚。」

〈3‧5〉

　　子曰：「夷狄之有君，不如諸夏之亡也。」

〈3‧6〉

　　季氏旅於泰山。子謂冉有曰：「女弗能救與？」對曰：「不能。」子曰：「嗚呼，曾謂泰山不如林放乎？」

〈3‧7〉

　　子曰：「君子無所爭，必也射乎。揖讓而升下而飲，其爭也君子。」

〈3‧8〉

　　子夏問曰：「『巧笑倩兮，美目盼兮，素以為絢兮。』何謂也？」子曰：「繪事後素。」子夏曰：「禮後乎？」子曰：「起予者商也。始可與言詩已矣。」

〈3‧9〉

　　子曰：「夏禮吾能言之，杞不足徵也。殷禮吾能言之，宋不足徵也。文獻不足故也。足，則吾能徵之矣。」

〈3‧10〉

　　子曰：「禘自既灌而往者，吾不欲觀之矣。」

〈3‧11〉

　　或問禘之說。子曰：「不知也。知其說者之於天下也，其如示諸斯乎！」指其掌。

〈3‧12〉

　　祭如在。祭神如神在。子曰：「吾不與祭如不祭。」

〈3‧13〉

　　王孫賈問曰：「『與其媚於奧，寧媚於竈。』何謂也？」子曰：「不然，獲罪於天，無所禱也。」

〈3‧14〉

　　子曰：「周監於二代，郁郁乎文哉！吾從周。」

〈3‧15〉

　　子入大廟，每事問。或曰：「孰謂鄹人之子知禮乎？入大廟每事問。」子聞之曰：「是禮也。」

〈3‧16〉

　　子曰：「射不主皮，為力不同科，古之道也。」

〈3‧17〉

　　子貢欲去告朔之餼羊。子曰：「賜也，爾愛其羊，我愛其禮。」

〈3‧18〉

　　子曰：「事君盡禮，人以為諂也。」

〈3‧19〉

　　定公問：「君使臣，臣事君，如之何？」孔子對曰：「君使臣以禮，臣事君以忠。」

〈3‧20〉

　　子曰：「《關雎》，樂而不淫，哀而不傷。」

〈3‧21〉

　　哀公問社於宰我，宰我對曰：「夏后氏以松；殷人以柏；周人以栗，曰：『使民戰栗。』」子聞之曰：「成事不說，遂事不諫，既往不咎。」

〈3‧22〉

　　子曰：「管仲之器小哉！」或曰：「管仲儉乎？」曰：「管氏有三歸，官事不攝，焉得儉？」「然則管仲知禮乎？」曰：「邦君樹塞門，管氏亦樹塞門。邦君為兩君之好有反坫，管氏亦有反坫；管氏而知禮，孰不知禮？」

〈3‧23〉

　　子語魯大師樂曰：「樂其可知也。始作，翕如也；從之，純如也，皦如也，繹如也。以成。」

〈3‧24〉

　　儀封人請見，曰：「君子之至於斯也，吾未嘗不得見也。」從者見之。出曰：「二三子何患於喪乎？天下之無道也久矣！天將以夫子為木鐸。」

子謂《韶》：「盡美矣，又盡善也。」謂《武》：「盡美矣，未盡善也。」

〈3・26〉

子曰：「居上不寬，為禮不敬，臨喪不哀，吾何以觀之哉？」

里仁第四

〈4・1〉

子曰：「里仁為美，擇不處仁，焉得知？」

〈4・2〉

子曰：「不仁者，不可以久處約，不可以長處樂。仁者安仁，智者利仁。」

〈4・3〉

子曰：「唯仁者，能好人，能惡人。」

〈4・4〉

子曰：「苟志於仁矣，無惡也。」

〈4・5〉

子曰：「富與貴，是人之所欲也；不以其道得之，不處也。貧與賤，是人所惡也；不以其道得之，不去也。君子去仁，惡乎成名？君子無終食之間違仁，造次必於是，顛沛必於是。」

〈4・6〉

子曰：「我未見好仁者，惡不仁者。好仁者，無以尚之；惡不仁者，其為仁矣，不使不仁者加乎其身。有能一日用其力於仁矣乎？我未見力不足者。蓋有之矣，我未之見也。」

〈4・7〉

子曰：「人之過也，各於其黨。觀過，斯知仁矣。」

〈4‧8〉

　　子曰：「朝聞道，夕死可矣！」

〈4‧9〉

　　子曰：「士志於道，而恥惡衣惡食者，未足與議也。」

〈4‧10〉

　　子曰：「君子之於天下也，無適也，無莫也，義之與比。」

〈4‧11〉

　　子曰：「君子懷德，小人懷土；君子懷刑，小人懷惠。」

〈4‧12〉

　　子曰：「放於利而行，多怨。」

〈4‧13〉

　　子曰：「能以禮讓為國乎，何有？不能以禮讓為國，如禮何？」

〈4‧14〉

　　子曰：「不患無位，患所以立。不患莫己知，求為可知也。」

〈4‧15〉

　　子曰：「參乎！吾道一以貫之。」曾子曰：「唯。」子出，門人問曰：「何謂也？」曾子曰：「夫子之道，忠恕而已矣。」

〈4‧16〉

　　子曰：「君子喻於義，小人喻於利。」

〈4‧17〉

　　子曰：「見賢思齊焉，見不賢而內自省也。」

〈4‧18〉

　　子曰：「事父母幾諫，見志不從，又敬不違，勞而不怨。」

〈4‧19〉

　　子曰：「父母在，不遠遊，遊必有方。」

〈4‧20〉

　　子曰：「三年無改於父之道，可謂孝矣。」

子曰：「父母之年，不可不知也。一則以喜，一則以懼。」

〈4‧22〉

子曰：「古者言之不出，恥躬之不逮也。」

〈4‧23〉

子曰：「以約失之者鮮矣。」

〈4‧24〉

子曰：「君子欲訥於言而敏於行。」

〈4‧25〉

子曰：「德不孤，必有鄰。」

〈4‧26〉

子游曰：「事君數，斯辱矣；朋友數，斯疏矣。」

公冶長第五

〈5‧1〉

子謂公冶長：「可妻也，雖在縲絏之中，非其罪也。」以其子妻之。子謂南容：「邦有道不廢，邦無道免於刑戮。」以其兄之子妻之。

〈5‧2〉

子謂子賤：「君子哉若人！魯無君子者，斯焉取斯？」

〈5‧3〉

子貢問曰：「賜也何如？」子曰：「女器也。」曰：「何器也？」曰：「瑚璉也。」

〈5‧4〉

或曰：「雍也，仁而不佞。」子曰：「焉用佞？禦人以口給，屢憎於人。不知其仁，焉用佞？」

〈5‧5〉

子使漆彫開仕。對曰:「啟斯之未能信。」子說。

〈5‧6〉

子曰:「道不行,乘桴浮於海。從我者,其由與?」子路聞之喜。子曰:「由也,好勇過我,無所取材。」

〈5‧7〉

孟武伯問:「子路仁乎?」子曰:「不知也。」又問。子曰:「由也,千乘之國,可使治其賦也,不知其仁也。」「求也何如?」子曰:「求也,千室之邑,百乘之家,可使為之宰也,不知其仁也。」「赤也何如?」子曰:「赤也,束帶立於朝,可使與賓客言也,不知其仁也。」

〈5‧8〉

子謂子貢曰:「女與回也孰愈?」對曰:「賜也何敢望回?回也聞一以知十,賜也聞一以知二。」子曰:「弗如也,吾與女弗如也。」

〈5‧9〉

宰予晝寢。子曰:「朽木不可雕也,糞土之牆不可杇也。於予與何誅?」子曰:「始吾於人也,聽其言而信其行;今吾於人也,聽其言而觀其行。於予與改是。」

〈5‧10〉

子曰:「吾未見剛者。」或對曰:「申棖。」子曰:「棖也慾,焉得剛?」

〈5‧11〉

子貢曰:「我不欲人之加諸於我也,吾亦欲無加諸人。」子曰:「賜也,非爾所及也。」

〈5‧12〉

子貢曰:「夫子之文章,可得而聞也。夫子之言性與天道,不可得而聞也。」

〈5・13〉

　　子路有聞，未之能行，唯恐有聞。

〈5・14〉

　　子貢問曰：「孔文子何以謂之『文』也？」子曰：「敏而好學，不恥下問，是以謂之文也。」

〈5・15〉

　　子謂子產：「有君子之四道焉：其行己也恭，其事上也敬，其養民也惠，其使民也義。」

〈5・16〉

　　子曰：「晏平仲善與人交，久而敬之。」

〈5・17〉

　　子曰：「臧文仲居蔡，山節藻梲，何如其知也？」

〈5・18〉

　　子張問曰：「令尹子文三仕為令尹，無喜色，三已之，無慍色。舊令尹之政，必以告新令尹。何如？」子曰：「忠矣。」曰：「仁矣乎？」曰：「未知，焉得仁？」「崔子弒齊君，陳文子有馬十乘，棄而違之。至於他邦，則曰：『猶吾大夫崔子也。』違之。之一邦，則又曰：『猶吾大夫崔子也。』違之。何如？」子曰：「清矣。」曰：「仁矣乎？」曰：「未知，焉得仁？」

〈5・19〉

　　季文子三思而後行。子聞之曰：「再，斯可矣。」

〈5・20〉

　　子曰：「甯武子邦有道則知，邦無道則愚。其知可及也，其愚不可及也。」

〈5・21〉

　　子在陳，曰：「歸與！歸與！吾黨之小子狂簡，斐然成章，不知所以裁之。」

〈5‧22〉

　　子曰：「伯夷、叔齊不念舊惡，怨是用希。」

〈5‧23〉

　　子曰：「孰謂微生高直？或乞醯焉，乞諸其鄰而與之。」

〈5‧24〉

　　子曰：「巧言、令色、足恭，左丘明恥之，丘亦恥之。匿怨而友其人，左丘明恥之，丘亦恥之。」

〈5‧25〉

　　顏淵、季路侍。子曰：「盍各言爾志？」子路曰：「願車馬衣裘，與朋友共敝之而無憾。」顏淵曰：「願無伐善，無施勞。」子路曰：「願聞子之志。」子曰：「老者安之，朋友信之，少者懷之。」

〈5‧26〉

　　子曰：「已矣乎，吾未見能見其過而內自訟者也。」

〈5‧27〉

　　子曰：「十室之邑，必有忠信如丘者焉，不如丘之好學也。」

雍也第六

〈6‧1〉

　　子曰：「雍也，可使南面。」

〈6‧2〉

　　仲弓問子桑伯子。子曰：「可也簡。」仲弓曰：「居敬而行簡，以臨其民，不亦可乎？居簡而行簡，無乃大簡乎？」子曰：「雍之言然。」

〈6‧3〉

　　哀公問：「弟子孰為好學？」孔子對曰：「有顏回者好學，不遷怒，不貳過。不幸短命死矣。今也則亡，未聞好學者也。」

〈6‧4〉

　　子華使於齊，冉子為其母請粟。子曰：「與之釜。」請益。曰：「與之庾。」冉子與之粟五秉。子曰：「赤之適齊也，乘肥馬，衣輕裘。吾聞之也：君子周急不繼富。」

〈6‧5〉

　　原思為之宰，與之粟九百，辭。子曰：「毋！以與爾鄰里鄉黨乎！」

〈6‧6〉

　　子謂仲弓，曰：「犂牛之子騂且角，雖欲勿用，山川其舍諸？」

〈6‧7〉

　　子曰：「回也，其心三月不違仁，其餘則日月至焉而已矣。」

〈6‧8〉

　　季康子問：「仲由可使從政也與？」子曰：「由也果，於從政乎何有？」曰：「賜也可使從政也與？」曰：「賜也達，於從政乎何有？」曰：「求也可使從政也與？」曰：「求也藝，於從政乎何有？」

〈6‧9〉

　　季氏使閔子騫為費宰。閔子騫曰：「善為我辭焉！如有復我者，則吾必在汶上矣。」

〈6‧10〉

　　伯牛有疾，子問之，自牖執其手，曰：「亡之，命矣夫，斯人也而有斯疾也！斯人也而有斯疾也！」

〈6‧11〉

　　子曰：「賢哉，回也！一簞食，一瓢飲，在陋巷，人不堪其憂，回也不改其樂。賢哉，回也！」

〈6‧12〉

　　冉求曰：「非不說子之道，力不足也。」子曰：「力不足者，中道而廢。今女畫。」

〈6‧13〉

　　子謂子夏曰：「女為君子儒，無為小人儒。」

〈6‧14〉

　　子游為武城宰。子曰：「女得人焉耳乎？」曰：「有澹臺滅明者，行不由徑，非公事，未嘗至於偃之室也。」

〈6‧15〉

　　子曰：「孟之反不伐，奔而殿，將入門，策其馬曰：『非敢後也，馬不進也。』」

〈6‧16〉

　　子曰：「不有祝鮀之佞，而有宋朝之美，難乎免於今之世矣。」

〈6‧17〉

　　子曰：「誰能出不由戶？何莫由斯道也？」

〈6‧18〉

　　子曰：「質勝文則野，文勝質則史。文質彬彬，然後君子。」

〈6‧19〉

　　子曰：「人之生也直，罔之生也幸而免。」

〈6‧20〉

　　子曰：「知之者不如好之者，好之者不如樂之者。」

〈6‧21〉

　　子曰：「中人以上，可以語上也；中人以下，不可以語上也。」

〈6‧22〉

　　樊遲問知。子曰：「務民之義，敬鬼神而遠之，可謂知矣。」問仁。曰：「仁者先難而後獲，可謂仁矣。」

〈6‧23〉

　　子曰：「知者樂水，仁者樂山。知者動，仁者靜。知者樂，仁者壽。」

〈6‧24〉

　　子曰：「齊一變，至於魯；魯一變，至於道。」

子曰：「觚不觚，觚哉！觚哉！」

〈6‧26〉

宰我問曰：「仁者，雖告之曰『井有仁焉』，其從之也？」子曰：「何為其然也？君子可逝也，不可陷也；可欺也，不可罔也。」

〈6‧27〉

子曰：「君子博學於文，約之以禮，亦可以弗畔矣夫！」

〈6‧28〉

子見南子，子路不說。夫子矢之曰：「予所否者，天厭之！天厭之！」

〈6‧29〉

子曰：「中庸之為德也，其至矣乎！民鮮久矣。」

〈6‧30〉

子貢曰：「如有博施於民而能濟眾，何如？可謂仁乎？」子曰：「何事於仁，必也聖乎！堯舜其猶病諸！夫仁者，己欲立而立人，己欲達而達人。能近取譬，可謂仁之方也已。」

述而第七

〈7‧1〉

子曰：「述而不作，信而好古，竊比於我老彭。」

〈7‧2〉

子曰：「默而識之，學而不厭，誨人不倦，何有於我哉？」

〈7‧3〉

子曰：「德之不修，學之不講，聞義不能徙，不善不能改，是吾憂也。」

〈7‧4〉

　　子之燕居，申申如也，夭夭如也。

〈7‧5〉

　　子曰：「甚矣吾衰也，久矣吾不復夢見周公。」

〈7‧6〉

　　子曰：「志於道，據於德，依於仁，游於藝。」

〈7‧7〉

　　子曰：「自行束脩以上，吾未嘗無誨焉。」

〈7‧8〉

　　子曰：「不憤不啟，不悱不發。舉一隅不以三隅反，則不復也。」

〈7‧9〉

　　子食於有喪者之側，未嘗飽也。

〈7‧10〉

　　子於是日哭，則不歌。

〈7‧11〉

　　子謂顏淵曰：「用之則行，舍之則藏，惟我與爾有是夫。」子路曰：「子行三軍則誰與？」子曰：「暴虎馮河，死而無悔者，吾不與也。必也臨事而懼，好謀而成者也。」

〈7‧12〉

　　子曰：「富而可求也，雖執鞭之士，吾亦為之，如不可求，從吾所好。」

〈7‧13〉

　　子之所慎：齊、戰、疾。

〈7‧14〉

　　子在齊聞《韶》，三月不知肉味，曰：「不圖為樂之至於斯也。」

〈7‧15〉

　　冉有曰：「夫子為衛君乎？」子貢曰：「諾，吾將問之。」入，曰：

「伯夷、叔齊何人也？」曰：「古之賢人也。」曰：「怨乎？」曰：「求仁而得仁，又何怨？」出，曰：「夫子不為也。」

〈7・16〉

子曰：「飯疏食飲水，曲肱而枕之，樂亦在其中矣。不義而富且貴，於我如浮雲。」

〈7・17〉

子曰：「加我數年，五十以學《易》，可以無大過矣。」

〈7・18〉

子所雅言：《詩》、《書》、執禮，皆雅言也。

〈7・19〉

葉公問孔子於子路，子路不對。子曰：「女奚不曰：『其為人也，發憤忘食，樂以忘憂，不知老之將至云爾。』」

〈7・20〉

子曰：「我非生而知之者，好古，敏以求之者也。」

〈7・21〉

子不語：怪、力、亂、神。

〈7・22〉

子曰：「三人行，必有我師焉：擇其善者而從之，其不善者而改之。」

〈7・23〉

子曰：「天生德於予，桓魋其如予何？」

〈7・24〉

子曰：「二三子以我為隱乎？吾無隱乎爾。吾無行而不與二三子者，是丘也。」

〈7・25〉

子以四教：文、行、忠、信。

〈7‧26〉

　　子曰：「聖人，吾不得而見之矣；得見君子者，斯可矣。」子曰：「善人，吾不得而見之矣，得見有恆者斯可矣。亡而為有，虛而為盈，約而為泰，難乎有恆矣。」

〈7‧27〉

　　子釣而不綱，弋不射宿。

〈7‧28〉

　　子曰：「蓋有不知而作之者，我無是也。多聞，擇其善者而從之；多見而識之；知之次也。」

〈7‧29〉

　　互鄉難與言。童子見，門人惑。子曰：「與其進也，不與其退也，唯何甚？人潔己以進，與其潔也，不保其往也。」

〈7‧30〉

　　子曰：「仁遠乎哉？我欲仁，斯仁至矣。」

〈7‧31〉

　　陳司敗問：「昭公知禮乎？」孔子曰：「知禮。」孔子退，揖巫馬期而進之，曰：「吾聞君子不黨，君子亦黨乎？君取於吳，為同姓，謂之吳孟子。君而知禮，孰不知禮？」巫馬期以告。子曰：「丘也幸，苟有過，人必知之。」

〈7‧32〉

　　子與人歌而善，必使反之，而後和之。

〈7‧33〉

　　子曰：「文莫吾猶人也，躬行君子，則吾未之有得。」

〈7‧34〉

　　子曰：「若聖與仁，則吾豈敢？抑為之不厭，誨人不倦，則可謂云爾而已矣。」公西華曰：「正唯弟子不能學也。」

〈7‧35〉

　　子疾病，子路請禱。子曰：「有諸？」子路曰：「有之；《誄》曰：『禱爾于上下神祇。』」子曰：「丘之禱久矣。」

〈7‧36〉

　　子曰：「奢則不孫，儉則固。與其不孫也，寧固。」

〈7‧37〉

　　子曰：「君子坦蕩蕩，小人長戚戚。」

〈7‧38〉

　　子溫而厲，威而不猛，恭而安。

泰伯第八

〈8‧1〉

　　子曰：「泰伯，其可謂至德也已矣。三以天下讓，民無得而稱焉。」

〈8‧2〉

　　子曰：「恭而無禮則勞，慎而無禮則葸，勇而無禮則亂，直而無禮則絞。君子篤於親，則民興於仁；故舊不遺，則民不偷。」

〈8‧3〉

　　曾子有疾，召門弟子曰：「啟予足！啟予手！《詩》云：『戰戰兢兢，如臨深淵，如履薄冰。』而今而後，吾知免夫！小子。」

〈8‧4〉

　　曾子有疾，孟敬子問之。曾子言曰：「鳥之將死，其鳴也哀；人之將死，其言也善。君子所貴乎道者三：動容貌，斯遠暴慢矣；正顏色，斯近信矣；出辭氣，斯遠鄙倍矣。籩豆之事，則有司存。」

〈8‧5〉

　　曾子曰：「以能問於不能，以多問於寡；有若無，實若虛，犯而

不校；昔者吾友嘗從事於斯矣。」

〈8‧6〉

　　曾子曰：「可以託六尺之孤，可以寄百里之命，臨大節而不可奪也；君子人與？君子人也。」

〈8‧7〉

　　曾子曰：「士不可以不弘毅，任重而道遠。仁以為己任，不亦重乎？死而後已，不亦遠乎？」

〈8‧8〉

　　子曰：「興於詩，立於禮，成於樂。」

〈8‧9〉

　　子曰：「民可使由之，不可使知之。」

〈8‧10〉

　　子曰：「好勇疾貧，亂也。人而不仁，疾之已甚，亂也。」

〈8‧11〉

　　子曰：「如有周公之才之美，使驕且吝，其餘不足觀也已。」

〈8‧12〉

　　子曰：「三年學，不至於穀，不易得也。」

〈8‧13〉

　　子曰：「篤信好學，守死善道。危邦不入，亂邦不居。天下有道則見，無道則隱。邦有道，貧且賤焉，恥也。邦無道，富且貴焉，恥也。」

〈8‧14〉

　　子曰：「不在其位，不謀其政。」

〈8‧15〉

　　子曰：「師摯之始，《關雎》之亂，洋洋乎盈耳哉！」

〈8‧16〉

　　子曰：「狂而不直，侗而不愿，悾悾而不信，吾不知之矣。」

〈8‧17〉

　　子曰：「學如不及，猶恐失之。」

〈8‧18〉

　　子曰：「巍巍乎，舜禹之有天下也而不與焉。」

〈8‧19〉

　　子曰：「大哉堯之為君也！巍巍乎！唯天為大，唯堯則之。蕩蕩乎，民無能名焉。巍巍乎其有成功也，煥乎其有文章。」

〈8‧20〉

　　舜有臣五人而天下治。武王曰：「予有亂臣十人。」孔子曰：「才難，不其然乎？唐虞之際，於斯為盛。有婦人焉，九人而已。三分天下有其二，以服事殷，周之德，其可謂至德也已矣。」

〈8‧21〉

　　子曰：「禹，吾無間然矣。菲飲食而致孝乎鬼神，惡衣服而致美乎黻冕，卑宮室而盡力乎溝洫。禹，吾無間然矣。」

子罕第九

〈9‧1〉

　　子罕言利與命與仁。

〈9‧2〉

　　達巷黨人曰：「大哉孔子！博學而無所成名。」子聞之，謂門弟子曰：「吾何執？執御乎？執射乎？吾執御矣。」

〈9‧3〉

　　子曰：「麻冕，禮也；今也純；儉，吾從眾。拜下，禮也；今拜乎上，泰也。雖違眾，吾從下。」

〈9‧4〉

　　子絕四：毋意，毋必，毋固，毋我。

〈9‧5〉

　　子畏於匡，曰：「文王既沒，文不在茲乎？天之將喪斯文也，後死者不得與於斯文也；天之未喪斯文也，匡人其如予何？」

〈9‧6〉

　　大宰問於子貢曰：「夫子聖者與？何其多能也？」子貢曰：「固天縱之將聖，又多能也。」子聞之，曰：「大宰知我乎！吾少也賤，故多能鄙事。君子多乎哉？不多也。」

〈9‧7〉

　　牢曰：「子云：『吾不試，故藝。』」

〈9‧8〉

　　子曰：「吾有知乎哉？無知也。有鄙夫問於我，空空如也。我叩其兩端而竭焉。」

〈9‧9〉

　　子曰：「鳳鳥不至，河不出圖，吾已矣夫！」

〈9‧10〉

　　子見齊衰者，冕衣裳者與瞽者，見之，雖少必作；過之必趨。

〈9‧11〉

　　顏淵喟然嘆曰：「仰之彌高，鑽之彌堅，瞻之在前，忽焉在後。夫子循循然善誘人，博我以文，約我以禮，欲罷不能。既竭吾才，如有所立卓爾。雖欲從之，末由也已。」

〈9‧12〉

　　子疾病，子路使門人為臣。病間，曰：「久矣哉，由之行詐也！無臣而為有臣。吾誰欺？欺天乎！且予與其死於臣之手也，無寧死於二三子之手乎？且予縱不得大葬，予死於道路乎？」

〈9‧13〉

　　子貢曰：「有美玉於斯，韞匵而藏諸，求善賈而沽諸？」子曰：「沽之哉，沽之哉，我待賈者也。」

〈9‧14〉

　　子欲居九夷。或曰：「陋，如之何？」子曰：「君子居之，何陋之有？」

〈9‧15〉

　　子曰：「吾自衛反魯，然後樂正，雅頌各得其所。」

〈9‧16〉

　　子曰：「出則事公卿，入則事父兄，喪事不敢不勉，不為酒困，何有於我哉？」

〈9‧17〉

　　子在川上，曰：「逝者如斯夫，不舍晝夜。」

〈9‧18〉

　　子曰：「吾未見好德如好色者也。」

〈9‧19〉

　　子曰：「譬如為山，未成一簣，止，吾止也。譬如平地，雖覆一簣，進，吾往也。」

〈9‧20〉

　　子曰：「語之而不惰者，其回也與！」

〈9‧21〉

　　子謂顏淵，曰：「惜乎，吾見其進也，未見其止也。」

〈9‧22〉

　　子曰：「苗而不秀者有矣夫！秀而不實者有矣夫！」

〈9‧23〉

　　子曰：「後生可畏，焉知來者之不如今也？四十、五十而無聞焉，斯亦不足畏也已。」

〈9‧24〉

　　子曰：「法語之言，能無從乎？改之為貴。巽與之言，能無說乎？繹之為貴。說而不繹，從而不改，吾末如之何也已矣。」

〈9‧25〉

子曰：「主忠信，毋友不如己者，過則勿憚改。」

〈9‧26〉

子曰：「三軍可奪帥也，匹夫不可奪志也。」

〈9‧27〉

子曰：「衣敝縕袍與衣狐貉者立，而不恥者，其由也與？『不忮不求，何用不臧？』」子路終身誦之。子曰：「是道也，何足以臧？」

〈9‧28〉

子曰：「歲寒，然後知松柏之後彫也。」

〈9‧29〉

子曰：「知者不惑，仁者不憂，勇者不懼。」

〈9‧30〉

子曰：「可與共學，未可與適道；可與適道，未可與立；可與立，未可與權。」

〈9‧31〉

「唐棣之華，偏其反而。豈不爾思？室是遠而。」子曰：「未之思也，夫何遠之有？」

鄉黨第十

〈10‧1〉

孔子於鄉黨，恂恂如也，似不能言者。其在宗廟朝廷，便便言，唯謹爾。

〈10‧2〉

朝，與下大夫言，侃侃如也；與上大夫言，誾誾如也。君在，踧踖如也，與與如也。

君召使擯，色勃如也，足躩如也。揖所與立，左右手，衣前後，襜如也。趨進，翼如也。賓退，必復命曰：「賓不顧矣。」

〈10・4〉

入公門，鞠躬如也，如不容。立不中門，行不履閾。過位，色勃如也，足躩如也，其言似不足者。攝齊升堂，鞠躬如也，屏氣似不息者。出，降一等，逞顏色，怡怡如也，沒階，趨進，翼如也。復其位，踧踖如也。

〈10・5〉

執圭，鞠躬如也，如不勝。上如揖，下如授。勃如戰色，足蹜蹜如有循。享禮，有容色。私覿，愉愉如也。

〈10・6〉

君子不以紺緅飾，紅紫不以為褻服。當暑，袗絺綌，必表而出之。緇衣，羔裘；素衣，麑裘；黃衣，狐裘。褻裘長，短右袂。必有寢衣，長一身有半。狐貉之厚以居。去喪，無所不佩。非帷裳，必殺之。羔裘玄冠不以弔。吉月，必朝服而朝。

〈10・7〉

齊，必有明衣，布。齊必變食，居必遷坐。

〈10・8〉

食不厭精，膾不厭細。食饐而餲，魚餒而肉敗，不食。色惡，不食，臭惡，不食。失飪，不食，不時，不食。割不正，不食，不得其醬，不食。肉雖多，不使勝食氣。唯酒無量，不及亂。沽酒市脯，不食。不撤薑食，不多食。

〈10・9〉

祭於公，不宿肉。祭肉不出三日。出三日，不食之矣。

〈10・10〉

食不語，寢不言。

〈10・11〉

　雖疏食菜羹，必祭，必齊如也。

〈10・12〉

　席不正，不坐。

〈10・13〉

　鄉人飲酒，杖者出，斯出矣。

〈10・14〉

　鄉人儺，朝服而立於阼階。

〈10・15〉

　問人於他邦，再拜而送之。

〈10・16〉

　康子饋藥，拜而受之。曰：「丘未達，不敢嘗。」

〈10・17〉

　廄焚，子退朝，曰：「傷人乎？」不問馬。

〈10・18〉

　君賜食，必正席先嘗之。君賜腥，必熟而薦之。君賜生，必畜之。侍食於君，君祭，先飯。

〈10・19〉

　疾，君視之，東首，加朝服，拖紳。

〈10・20〉

　君命召，不俟駕行矣。

〈10・21〉

　入太廟，每事問。

〈10・22〉

　朋友死，無所歸，曰：「於我殯。」

〈10・23〉

　朋友之饋，雖車馬，非祭肉，不拜。

〈10‧24〉

寢不尸，居不客。

〈10‧25〉

見齊衰者，雖狎必變。見冕者與瞽者，雖褻必以貌。凶服者式之，式負版者。有盛饌，必變色而作。迅雷風烈必變。

〈10‧26〉

升車，必正立，執綏。車中，不內顧，不疾言，不親指。

〈10‧27〉

色斯舉矣，翔而後集。曰：「山梁雌雉，時哉時哉！」子路共之，三嗅而作。

先進第十一

〈11‧1〉

子曰：「先進於禮樂，野人也；後進於禮樂，君子也。如用之，則吾從先進。」

〈11‧2〉

子曰：「從我於陳蔡者，皆不及門也。」

〈11‧3〉

德行：顏淵、閔子騫、冉伯牛、仲弓。言語：宰我、子貢。政事：冉有、季路。文學：子游、子夏。

〈11‧4〉

子曰：「回也，非助我者也，於吾言無所不說。」

〈11‧5〉

子曰：「孝哉閔子騫！人不間於其父母昆弟之言。」

〈11‧6〉

南容三復《白圭》，孔子以其兄之子妻之。

〈11‧7〉

　　季康子問：「弟子孰為好學？」孔子對曰：「有顏回者好學，不幸短命死矣。今也則亡。」

〈11‧8〉

　　顏淵死，顏路請子之車以為之椁。子曰：「才不才，亦各言其子也。鯉也死，有棺而無椁。吾不徒行，以為之椁，以吾從大夫之後，不可徒行也。」

〈11‧9〉

　　顏淵死。子曰：「噫！天喪予！天喪予！」

〈11‧10〉

　　顏淵死，子哭之慟。從者曰：「子慟矣！」曰：「有慟乎？非夫人之為慟而誰為？」

〈11‧11〉

　　顏淵死，門人欲厚葬之。子曰：「不可。」門人厚葬之。子曰：「回也，視予猶父也，予不得視猶子也。非我也，夫二三子也。」

〈11‧12〉

　　季路問事鬼神。子曰：「未能事人，焉能事鬼？」「敢問死？」曰：「未知生，焉知死？」

〈11‧13〉

　　閔子侍側，誾誾如也；子路，行行如也；冉有、子貢，侃侃如也。子樂。曰：「若由也，不得其死然。」

〈11‧14〉

　　魯人為長府。閔子騫曰：「仍舊貫，如之何？何必改作？」子曰：「夫人不言，言必有中。」

〈11‧15〉

　　子曰：「由之瑟，奚為於丘之門？」門人不敬子路。子曰：「由也升堂矣，未入於室也。」

子貢問：「師與商也孰賢？」子曰：「師也過，商也不及。」曰：「然則師愈與？」子曰：「過猶不及。」

〈11‧17〉

季氏富於周公，而求也為之聚斂而附益之。子曰：「非吾徒也。小子鳴鼓而攻之可也。」

〈11‧18〉

柴也愚，參也魯，師也辟，由也喭。

〈11‧19〉

子曰：「回也其庶乎，屢空。賜不受命而貨殖焉，億則屢中。」

〈11‧20〉

子張問善人之道。子曰：「不踐跡，亦不入於室。」

〈11‧21〉

子曰：「論篤是與，君子者乎？色莊者乎？」

〈11‧22〉

子路問：「聞斯行諸？」子曰：「有父兄在，如之何其聞斯行之？」冉有問：「聞斯行諸？」子曰：「聞斯行之。」公西華曰：「由也問聞斯行諸，子曰『有父兄在』；求也問聞斯行諸，子曰：『聞斯行之。』赤也惑，敢問。」子曰：「求也退，故進之；由也兼人，故退之。」

〈11‧23〉

子畏於匡，顏淵後。子曰：「吾以女為死矣。」曰：「子在，回何敢死？」

〈11‧24〉

季子然問：「仲由、冉求可謂大臣與？」子曰：「吾以子為異之問，曾由與求之問。所謂大臣者，以道事君，不可則止。今由與求也，可謂具臣矣。」曰：「然則從之者與？」子曰：「弒父與君，亦不從也。」

〈11‧25〉

　　子路使子羔為費宰。子曰：「賊夫人之子。」子路曰：「有民人焉，有社稷焉，何必讀書，然後為學？」子曰：「是故惡夫佞者。」

〈11‧26〉

　　子路、曾晳、冉有、公西華侍坐。

　　子曰：「以吾一日長乎爾，毋吾以也。居則曰：『不吾知也！』如或知爾，則何以哉？」

　　子路率爾而對曰：「千乘之國，攝乎大國之間，加之以師旅，因之以饑饉；由也為之，比及三年，可使有勇，且知方也。」

　　夫子哂之。

　　「求！爾何如？」

　　對曰：「方六七十，如五六十，求也為之，比及三年，可使足民。如其禮樂，以俟君子。」

　　「赤！爾何如？」

　　對曰：「非曰能之，願學焉。宗廟之事，如會同，端章甫，願為小相焉。」

　　「點，爾何如？」

　　鼓瑟希，鏗爾，舍瑟而作，對曰：「異乎三子者之撰。」

　　子曰：「何傷乎？亦各言其志也。」

　　曰：「莫春者，春服既成，冠者五六人，童子六七人，浴乎沂，風乎舞雩，詠而歸。」

　　夫子喟然嘆曰：「吾與點也！」

　　三子者出，曾晳後。曾晳曰：「夫三子者之言何如？」

　　子曰：「亦各言其志也已矣。」

　　曰：「夫子何哂由也？」

　　曰：「為國以禮，其言不讓，是故哂之。」

　　「唯求則非邦也與？」

「安見方六七十，如五六十，而非邦也者？」

「唯赤則非邦也與？」

「宗廟會同，非諸侯而何？赤也為之小，孰能為之大？」

▨ 顏淵第十二

〈12・1〉

　　顏淵問仁。子曰：「克己復禮為仁。一日克己復禮，天下歸仁焉。為仁由己，而由人乎哉？」顏淵曰：「請問其目。」子曰：「非禮勿視，非禮勿聽，非禮勿言，非禮勿動。」顏淵曰：「回雖不敏，請事斯語矣。」

〈12・2〉

　　仲弓問仁。子曰：「出門如見大賓，使民如承大祭。己所不欲，勿施於人。在邦無怨，在家無怨。」仲弓曰：「雍雖不敏，請事斯語矣。」

〈12・3〉

　　司馬牛問仁。子曰：「仁者，其言也訒。」曰：「其言也訒，斯謂之仁已乎？」子曰：「為之難，言之得無訒乎！」

〈12・4〉

　　司馬牛問君子。子曰：「君子不憂不懼。」曰：「不憂不懼，斯謂之君子已乎？」子曰：「內省不疚，夫何憂何懼？」

〈12・5〉

　　司馬牛憂曰：「人皆有兄弟，我獨亡。」子夏曰：「商聞之矣：『死生有命，富貴在天。君子敬而無失，與人恭而無禮。四海之內皆兄弟也。』君子何患乎無兄弟也？」

〈12・6〉

　　子張問明。子曰：「浸潤之譖，膚受之愬，不行焉，可謂明也已矣。

浸潤之譖，膚受之愬，不行焉，可謂遠也已矣。」

〈12‧7〉

子貢問政。子曰：「足食，足兵，民信之矣。」子貢曰：「必不得已而去，於斯三者何先？」曰：「去兵。」子貢曰：「必不得已而去，於斯二者何先？」曰：「去食。自古皆有死，民無信不立。」

〈12‧8〉

棘子成曰：「君子質而已矣，何以文為？」子貢曰：「惜乎，夫子之說君子也！駟不及舌。文猶質也，質猶文也。虎豹之鞟猶犬羊之鞟。」

〈12‧9〉

哀公問於有若曰：「年饑，用不足，如之何？」有若對曰：「盍徹乎？」曰：「二，吾猶不足，如之何其徹也？」對曰：「百姓足，君孰與不足？百姓不足，君孰與足？」

〈12‧10〉

子張問崇德辨惑。子曰：「主忠信，徙義，崇德也。愛之欲其生，惡之欲其死，既欲其生又欲其死，是惑也。」

〈12‧11〉

齊景公問政於孔子。孔子對曰：「君君，臣臣，父父，子子。」公曰：「善哉！信如君不君，臣不臣，父不父，子不子，雖有粟，吾得而食諸？」

〈12‧12〉

子曰：「片言可以折獄者，其由也與？」子路無宿諾。

〈12‧13〉

子曰：「聽訟，吾猶人也。必也使無訟乎。」

〈12‧14〉

子張問政。子曰：「居之無倦，行之以忠。」

〈12・15〉

子曰：「博學於文，約之以禮，亦可以弗畔矣夫！」

〈12・16〉

子曰：「君子成人之美，不成人之惡。小人反是。」

〈12・17〉

季康子問政於孔子。孔子對曰：「政者，正也。子帥以正，孰敢不正？」

〈12・18〉

季康子患盜，問於孔子。孔子對曰：「苟子之不欲，雖賞之不竊。」

〈12・19〉

季康子問政於孔子曰：「如殺無道，以就有道，何如？」孔子對曰：「子為政，焉用殺？子欲善而民善矣。君子之德風，小人之德草。草上之風，必偃。」

〈12・20〉

子張問：「士何如斯可謂之達矣？」子曰：「何哉？爾所謂達者？」子張對曰：「在邦必聞，在家必聞。」子曰：「是聞也，非達也。夫達也者，質直而好義，察言而觀色，慮以下人。在邦必達，在家必達。夫聞也者，色取仁而行違，居之不疑。在邦必聞，在家必聞。」

〈12・21〉

樊遲從遊於舞雩之下，曰：「敢問崇德，修慝，辨惑。」子曰：「善哉問！先事後得，非崇德與？攻其惡，無攻人之惡，非修慝與？一朝之忿，忘其身以及其親，非惑與？」

〈12・22〉

樊遲問仁。子曰：「愛人。」問知。子曰：「知人。」樊遲未達。子曰：「舉直錯諸枉，能使枉者直。」樊遲退，見子夏曰：「鄉也吾見於夫子而問知，子曰：『舉直錯諸枉，能使枉者直』，何謂也？」

子夏曰：「富哉言乎！舜有天下，選於眾，舉皋陶，不仁者遠矣。湯有天下，選於眾，舉伊尹，不仁者遠矣。」

〈12‧23〉

子貢問友。子曰：「忠告而善道之，不可則止，毋自辱焉。」

〈12‧24〉

曾子曰：「君子以文會友，以友輔仁。」

▓ 子路第十三

〈13‧1〉

子路問政。子曰：「先之勞之。」請益，曰：「無倦。」

〈13‧2〉

仲弓為季氏宰，問政。子曰：「先有司。赦小過，舉賢才。」曰：「焉知賢才而舉之？」子曰：「舉爾所知；爾所不知，人其舍諸？」

〈13‧3〉

子路曰：「衛君待子而為政，子將奚先？」子曰：「必也正名乎！」子路曰：「有是哉，子之迂也！奚其正？」子曰：「野哉，由也！君子於其所不知，蓋闕如也。名不正，則言不順；言不順，則事不成；事不成，則禮樂不興；禮樂不興，則刑罰不中；刑罰不中，則民無所措手足。故君子名之必可言也，言之必可行也。君子於其言，無所苟而已矣。」

〈13‧4〉

樊遲請學稼，子曰：「吾不如老農。」請學為圃。曰：「吾不如老圃。」樊遲出。子曰：「小人哉，樊須也！上好禮，則民莫敢不敬；上好義，則民莫敢不服；上好信，則民莫敢不用情。夫如是，則四方之民襁負其子而至矣，焉用稼？」

〈13・5〉

子曰：「誦《詩》三百，授之以政，不達；使於四方，不能專對；雖多，亦奚以為？」

〈13・6〉

子曰：「其身正，不令而行；其身不正，雖令不從。」

〈13・7〉

子曰：「魯衛之政，兄弟也。」

〈13・8〉

子謂衛公子荊，「善居室。始有，曰：『苟合矣。』少有，曰：『苟完矣。』富有，曰：『苟美矣。』」

〈13・9〉

子適衛，冉有僕。子曰：「庶矣哉！」冉有曰：「既庶矣，又何加焉？」曰：「富之。」曰：「既富矣，又何加焉？」曰：「教之。」

〈13・10〉

子曰：「苟有用我者，期月而已可也，三年有成。」

〈13・11〉

子曰：「『善人為邦百年，亦可以勝殘去殺矣。』誠哉是言也！」

〈13・12〉

子曰：「如有王者，必世而後仁。」

〈13・13〉

子曰：「苟正其身矣，於從政乎何有？不能正其身，如正人何？」

〈13・14〉

冉子退朝，子曰：「何晏也？」對曰：「有政。」子曰：「其事也。如有政，雖不吾以，吾其與聞之。」

〈13・15〉

定公問：「一言而可以興邦，有諸？」孔子對曰：「言不可以若是，其幾也，人之言曰：『為君難，為臣不易。』如知為君之難也，

不幾乎一言而興邦乎?」曰:「一言而喪邦,有諸?」孔子對曰:「言不可以若是,其幾也,人之言曰:『予無樂乎為君,唯其言而莫予違也。』如其善而莫之違也,不亦善乎?如不善而莫之違也,不幾乎一言而喪邦乎?」

〈13‧16〉

　　葉公問政。子曰:「近者說,遠者來。」

〈13‧17〉

　　子夏為莒父宰,問政。子曰:「無欲速,無見小利。欲速則不達;見小利則大事不成。」

〈13‧18〉

　　葉公語孔子曰:「吾黨有直躬者,其父攘羊,而子證之。」孔子曰:「吾黨之直者異於是:父為子隱,子為父隱。直在其中矣。」

〈13‧19〉

　　樊遲問仁。子曰:「居處恭,執事敬,與人忠。雖之夷狄,不可棄也。」

〈13‧20〉

　　子貢問曰:「何如斯可謂之士矣?」子曰:「行己有恥,使於四方,不辱君命,可謂士矣。」曰:「敢問其次?」曰:「宗族稱孝焉,鄉黨稱弟焉。」曰:「敢問其次?」曰:「言必信,行必果,硜硜然小人哉!抑亦可以為次矣。」曰:「今之從政者何如?」子曰:「噫!斗筲之人,何足算也?」

〈13‧21〉

　　子曰:「不得中行而與之,必也狂狷乎!狂者進取,狷者有所不為也。」

〈13‧22〉

　　子曰:「南人有言曰:『人而無恆,不可以作巫醫。』善夫!『不恆其德,或承之羞。』」子曰:「不占而已矣。」

〈13‧23〉

　　子曰：「君子和而不同，小人同而不和。」

〈13‧24〉

　　子貢問曰：「鄉人皆好之，何如？」子曰：「未可也。」「鄉人皆惡之，何如？」子曰：「未可也；不如鄉人之善者好之，其不善者惡之。」

〈13‧25〉

　　子曰：「君子易事而難說也。說之不以道，不說也；及其使人也，器之。小人難事而易說也。說之雖不以道，說也；及其使人也，求備焉。」

〈13‧26〉

　　子曰：「君子泰而不驕，小人驕而不泰。」

〈13‧27〉

　　子曰：「剛、毅、木、訥，近仁。」

〈13‧28〉

　　子路問：「何如斯可謂之士矣？」子曰：「切切偲偲，怡怡如也，可謂士矣。朋友切切偲偲，兄弟怡怡。」

〈13‧29〉

　　子曰：「善人教民七年，亦可以即戎矣。」

〈13‧30〉

　　子曰：「以不教民戰，是謂棄之。」

憲問第十四

〈14‧1〉

　　憲問恥。子曰：「邦有道，穀，邦無道，穀，恥也。」「克、伐、怨、欲不行焉，可以為仁矣？」子曰：「可以為難矣，仁則吾

333

不知也。」

〈14‧2〉

　　子曰：「士而懷居，不足以為士矣。」

〈14‧3〉

　　子曰：「邦有道，危言危行；邦無道，危行言孫。」

〈14‧4〉

　　子曰：「有德者必有言，有言者不必有德。仁者必有勇，勇者不必有仁。」

〈14‧5〉

　　南宮适問於孔子曰：「羿善射，奡盪舟，俱不得其死然。禹稷躬稼而有天下。」夫子不答。南宮适出，子曰：「君子哉若人，尚德哉若人！」

〈14‧6〉

　　子曰：「君子而不仁者有矣夫，未有小人而仁者也。」

〈14‧7〉

　　子曰：「愛之，能勿勞乎？忠焉，能勿誨乎？」

〈14‧8〉

　　子曰：「為命，裨諶草創之，世叔討論之，行人子羽修飾之，東里子產潤色之。」

〈14‧9〉

　　或問子產，子曰：「惠人也。」問子西。曰：「彼哉！彼哉！」問管仲。曰：「人也。奪伯氏駢邑三百，飯疏食，沒齒無怨言。」

〈14‧10〉

　　子曰：「貧而無怨難，富而無驕易。」

〈14‧11〉

　　子曰：「孟公綽為趙魏老則優，不可以為滕薛大夫。」

子路問成人。子曰：「若臧武仲之知，公綽之不欲，卞莊子之勇，冉求之藝，文之以禮樂，亦可以為成人矣。」曰：「今之成人者何必然？見利思義，見危授命，久要不忘平生之言，亦可為成人矣。」

〈14‧13〉

子問公叔文子於公明賈曰：「信乎，夫子不言，不笑，不取乎？」公明賈對曰：「以告者過也。夫子時然後言，人不厭其言；樂然後笑，人不厭其笑；義然後取，人不厭其取。」子曰：「其然，豈其然乎？」

〈14‧14〉

子曰：「臧武仲以防求為後於魯，雖曰不要君，吾不信也。」

〈14‧15〉

子曰：「晉文公譎而不正，齊桓公正而不譎。」

〈14‧16〉

子路曰：「桓公殺公子糾，召忽死之，管仲不死。」曰：「未仁乎？」子曰：「桓公九合諸侯，不以兵車，管仲之力也。如其仁，如其仁。」

〈14‧17〉

子貢曰：「管仲非仁者與？桓公殺公子糾，不能死，又相之。」子曰：「管仲相桓公，霸諸侯，一匡天下，民到於今受其賜。微管仲，吾其被髮左衽矣。豈若匹夫匹婦之為諒也，自經於溝瀆而莫之知也。」

〈14‧18〉

公叔文子之臣大夫僎與文子同升諸公。子聞之曰：「可以為『文』矣。」

〈14‧19〉

子言衛靈公之無道也。康子曰：「夫如是，奚而不喪？」孔子曰：「仲叔圉治賓客，祝鮀治宗廟，王孫賈治軍旅。夫如是，奚其喪？」

〈14‧20〉

子曰：「其言之不怍，則為之也難。」

〈14‧21〉

　　陳成子弒簡公。孔子沐浴而朝，告於哀公曰：「陳恆弒其君，請討之。」公曰：「告夫三子！」孔子曰：「以吾從大夫之後，不敢不告也。君曰：『告夫三子』者！」之三子告，不可。孔子曰：「以吾從大夫之後，不敢不告也。」

〈14‧22〉

　　子路問事君，子曰：「勿欺也，而犯之。」

〈14‧23〉

　　子曰：「君子上達，小人下達。」

〈14‧24〉

　　子曰：「古之學者為己，今之學者為人。」

〈14‧25〉

　　蘧伯玉使人於孔子。孔子與之坐而問焉，曰：「夫子何為？」對曰：「夫子欲寡其過而未能也。」使者出。子曰：「使乎！使乎！」

〈14‧26〉

　　子曰：「不在其位，不謀其政。」曾子曰：「君子思不出其位。」

〈14‧27〉

　　子曰：「君子恥其言而過其行。」

〈14‧28〉

　　子曰：「君子道者三，我無能焉：仁者不憂，知者不惑，勇者不懼。」子貢曰：「夫子自道也。」

〈14‧29〉

　　子貢方人。子曰：「賜也賢乎哉？夫我則不暇。」

〈14‧30〉

　　子曰：「不患人之不己知，患其不能也。」

〈14‧31〉

　　子曰：「不逆詐，不億不信，抑亦先覺者，是賢乎！」

〈14‧32〉

微生畝謂孔子曰：「丘何為是栖栖者與？無乃為佞也乎？」孔子曰：「非敢為佞也，疾固也。」

〈14‧33〉

子曰：「驥不稱其力，稱其德也。」

〈14‧34〉

或曰：「以德報怨，何如？」子曰：「何以報德？以直報怨，以德報德。」

〈14‧35〉

子曰：「莫我知也夫！」子貢曰：「何為其莫知子也？」子曰：「不怨天，不尤人，下學而上達，知我者其天乎！」

〈14‧36〉

公伯寮愬子路於季孫。子服景伯以告，曰：「夫子固有惑志於公伯寮，吾力猶能肆諸市朝。」子曰：「道之將行也與，命也；道之將廢也與，命也。公伯寮其如命何！」

〈14‧37〉

子曰：「賢者辟世，其次辟地，其次辟色，其次辟言。」子曰：「作者七人矣。」

〈14‧38〉

子路宿於石門。晨門曰：「奚自？」子路曰：「自孔氏。」曰：「是知其不可而為之者與？」

〈14‧39〉

子擊磬於衛，有荷蕢者而過孔氏之門者，曰：「有心哉！擊磬乎！」既而曰：「鄙哉，硜硜乎？莫己知也，斯已而已矣！『深則厲，淺則揭。』」子曰：「果哉！末之難矣。」

〈14‧40〉

子張曰：「《書》云：『高宗諒陰，三年不言。』何謂也？」子曰：

「何必高宗，古之人皆然。君薨，百官總己以聽於冢宰三年。」

〈14・41〉

子曰：「上好禮，則民易使也。」

〈14・42〉

子路問君子。子曰：「修己以敬。」曰：「如斯而已乎？」曰：「修己以安人。」曰：「如斯而已乎？」曰：「修己以安百姓。修己以安百姓，堯舜其猶病諸？」

〈14・43〉

原壤夷俟。子曰：「幼而不孫弟，長而無述焉，老而不死，是為賊。」以杖叩其脛。

〈14・44〉

闕黨童子將命。或問之曰：「益者與？」子曰：「吾見其居於位也，見其與先生並行也。非求益者也，欲速成者也。」

衛靈公第十五

〈15・1〉

衛靈公問陳於孔子。孔子對曰：「俎豆之事，則嘗聞之矣；軍旅之事，未之學也。」明日遂行。

〈15・2〉

在陳絕糧。從者病，莫能興。子路慍見曰：「君子亦有窮乎？」子曰：「君子固窮，小人窮斯濫矣。」

〈15・3〉

子曰：「賜也，女以予為多學而識之者與？」對曰：「然，非與？」曰：「非也，予一以貫之。」

〈15・4〉

子曰：「由，知德者鮮矣。」

〈15‧5〉

　　子曰：「無為而治者其舜也與！夫何為哉？恭己正南面而已矣。」

〈15‧6〉

　　子張問行。子曰：「言忠信，行篤敬，雖蠻陌之邦，行矣。言不忠信，行不篤敬，雖州里，行乎哉？立則見其參於前也，在輿則見其倚於衡也，夫然後行。」子張書諸紳。

〈15‧7〉

　　子曰：「直哉史魚！邦有道，如矢；邦無道，如矢。君子哉蘧伯玉！邦有道，則仕；邦無道，則可卷而懷之。」

〈15‧8〉

　　子曰：「可與言而不與之言，失人；不可與言而與之言，失言。知者不失人，亦不失言。」

〈15‧9〉

　　子曰：「志士仁人，無求生以害仁，有殺身以成仁。」

〈15‧10〉

　　子貢問為仁。子曰：「工欲善其事，必先利其器。居是邦也，事其大夫之賢者，友其士之仁者。」

〈15‧11〉

　　顏淵問為邦。子曰：「行夏之時，乘殷之輅，服周之冕，樂則《韶》、《舞》。放鄭聲，遠佞人。鄭聲淫，佞人殆。」

〈15‧12〉

　　子曰：「人無遠慮，必有近憂。」

〈15‧13〉

　　子曰：「已矣乎！吾未見好德如好色者也。」

〈15‧14〉

　　子曰：「臧文仲其竊位者與！知柳下惠之賢而不與立也。」

〈15‧15〉

子曰：「躬自厚而薄責於人，則遠怨矣。」

〈15‧16〉

子曰：「不曰『如之何，如之何』者，吾末如之何也已矣。」

〈15‧17〉

子曰：「群居終日，言不及義，好行小慧，難矣哉！」

〈15‧18〉

子曰：「君子義以為質，禮以行之，孫以出之，信以成之。君子哉！」

〈15‧19〉

子曰：「君子病無能焉，不病人之不己知也。」

〈15‧20〉

子曰：「君子疾沒世而名不稱焉。」

〈15‧21〉

子曰：「君子求諸己，小人求諸人。」

〈15‧22〉

子曰：「君子矜而不爭，群而不黨。」

〈15‧23〉

子曰：「君子不以言舉人，不以人廢言。」

〈15‧24〉

子貢問曰：「有一言而可以終身行之者乎？」子曰：「其恕乎！己所不欲，勿施於人。」

〈15‧25〉

子曰：「吾之於人也，誰毀誰譽？如有所譽者，其有所試矣。斯民也，三代之所以直道而行也。」

〈15‧26〉

子曰：「吾猶及史之闕文也，有馬者借人乘之，今亡矣夫！」

〈15‧27〉

　　子曰：「巧言亂德，小不忍則亂大謀。」

〈15‧28〉

　　子曰：「眾惡之，必察焉；眾好之，必察焉。」

〈15‧29〉

　　子曰：「人能弘道，非道弘人。」

〈15‧30〉

　　子曰：「過而不改，是謂過矣。」

〈15‧31〉

　　子曰：「吾嘗終日不食，終夜不寢，以思；無益，不如學也。」

〈15‧32〉

　　子曰：「君子謀道不謀食。耕也，餒在其中矣；學也，祿在其中矣。君子憂道不憂貧。」

〈15‧33〉

　　子曰：「知及之，仁不能守之，雖得之，必失之。知及之，仁能守之。不莊以涖之，則民不敬。知及之，仁能守之，莊以涖之。動之不以禮，未善也。」

〈15‧34〉

　　子曰：「君子不可小知而可大受也，小人不可大受而可小知也。」

〈15‧35〉

　　子曰：「民之於仁也，甚於水火。水火，吾見蹈而死者矣，未見蹈仁而死者也。」

〈15‧36〉

　　子曰：「當仁，不讓於師。」

〈15‧37〉

　　子曰：「君子貞而不諒。」

〈15‧38〉

子曰：「事君，敬其事而後其食。」

〈15‧39〉

子曰：「有教無類。」

〈15‧40〉

子曰：「道不同，不相為謀。」

〈15‧41〉

子曰：「辭達而已矣。」

〈15‧42〉

師冕見，及階，子曰：「階也。」及席，子曰：「席也。」皆坐，子告之曰：「某在斯，某在斯。」師冕出，子張問曰：「與師言之道與？」子曰：「然，固相師之道也。」

季氏第十六

〈16‧1〉

季氏將伐顓臾。冉有、季路見於孔子曰：「季氏將有事於顓臾。」

孔子曰：「求！無乃爾是過與？夫顓臾，昔者先王以為東蒙主，且在邦域之中矣，是社稷之臣也。何以伐為？」

冉有曰：「夫子欲之，吾二臣者，皆不欲也。」

孔子曰：「求！周任有言曰：『陳力就列，不能者止。』危而不持，顛而不扶，則將焉用彼相矣？且爾言過矣。虎兕出於柙，龜玉毀於櫝中，是誰之過與？」

冉有曰：「今夫顓臾，固而近於費。今不取，後世必為子孫憂。」

孔子曰：「求！君子疾夫舍曰欲之而必為之辭。丘也聞有國有家者，不患貧而患不均，不患寡而患不安。蓋均無貧，和無寡，安無傾。夫如是，故遠人不服，則修文德以來之。既來之，則安之。今由與求也，

342

相夫子，遠人不服，而不能來也；邦分崩離析，而不能守也；而謀動干戈於邦內。吾恐季孫之憂，不在顓臾，而在蕭牆之內也。」

〈16‧2〉

孔子曰：「天下有道，則禮樂征伐自天子出；天下無道，則禮樂征伐自諸侯出。自諸侯出，蓋十世希不失矣；自大夫出，五世希不失矣；陪臣執國命，三世希不失矣。天下有道，則政不在大夫。天下有道，則庶人不議。」

〈16‧3〉

孔子曰：「祿之去公室五世矣。政逮於大夫四世矣。故夫三桓之子孫微矣。」

〈16‧4〉

子曰：「益者三友，損者三友。友直，友諒，友多聞，益矣。友便辟，友善柔，友便佞，損矣。」

〈16‧5〉

孔子曰：「益者三樂，損者三樂。樂節禮樂，樂道人之善，樂多賢友，益矣。樂驕樂，樂佚遊，樂宴樂，損矣。」

〈16‧6〉

孔子曰：「侍於君子有三愆：言未及之而言謂之躁，言及之而不言謂之隱，未見顏色而言，謂之瞽。」

〈16‧7〉

孔子曰：「君子有三戒：少之時，血氣未定，戒之在色；及其壯也，血氣方剛，戒之在鬥；及其老也，血氣既衰，戒之在得。」

〈16‧8〉

子曰：「君子有三畏：畏天命，畏大人，畏聖人之言。小人不知天命而不畏也，狎大人，侮聖人之言。」

〈16‧9〉

孔子曰：「生而知之者上也；學而知之者次也；困而學之，又其

次也；困而不學，民斯為下矣。」

〈16‧10〉

孔子曰：「君子有九思：視思明，聽思聰，色思溫，貌思恭，言思忠，事思敬，疑思問，忿思難，見得思義。」

〈16‧11〉

孔子曰：「見善如不及，見不善如探湯。吾見其人矣，吾聞其語矣。隱居以求其志，行義以達其道。吾聞其語矣，未見其人也。」

〈16‧12〉

齊景公有馬千駟，死之日，民無德而稱焉。伯夷叔齊餓於首陽之下，民到于今稱之。「誠不以富，亦祇以異。」其斯之謂與？

〈16‧13〉

陳亢問於伯魚曰：「子亦有異聞乎？」對曰：「未也。嘗獨立，鯉趨而過庭。曰：『學詩乎？』對曰：『未也。』『不學詩，無以言。』鯉退而學詩。他日，又獨立，鯉趨而過庭。曰：『學禮乎？』對曰：『未也。』『不學禮，無以立。』鯉退而學禮。聞斯二者。」陳亢退而喜曰：「問一得三：聞詩，聞禮，又聞君子之遠其子也。」

〈16‧14〉

邦君之妻，君稱之曰夫人，夫人自稱曰小童；邦人稱之曰君夫人，稱諸異邦曰寡小君；異邦人稱之，亦曰君夫人。

▨ 陽貨第十七

〈17‧1〉

陽貨欲見孔子，孔子不見，歸孔子豚。孔子時其亡也，而往拜之。遇諸塗。謂孔子曰：「來！予與爾言。」曰：「懷其寶而迷其邦，可謂仁乎？曰不可。好從事而亟失時，可謂知乎？曰不可。日月逝矣，歲不我與。」孔子曰：「諾，吾將仕矣。」

　　子曰：「性相近也，習相遠也。」

〈17‧3〉

　　子曰：「唯上知與下愚不移。」

〈17‧4〉

　　子之武城，聞弦歌之聲。夫子莞爾而笑，曰：「割雞焉用牛刀？」子游對曰：「昔者偃也聞諸夫子曰：『君子學道則愛人，小人學道則易使也。』」子曰：「二三子！偃之言是也。前言戲之耳。」

〈17‧5〉

　　公山弗擾以費畔，召，子欲往。子路不說，曰：「末之也，已，何必公山氏之之也？」子曰：「夫召我者，而豈徒哉？如有用我者，吾其為東周乎？」

〈17‧6〉

　　子張問仁於孔子。孔子曰：「能行五者於天下為仁矣。」「請問之。」曰：「恭，寬，信，敏，惠。恭則不侮，寬則得眾，信則人任焉，敏則有功，惠則足以使人。」

〈17‧7〉

　　佛肸召，子欲往。子路曰：「昔者由也聞諸夫子曰：『親於其身為不善者，君子不入也。』佛肸以中牟畔，子之往也，如之何？」子曰：「然，有是言也。不曰堅乎，磨而不磷；不曰白乎，涅而不緇。吾豈匏瓜也哉？焉能繫而不食？」

〈17‧8〉

　　子曰：「由也，女聞六言六蔽矣乎？」對曰：「未也。」「居！吾語女。好仁不好學，其蔽也愚；好知不好學，其蔽也蕩；好信不好學，其蔽也賊；好直不好學，其蔽也絞；好勇不好學，其蔽也亂；好剛不好學，其蔽也狂。」

〈17‧9〉

　子曰：「小子何莫學夫詩？詩，可以興，可以觀，可以群，可以怨。邇之事父，遠之事君；多識於鳥獸草木之名。」

〈17‧10〉

　子謂伯魚曰：「女為《周南》，《召南》矣乎？人而不為《周南》，《召南》，其猶正牆面而立也與！」

〈17‧11〉

　子曰：「禮云禮云，玉帛云乎哉？樂云樂云！鐘鼓云乎哉？」

〈17‧12〉

　子曰：「色厲而內荏，譬諸小人，其猶穿窬之盜也與？」

〈17‧13〉

　子曰：「鄉原，德之賊也。」

〈17‧14〉

　子曰：「道聽而塗說，德之棄也。」

〈17‧15〉

　子曰：「鄙夫可與事君也與哉？其未得之也，患不得之。既得之，患失之。苟患失之，無所不至矣。」

〈17‧16〉

　子曰：「古者民有三疾，今也或是之亡也。古之狂也肆，今之狂也蕩；古之矜也廉，今之矜也忿戾；古之愚也直，今之愚也詐而已矣。」

〈17‧17〉

　子曰：「巧言令色，鮮矣仁。」

〈17‧18〉

　子曰：「惡紫之奪朱也，惡鄭聲之亂雅樂也，惡利口之覆邦家者。」

〈17‧19〉

　子曰：「予欲無言。」子貢曰：「子如不言，則小子何述焉？」子曰：「天何言哉？四時行焉，百物生焉，天何言哉？」

〈17‧20〉

　　孺悲欲見孔子，孔子辭以疾。將命者出戶，取瑟而歌，使之聞之。

〈17‧21〉

　　宰我問：「三年之喪，期已久矣。君子三年不為禮，禮必壞；三年不為樂，樂必崩。舊穀既沒，新穀既升，鑽燧改火，期可已矣。」

　　子曰：「食夫稻，衣夫錦，於女安乎？」

　　曰：「安！」

　　「女安，則為之！夫君子之居喪，食旨不甘，聞樂不樂，居處不安，故不為也。今女安，則為之！」

　　宰我出。子曰：「予之不仁也！子生三年，然後免於父母之懷。夫三年之喪，天下之通喪也，予也有三年之愛於其父母乎！」

〈17‧22〉

子曰：「飽食終日，無所用心，難矣哉！不有博弈者乎！為之，猶賢乎已。」

〈17‧23〉

　　子路曰：「君子尚勇乎？」子曰：「君子義以為上，君子有勇而無義為亂，小人有勇而無義為盜。」

〈17‧24〉

　　子貢曰：「君子亦有惡乎？」子曰：「有惡，惡稱人之惡者，惡居下流而訕上者，惡勇而無禮者，惡果敢而窒者。」曰：「賜也，亦有惡乎？」「惡徼以為知者，惡不孫以為勇者，惡訐以為直者。」

〈17‧25〉

　　子曰：「唯女子與小人為難養也，近之則不孫，遠之則怨。」

〈17‧26〉

　　子曰：「年四十而見惡焉，其終也已。」

微子第十八

〈18‧1〉

　　微子去之，箕子為之奴，比干諫而死。孔子曰：「殷有三仁焉。」

〈18‧2〉

　　柳下惠為士師，三黜，人曰：「子未可以去乎？」曰：「直道而事人，焉往而不三黜？枉道而事人，何必去父母之邦？」

〈18‧3〉

　　齊景公待孔子，曰：「若季氏，則吾不能；以季、孟之間待之。」曰：「吾老矣，不能用也。」孔子行。

〈18‧4〉

　　齊人歸女樂，季桓子受之，三日不朝，孔子行。

〈18‧5〉

　　楚狂接輿歌而過孔子曰：「鳳兮鳳兮！何德之衰？往者不可諫，來者猶可追。已而已而，今之從政者殆而！」孔子下，欲與之言。趨而辟之，不得與之言。

〈18‧6〉

　　長沮、桀溺耦而耕，孔子過之，使子路問津焉。

　　長沮曰：「夫執輿者為誰？」子路曰：「為孔丘。」曰：「是魯孔丘與？」曰：「是也。」曰：「是知津矣。」

　　問於桀溺，桀溺曰：「子為誰？」曰：「為仲由。」曰：「是魯孔丘之徒與？」

　　對曰：「然。」曰：「滔滔者天下皆是也，而誰以易之？且而與其從辟人之士也，豈若從辟世之士哉？」耰而不輟。

　　子路行以告，夫子憮然曰：「鳥獸不可與同群，吾非斯人之徒而誰與？天下有道，丘不與易也。」

子路從而後，遇丈人，以杖荷蓧。

子路問曰：「子見夫子乎？」丈人曰：「四體不勤，五穀不分，孰為夫子？」

植其杖而芸。子路拱而立。止子路宿，殺雞為黍而食之，見其二子焉。

明日，子路行以告。子曰：「隱者也。」使子路反見之。至則行矣。

子路曰：「不仕無義。長幼之節不可廢也，君臣之義，如之何其廢之？欲潔其身而亂大倫。君子之仕也，行其義也。道之不行，已知之矣。」

〈18‧8〉

逸民：伯夷、叔齊、虞仲、夷逸、朱張、柳下惠、少連。子曰：「不降其志，不辱其身，伯夷、叔齊與！」謂：「柳下惠、少連，降志辱身矣，言中倫，行中慮，其斯而已矣。」謂：「虞仲、夷逸，隱居放言，身中清，廢中權。我則異於是，無可無不可。」

〈18‧9〉

大師摯適齊，亞飯干適楚，三飯繚適蔡，四飯缺適秦。鼓方叔入於河，播鼗武入於漢，少師陽、擊磬襄入於海。

〈18‧10〉

周公謂魯公曰：「君子不施其親，不使大臣怨乎不以。故舊無大故，則不棄也，無求備於一人。」

〈18‧11〉

周有八士：伯達、伯适、仲突、仲忽、叔夜、叔夏、季隨、季騧。

子張第十九

〈19‧1〉

　　子張曰：「士見危致命，見得思義，祭思敬，喪思哀，其可已矣。」

〈19‧2〉

　　子張曰：「執德不弘，信道不篤，焉能為有？焉能為亡？」

〈19‧3〉

　　子夏之門人問交於子張。子張曰：「子夏云何？」對曰：「子夏曰：『可者與之，其不可者拒之。』」子張曰：「異乎吾所聞。君子尊賢而容眾，嘉善而矜不能。我之大賢與，於人何所不容？我之不賢與，人將拒我，如之何其拒人也？」

〈19‧4〉

　　子夏曰：「雖小道，必有可觀者焉；致遠恐泥，是以君子不為也。」

〈19‧5〉

　　子夏曰：「日知其所亡，月無忘其所能，可謂好學也已矣。」

〈19‧6〉

　　子夏曰：「博學而篤志，切問而近思，仁在其中矣。」

〈19‧7〉

　　子夏曰：「百工居肆以成其事，君子學以致其道。」

〈19‧8〉

　　子夏曰：「小人之過也必文。」

〈19‧9〉

　　子夏曰：「君子有三變：望之儼然，即之也溫，聽其言也厲。」

〈19‧10〉

　　子夏曰：「君子信而後勞其民，未信，則以為厲己也。信而後諫，未信，則以為謗己也。」

　　子夏曰：「大德不踰閑，小德出入可也。」

〈19‧12〉

　　子游曰：「子夏之門人，小子當洒掃應對進退，則可矣，抑末也。本之則無，如之何？」子夏聞之，曰：「噫！言游過矣！君子之道，孰先傳焉？孰後倦焉？譬諸草木，區以別矣。君子之道，焉可誣也？有始有卒者，其惟聖人乎！」

〈19‧13〉

　　子夏曰：「仕而優則學，學而優則仕。」

〈19‧14〉

　　子游曰：「喪致乎哀而止。」

〈19‧15〉

　　子游曰：「吾友張也，為難能也，然而未仁。」

〈19‧16〉

　　曾子曰：「堂堂乎張也，難與並為仁矣。」

〈19‧17〉

　　曾子曰：「吾聞諸夫子：『人未有自致者也，必也親喪乎！』」

〈19‧18〉

　　曾子曰：「吾聞諸夫子：『孟莊子之孝也，其他可能也；其不改父之臣與父之政，是難能也。』」

〈19‧19〉

　　孟氏使陽膚為士師，問於曾子。曾子曰：「上失其道，民散久矣。如得其情，則哀矜而勿喜。」

〈19‧20〉

　　子貢曰：「紂之不善，不如是之甚也。是以君子惡居下流，天下之惡皆歸焉。」

〈19·21〉

子貢曰：「君子之過也，如日月之食焉。過也，人皆見之；更也，人皆仰之。」

〈19·22〉

衛公孫朝問於子貢曰：「仲尼焉學？」子貢曰：「文武之道，未墜於地，在人。賢者識其大者，不賢者識其小者，莫不有文武之道焉。夫子焉不學，而亦何常師之有？」

〈19·23〉

叔孫武叔語大夫於朝曰：「子貢賢於仲尼。」子服景伯以告子貢。子貢曰：「譬之宮牆，賜之牆也及肩，窺見室家之好。夫子之牆數仞，不得其門而入，不見宗廟之美，百官之富，得其門者或寡矣。夫子之云，不亦宜乎！」

〈19·24〉

叔孫武叔毀仲尼。子貢曰：「無以為也。仲尼不可毀也。他人之賢者，丘陵也，猶可踰也；仲尼，日月也，無得而踰焉。人雖欲自絕，其何傷於日月乎？多見其不知量也。」

〈19·25〉

陳子禽謂子貢曰：「子為恭也，仲尼豈賢於子乎？」子貢曰：「君子一言以為知，一言以為不知，言不可不慎也。夫子之不可及也，猶天之不可階而升也。夫子之得邦家者，所謂立之斯立，道之斯行，綏之斯來，動之斯和。其生也榮，其死也哀，如之何其可及也？」

堯曰第二十

〈20·1〉

堯曰：「咨！爾舜！天之曆數在爾躬，允執其中，四海困窮，天祿永終。」舜亦以命禹。

曰：「予小子履敢用玄牡，敢昭告于皇皇后帝：有罪不敢赦。帝臣不蔽，簡在帝心。朕躬有罪，無以萬方；萬方有罪，罪在朕躬。」

周有大賚，善人是富。「雖有周親，不如仁人。百姓有過，在予一人。」

謹權量，審法度，修廢官，四方之政行焉。興滅國，繼絕世，舉逸民，天下之民歸心焉。所重：民、食、喪、祭。寬則得眾，信則民任焉，敏則有功，公則說。

〈20‧2〉

子張問於孔子曰：「何如斯可以從政矣？」子曰：「尊五美，屏四惡，斯可以從政矣。」子張曰：「何謂五美？」子曰：「君子惠而不費，勞而不怨，欲而不貪，泰而不驕，威而不猛。」子張曰：「何謂惠而不費？」子曰：「因民之所利而利之，斯不亦惠而不費乎？擇可而勞之，又誰怨？欲仁而得仁，又焉貪？君子無眾寡，無小大，無敢慢，斯不亦泰而不驕乎？君子正其衣冠，尊其瞻視，儼然人望而畏之，斯不亦威而不猛乎？」子張曰：「何謂四惡？」子曰：「不教而殺謂之虐；不戒視成謂之暴；慢令致期謂之賊；猶之與人也，出納之吝謂之有司。」

〈20‧3〉

子曰：「不知命，無以為君子也；不知禮，無以立也；不知言，無以知人也。」

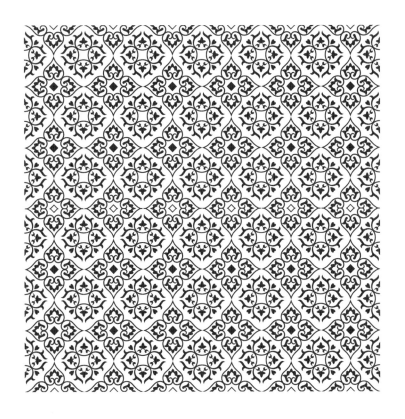

附錄二

孔子年表

紀年			年歲	事　蹟
西元前	周	魯		
770	平王 1	孝公 37		• 〔中國〕周平王遷都雒邑（今河南洛陽），周朝進入東周時期。
753	18	惠公 16		• 〔世界〕羅慕路斯（Romulus）建立羅馬城，開啟羅馬的王政時期。
725	46	44		• 〔中國〕約在今年，哲學家管仲誕生。
707	桓王 13	桓公 5		• 〔中國〕周桓王討伐鄭國，兩軍戰於繻葛，桓王肩膀中箭兵敗。
685	莊王 12	莊公 9		• 〔中國〕齊桓公即位，任用管仲為相，改革政治。
651	襄王 1	僖公 9		• 〔中國〕齊桓公大會諸侯於葵丘，周天子派人參加，正式承認其霸主地位。
632	襄王 20	僖公 28		• 〔中國〕晉文公大會諸侯於踐土，周天子派人參加，晉文公稱霸。
624	襄王 28	文公 3		• 〔世界〕約在今年，古希臘第一位哲學家泰利斯（Thales）誕生。
594	定王 13	宣公 15		• 〔世界〕梭倫（Solon）擔任雅典首席執政官，推行政治改革，奠定雅典民主政治的基礎。
580	簡王 6	成公 11		• 〔世界〕約在今年，哲學家畢達哥拉斯（Pythagoras）誕生。

紀年			年歲	事　蹟
西元前	周	魯		
563	靈王9	襄公10		・〔世界〕約在今年，佛教始祖釋迦牟尼誕生。
551	靈王21	襄公22	1	・孔子出生。孔子於周曆東十月庚子，推算為夏曆8月27日，西曆9月28日，出生於魯國昌平鄉陬邑，即今山東曲阜東南方的尼山附近（史記・孔子世家；穀梁傳・襄公二十一年）。
549	23	24	3	・孔子之父叔梁紇去世，葬於防山，即今曲阜東方的防山（史記・孔子世家；孔子家語・本姓解）。大約在父親喪後，孔子隨母親顏徵在遷居至魯國都城曲阜的闕里。
548	24	25	4	・〔中國〕齊國大夫崔杼弒齊莊公，立莊公之弟杵白即位，是為齊景公。
547	25	26	5	・〔中國〕衛國大夫甯喜弒衛殤公，衛侯衎復位，是為衛獻公。
546	26	27	6	・孔子童年常把祭祀時用來盛裝牲品、肉食的俎豆陳列出來，模仿行禮的樣子來遊戲。未知確切年紀，暫列於此（史記・孔子世家）。
544	景王1	29	8	・弟子冉伯牛出生。 ・〔魯國〕夏，季武子取卞邑以增長勢力，魯襄公不悅。吳公子季札代表吳國訪問魯國，在魯觀周朝禮樂。
543	2	30	9	・〔中國〕蔡國世子般弒其父蔡景侯，自立為君，是為蔡靈侯。
542	3	31	10	・弟子子路出生。 ・〔魯國〕六月，魯襄公逝世，立子野繼位。九月子野去世，季武子改立年僅十九，猶有童心的公子裯繼位，是為魯昭公。

紀年			年歲	事　蹟
西元前	周	魯		
541	4	昭公1	11	• 〔中國〕楚公子圍弒其姪楚王郟敖，自立為王，是為楚靈王。
540	5	2	12	• 〔魯國〕春，韓宣子代表晉國訪問魯國，觀看到《易象》與《魯春秋》，讚嘆：「周禮盡在魯矣。」
539	6	3	13	• 〔世界〕波斯帝國攻占巴比倫城，新巴比倫王國滅亡。
537	8	5	15	• 孔子自述：「吾十有五而志於學。」（2．4）孔子立志學習的是做人處事的道理，他沒有固定的老師，學習時循禮而行，事事虛心求教，從五經的知識和六藝的技能中把握人生正道的具體內容（3．15；6．27；19。22）。 • 〔魯國〕正月，司寇廢除中軍，三家四分公室。當時軍、賦合一，分軍即分賦，四分中季氏取其二並掌握大權，孟氏與叔氏各取其一，公室力量自此日趨疲弱。
536	9	6	16	• 弟子閔子騫出生。 • 〔中國〕鄭國鑄刑書，明法治。當時子產為執政大夫。
535	10	7	17	• 約在孔子十七歲之前，其母顏徵在去世。孔子幼年喪父，不知父親墓址，故先將其母殯於五父之衢，謹慎查明位址後才將其母葬於防山（史記·孔子世家）。 • 季平子設宴招待士人，仍在服喪的孔子前去參加，被季氏家臣陽貨拒於門外，說他不夠格與會（史記·孔子世家）。 • 〔魯國〕三月，孟僖子伴隨魯君拜訪楚國，不知如何相禮。十一月，季武子卒，季平子繼位，魯國執政由叔孫昭子擔任。

紀年			年歲	事　蹟
西元前	周	魯		
				• 〔世界〕約在今年，哲學家赫拉克利特（Heraclitus）誕生。
534	11	8	18	• 〔中國〕楚國消滅陳國。
532	13	10	20	• 孔子娶宋人亓官氏為妻。《孔子家語》記載孔子十九歲娶妻，若考慮到古人二十歲行冠禮後方可娶妻，或當繫於此年（孔子家語・本姓解）。
531	14	11	21	• 孔子自年輕時即以助祭、助喪為業，晚年也曾為大夫之喪相禮（9・16；禮記・檀弓下）。 • 約在此時，孔子在季氏門下陸續擔任委吏、乘田等職，負責管理倉庫及牧場（孟子・萬章下；史記・孔子世家）。孔子曾自述：「吾少也賤，故多能鄙事。」「吾不試，故藝。」顯示孔子年輕時貧困卑微，多受考驗，由此培養出多方面的才幹，也歷練出卓越不凡的性格與抱負（9・6；9・7）。 • 孔子之子孔鯉出生，其名源自魯昭公賜鯉魚祝賀生子（孔子家語・本姓解）。 • 〔中國〕楚國消滅蔡國。
530	15	12	22	• 〔魯國〕十月，季氏家臣南蒯據費邑叛亂，敗逃齊國。
529	16	13	23	• 〔中國〕楚國內亂，楚靈王自縊，其弟公子比接位不久又被逼自殺，最後由小弟公子棄疾即位，是為楚平王。平王為了穩定局勢，恢復了陳、蔡兩國。 • 〔中國〕晉昭公召集諸侯會於平丘。
525	20	17	27	• 郯國國君到魯國朝會。郯子為少皞氏後裔，習知古代官制，孔子前往拜見請益（左傳・昭公十七年）。

紀年			年歲	事　蹟
西元前	周	魯		
				• 〔世界〕波斯帝國征服埃及，建立埃及第二十七王朝。
522	23	20	30	• 孔子自述：「三十而立。」要求自己立身處事皆循禮而行，走上人生正途（2‧4）。約在此時就有學生求教追隨，形成一個以講學修德與治國利民為目標的師生團體。 • 弟子琴牢欲弔唁忠於主人但卻因助長叛亂而亡的友人宗魯，遭到孔子阻止。孔子教導他宗魯所行非義，其忠心是不懂得分辨是非的愚忠（左傳‧昭公二十年；孔子家語‧子貢問）。 • 弟子仲弓、冉求、宰我出生。
521	24	21	31	• 弟子顏回出生。
520	25	22	32	• 弟子子貢出生。 • 〔中國〕周景王逝世，王子猛繼位，是為周悼王。王子朝造反，殺悼王自立，晉人攻之，立王子　，是為周敬王。
519	敬王1	23	33	• 〔中國〕王子朝占據王城雒邑，周敬王居於城外的狄泉，形成二王對峙的局面。
518	2	24	34	• 孔子獲得魯君支持適周參訪。期間問禮於老子（史記‧孔子世家；史記‧老子韓非列傳），問樂於萇弘（禮記‧樂記；孔叢子‧嘉言）。 • 〔魯國〕二月，孟僖子去世。孟僖子曾伴隨魯昭公出訪楚國，期間因不擅禮儀而無法協助相禮。有愧於此的孟僖子臨終前表示：「無禮無以立」，囑咐其二子孟懿子與南宮敬叔務須向孔子學禮（左傳‧昭公七年）。

紀年			年歲	事　蹟
西元前	周	魯		
517	3	25	35	・魯國三家悖禮擅權的情況日趨嚴重，不但冒用天子的規格在家廟祭儀中歌《雍》，季平子更在庭前舞八佾。孔子批評三家配不上《雍》詩的內容，而季平子僭越禮制的作為更是「是可忍也，孰不可忍也？」（3．1；3．2） ・孔子為避魯國內亂，前往齊國居於高昭子門下（史記・孔子世家）。 ・途經泰山時，孔子得知一位婦女為了躲避苛政，縱使親人多遭虎噬仍不願遷居後，發出「苛政猛於虎」的感嘆（孔子家語・正論解）。 ・〔魯國〕九月，魯國內亂，得罪昭公的季平子為了抵抗討伐，率同孟氏、叔氏攻打昭公，昭公兵敗出奔齊國。十月，欲迎回昭公的叔孫昭子去世，季平子接任魯國執政。 ・〔中國〕夏，晉國會諸侯於黃父，商討周王室王子朝爭位問題。
516	4	26	36	・孔子居於齊國。期間與齊國的大樂官談論音樂，在聽到《韶》樂後留下「三月不知肉味」的佳話（7．14）。齊景公也數次向他請教為政之道，還打算封賞尼谿地方的土地給他，只是在大夫晏平仲的阻止下作罷（史記・孔子世家）。 ・〔中國〕周敬王在晉國協助下返歸王城雒邑，王子朝逃至楚國。
515	5	27	37	・由於齊國有大夫欲害孔子，加上景公不能重用，於是孔子離開齊國返回魯國（18．3；左傳・昭公二十七年；史記・孔子世家）。 ・孔子返魯途中，在齊邑嬴、博之間遇到自齊返國的吳公子季札為其子舉行喪禮。孔子知道季札深明禮儀，前往觀禮（禮記・檀弓下）。

紀年			年歲	事　蹟
西元前	周	魯		
				季札深明禮儀，前往觀禮（禮記·檀弓下）。 • 〔魯國〕秋，晉國會諸侯於扈，欲接納魯昭公。 • 〔中國〕吳國公子光弒吳王僚自立，是為吳王闔閭。闔閭重用伍子胥、孫武，吳國日益強大。
514	6	28	38	• 〔魯國〕春，魯昭公前往晉國，居於乾侯。 • 〔世界〕約在今年，哲學家巴門尼德（Parmenides）誕生。
513	7	29	39	• 〔中國〕晉國趙簡子、中行文子據范宣子刑書鑄造刑鼎，將律法鑄於鼎上。
512	8	30	40	• 孔子自述：「四十而不惑。」自「志於學」以來，孔子透過修養德行，講習學問，行義遷善，學問與見識於是漸成系統。到了四十歲左右，理智已不容易被情緒影響，懂得分辨利害輕重而免於困惑（2·4；12·10；12·21） • 〔中國〕吳國消滅徐國。
510	10	32	42	• 〔魯國〕十二月，流亡多年的魯昭公病逝於乾侯。 • 〔中國〕晉國會諸侯修築周室新都成周。
509	11	定公1	43	• 〔魯國〕夏，在季平子的支持下，昭公之弟公子宋繼位，是為魯定公。秋，昭公靈柩回到魯國，季氏將之葬於魯公墓之南，將其墓地與魯國先君分開。 • 〔世界〕羅馬結束王政時期，開啟共和國時期。

紀年			年歲	事　蹟
西元前	周	魯		
507	13	3	45	<ul><li>郯國大夫透過孟懿子的介紹，代郯隱公向孔子請教冠禮（左傳·定公三年；孔子家語·冠頌）。</li><li>弟子子夏出生。</li></ul>
506	14	4	46	<ul><li>弟子子游出生。</li><li>〔中國〕吳、蔡、唐三國討伐楚國，攻入楚國都城郢，楚昭王出奔鄖國、隨國。後得秦國援兵，隔年奪回郢都。</li></ul>
505	15	5	47	<ul><li>傳說季桓子鑿井時挖得一羊形土罐，請教孔子時卻稱是狗形，孔子仍給予正確的解答（史記·孔子世家）。</li><li>魯國自大夫以下，違禮犯上的情況嚴重，政治悖離正軌，孔子無意出仕。此時孔子專心整理《詩》、《書》、《禮》、《樂》，跟隨求教的弟子日益增多（史記·孔子世家）。</li><li>弟子曾參出生。</li><li>〔魯國〕六月，季平子去世，季桓子繼位。季氏家臣陽貨囚禁季桓子，十月殺其族人公何藐後與桓子盟，開始主導國政。</li></ul>
504	16	6	48	<ul><li>〔魯國〕二月，陽貨隨魯君侵攻鄭國，奪取匡城。此事為日後孔子受困於匡的重要原因。八月，陽貨與魯君、三桓盟於周社，與國人盟於亳社，在五父之衢祭神，正式取得執政地位。此時魯國政治淪為孔子口中「陪臣執國命」的無道景況（16·2）。</li></ul>
503	17	7	49	<ul><li>魯國權臣陽貨希望孔子前來拜會，孔子不去，遂贈禮給孔子要待他登門拜謝。孔子趁陽貨離家時前去拜謝，不料在路上相遇。陽貨要孔子盡快出來做官，孔子答應了他。但直到</li></ul>

紀年			年歲	事　蹟
西元前	周	魯		
				兩年之後陽貨被逐，孔子才出任魯國中都宰（17·1；史記·孔子世家）。 · 弟子子張出生。 · 〔魯國〕二月，齊國將鄆、陽關二地歸還魯國，陽貨據為己有。
502	18	8	50	· 孔子自述：「五十而知天命。」經過深刻的道德修養與徹底的自我覺悟，孔子領悟到天命除了無法掌握的命運，每個人都還有能夠自主實現的行善使命。而他自己的天命是：從事政教活動，使天下回歸正道；努力擇善固執，讓自己走向至善；了解命運無奈，依然盡力而為（2·4；18·7）。 · 季氏家臣公山弗擾占據費邑，響應陽貨起兵反叛季氏，召請孔子幫忙。孔子原本想要前往，希望藉著治理魯國進而平治天下，後來沒有成行（17·5；左傳·定公八年）。 · 〔魯國〕冬，季寤、叔孫輒、公山弗擾等五人不受三家重視，陽貨想藉機除去三家的當權者，由他自己與季寤、叔孫輒取而代之。但他謀殺季平子失敗，遭到三家聯合攻打，敗走陽關。
501	19	9	51	· 陽貨之亂平息後，孔子初仕，擔任魯國中都宰（今山東汶上縣西）。 · 中都宰任內，孔子明訂養生送死的諸種節度，推行一年後，效果卓著，各地取則效法。魯定公問孔子，用此辦法治理魯國如何？孔子答覆他：「雖天下可乎！」（史記·孔子世家；孔子家語·相魯）。 · 〔魯國〕六月，魯軍討伐陽關，陽虎逃至齊國，後來出奔晉國臣於趙簡子。

紀年			年歲	事　蹟
西元前	周	魯		
				• 〔中國〕鄭國執政駟歂殺害大夫鄧析，使用的律法來自鄧析所著的《竹刑》（書於竹簡的刑法。相較於刑鼎，便於查閱流傳）。
500	20	10	52	• 孔子任魯國小司空，不久升任司寇，位列大夫，統理國家司法、獄政刑罰。 • 魯國和齊國在夾谷會盟時，孔子擔任禮相陪同魯君赴會。他依循外交禮儀行事並做好軍事準備，成功讓齊國歸還侵占的土地，助魯國獲得重大的外交勝利（左傳・定公十年；史記・孔子世家）。 • 孔子擔任司寇，自認處理訴訟的做法和其他人差不多，如果一定要深究，他是以期望讓案件不再發生的心態在處理訴訟。換言之，孔子希望教化大行，人人守法重禮自然沒有訴訟（12・13）。 • 孔子建設通道將魯昭公的墓地與魯國公室墓地連接起來，讓昭公之墓不再與先君隔絕。（左傳・定公一年；孔子家語・相魯）。 • 〔魯國〕夏，與齊國會盟於夾谷。夏、秋，叔氏家臣侯犯據郈邑叛亂，後敗逃齊國。 • 〔世界〕約在今年，哲學家安納薩格拉（Anaxagoras of Clazomenae）誕生。
499	21	11	53	• 孔子以司寇的身分代理最高行政長官，協助季桓子處理國政。剛開始其能力尚遭懷疑，但施政三年就讓魯國大治（呂氏春秋・樂成；史記・孔子世家）。 • 由季氏支持繼位，對三家勢力更加無奈的魯定公，或在此年詢問孔子君臣相待之道。孔子答覆他，君主要按照禮制來使喚臣子，臣子要盡忠職守來服事君主（3・19）。

紀年			年歲	事蹟
西元前	周	魯		
				• 相傳孔子行攝相事後七日，就誅殺了魯國大夫少正卯。此記載於先秦僅見於《荀子》，而且同段所記史事另有錯誤；加上其他證據如孔子有「子為政，焉用殺？」的德治主張等，故其真偽有待考慮。《荀子》此說的用意亦可另外考量（12‧19；荀子‧宥坐；史記‧孔子世家）。 • 〔魯國〕與鄭國講和，開始叛離晉國。齊、鄭、衛、魯四國開始交好。 • 〔中國〕晉國內鬨，六卿強凌公室，霸業式微，原本合盟的諸侯漸與之疏遠。
498	22	12	54	• 孔子從國家與禮制的角度，向魯定公指出臣屬不應有私兵，大夫的城邑不應有百雉高牆。他建議定公「墮三都」，拆除季氏費邑、叔氏郈邑、孟氏成邑的高牆。由於此舉亦能避免三家的家臣占據私邑作亂，季氏和叔氏也表示支持，並由擔任季氏家宰的子路推行。然而在叔氏拆除郈邑高牆，季氏將墮費邑時，公山弗擾和叔孫輒率領費人襲擊魯公與三桓。孔子派兵討伐，直到二人敗逃齊國才順利墮除費邑。可惜最後要墮成邑時，孟氏暗中反對，魯公無功而返。墮三都失利後，宮室與私家的矛盾愈強，子路遭受毀謗，連帶影響了孔子。孔子表示：政治理想的實現與否，參雜了各種條件，都是命運在決定的（14‧36；左傳‧定公十二年；史記‧孔子世家）。 • 〔魯國〕夏，魯國實施墮三都的政策，要拆除三家城邑的高牆，削減宮室以外的軍事力量。在陸續墮除費邑、郈邑後，冬十二月，魯公雖圍成邑，但功敗垂成。

紀年			年歲	事　蹟
西元前	周	魯		
497	23	13	55	・ 孔子離開魯國，到達衛國。 ・ 春，齊國懼怕魯國在孔子的治理下稱霸，於是贈送一批能歌善舞的美女與上等的好馬給魯君。季桓子接受後，與魯君皆怠於政事。此時子路勸告孔子離開魯國，但孔子決意再觀察魯君與季氏的態度。之後魯國舉辦郊祭，孔子未收到大夫按禮制應得的祭肉後，確認自己不被重視了才帶著學生離開，找尋得君行道的機會。他首先前往衛國，自此遊走列國長達十四年（18・4；史記・孔子世家）。 ・ 孔子因為沒收到祭肉而匆匆去國，不明事理的人說他計較一塊祭肉，明白事理的人知道他是因為魯君失禮而離開。孟子認為，孔子留下小心眼的口實，是不想讓眾人怪罪魯君（孟子・告子下）。 ・ 相較於從前不受齊君重用時是「接淅而行」，撈起了正在掏洗的米就盡快上路離開，孔子說要慢慢的離開魯國。他仍然期望魯君或季氏能派人挽留，讓自己可以先把才幹用來報效家鄉，展現出對父母之邦的深厚情感（孟子・萬章下）。 ・ 孔子一行抵達衛國邊境的儀城，封疆守官求見孔子。會面過後，官員告訴孔門弟子：「天將以夫子為木鐸。」要他們不要為了老師失去官位而憂愁，世道衰敗已久，天將會以孔子為教化百姓的木舌銅鈴（3・24）。 ・ 孔子到衛國後獲得衛靈公接見，靈公按照孔子在魯國的待遇給他俸祿，相當禮遇孔子。後來有人毀謗孔子與意圖作亂的大夫公叔戍有所勾結，在得不到靈公的信任下，孔子在

附錄二、孔子年表

紀年			年歲	事　蹟
西元前	周	魯		
				衛國停留十個月後，於隔年春天離開。（史記・孔子世家）。
				・〔魯國〕春，季桓子接受了齊國饋贈的女樂和馬匹，與魯君多日不問政事，郊祭後也未依禮贈祭肉給孔子，致使孔子離開魯國。
				・〔衛國〕衛國大夫公叔戍因為家資富有而驕傲，不像其父公叔文子富而不驕又是能臣，加上衛靈公個性貪婪，因此史魚預言公叔戍將亡。果然公叔戍的驕心引發靈公的不滿，加上他意圖推翻靈公夫人南子一黨，反遭南子控訴他將作亂，因此隔天春天就遭到靈公驅逐並沒收財產，逃往魯國。
				・〔中國〕晉國開啟長達八年的內亂，知、韓、趙、魏四家與范氏、中行氏相互攻伐。冬，薛國人弒其君比，立公子夷即位，是為薛惠公。
496	24	14	56	・孔子離開衛國要前往陳國，途經匡邑、蒲邑時蒙難，後折返衛國。
				・離開衛國的孔子打算前往陳國，路過匡邑時，匡人將孔子誤認為曾率軍侵擾當地的陽貨，於是圍困孔子一行，直到誤會澄清才釋放他們。這次的情況十分危險，一行人四散逃難，孔子甚至以為顏回遇害了。逃離匡邑後，孔子一行途經蒲邑，當時衛國大夫公叔戍據此叛亂，蒲人圍困他們，要脅他們一同對抗衛軍。此時弟子公良孺不願讓孔子再次委屈蒙難，拔劍糾集眾人對抗。蒲人被其武勇震攝，在威脅孔子立下不去衛國的盟誓後便讓他們離開。由於這份盟誓並非自願訂立的，孔子逃離蒲邑後還是回到了衛國。回到衛國的孔

紀年			年歲	事　蹟
西元前	周	魯		
				子，居住在大夫蘧伯玉家中（11．23；史記．孔子世家）。 • 〔衛國〕正月，公叔戍據蒲邑叛亂，後敗走魯國。秋，太子蒯聵謀殺南子未遂出奔宋國，靈公盡逐其黨。 • 〔中國〕吳王闔閭兵敗越國身受重傷，返國後逝世，其子夫差繼位。
495	25	15	57	• 孔子離開衛國回到魯國。 • 衛靈公帶孔子出遊，讓孔子乘第二車跟隨他和南子，又讓宦官雍渠乘第三輛車，招搖過市的車隊顯得聞名國際的孔子好似贊同靈公的作為。孔子自覺羞恥，批評靈公愛好美色超過了德行，再次離開衛國（9．18；史記．孔子世家）。 • 郳隱公正月朝魯，子貢前往觀禮，指出兩國國君皆失禮無度，即將敗亡。五月魯定公逝世，孔子表示被多話的子貢不幸而言中了。此時孔子大概已回到魯國（左傳．定公十五年）。 • 〔魯國〕正月，郳隱公朝魯。五月，魯定公逝世，公子將繼位，是為魯哀公。
494	26	哀公1	58	• 孔子由魯國到衛國，欲去晉國但未成行，最後仍離開衛國 • 吳國攻陷越國，獲得骨節專車，派遣使者到魯國向孔子請教相關的歷史與傳說（國語．魯語下）。 • 孔子回到衛國，衛靈公雖然以禮相待但未能重用，於是孔子打算到晉國拜訪趙簡子。沒想到一行人走到黃河東岸，尚未離開衛國時，就聽聞趙簡子殺害了助他得勢的兩位賢人竇鳴犢與舜華。心灰意冷的孔子因而打消到晉

369

紀年			年歲	事　蹟
西元前	周	魯		
				鳴犢與舜華。心灰意冷的孔子因而打消到晉國的念頭。（史記・孔子世家）。
				・ 晉國內亂，衛、齊兩國也參與其中。衛靈公詢問孔子作戰布陣的方法，孔子明白靈公不會依循正道改革，婉轉的表示自己只聽說過禮儀之事後，隔天就離開了衛國（15・1）。
				・〔中國〕春，吳國討伐越國，攻陷越都會稽，吳王夫差答應越王勾踐講和的請求。夏、秋，齊國、衛國為解范、中行氏之圍，兩次伐晉。
				・〔世界〕羅馬平民發起聖山撤離運動，首次向貴族爭取權利，要求改善平民待遇。羅馬政體也由貴族共和國逐漸轉變為「平民－貴族共和國」
493	27	2	59	・ 離開衛國的孔子，途經曹國到達宋國，蒙難後逃到鄭國。
				・ 孔子在宋國時曾見宋景公，但景公對其建言不感興趣（說苑・政理）。孔子因為批評宋國司馬桓魋建造巨型石槨，險些被桓魋率兵殺害。一行人改換服裝，分道潛行才逃往鄭國。孔子與弟子走散，落魄的樣子被鄭人形容作喪家狗（孟子・萬章上；史記・孔子世家；孔子家語・曲禮子貢問）。
				・ 若考量《史記》以「適鄭」而非「過鄭」來記錄，加上《論語》、《左傳》中孔子對子產多所推崇，孔子在鄭國應有稍做停留（5・15；左傳・昭公二十年）。
				・〔衛國〕夏，衛靈公逝世，其孫輒繼位，是為衛出公。
				・〔中國〕蔡昭侯投靠吳國，迫於楚國壓力，將都城遷到州來。

紀年			年歲	事　蹟
西元前	周	魯		
492	28	3	60	・孔子由鄭國到達陳國。此後四年孔子在陳、蔡兩國與鄰近的楚地多有遊歷，除了國君與朝臣外，和葉公、接輿等地方官員或隱者也有所來往。 ・孔子自述：「六十而〔耳〕順。」相應於五十五歲到六十八歲周遊列國的艱辛，孔子由知天命而畏天命，明白必須順從與實踐天命的具體要求（2・4）。這樣的孔子，在別人看來是天之「木鐸」，是「知其不可而為之者」（3・24；14・38）；孔子自己在匡邑、宋國兩次面臨生命危險時也立即訴求於天，表示自己是順天命而行（7・23；9・5）。 ・孔子抵達陳國後，先住在司城貞子家，後來陳湣公待之以上賓之禮（史記・孔子世家；孔子家語・辯物）。同年魯國宗廟發生火災，孔子聽到後表示招致祝融的應是桓、僖二廟，事後得到證明（左傳・哀公三年）。 ・季桓子臨終前，感嘆因為自己得罪孔子，讓魯國失去興盛的機會。他囑咐季康子繼位後務須召請孔子歸國（史記・孔子世家）。 ・〔魯國〕五月，魯國宗廟火災，桓、僖二宮被焚毀。秋，季桓子去世，季康子繼位任魯國執政。 ・〔世界〕波斯王大流士一世派遣大軍進攻希臘，希波戰爭爆發。經過幾次大戰，直到公元前449年雙方簽訂《卡里阿斯和約》才告終。
491	29	4	61	・季桓子下葬後，季康子要召請孔子歸國，公之魚表示反對。他認為這次要是不能有始有終的重用孔子，季氏一定會再次成為各國的

紀年			年歲	事　蹟
西元前	周	魯		
				笑柄。最後季康子決定延攬冉求輔政（史記・孔子世家）。 • 〔中國〕公孫翩射殺蔡昭侯。楚國遷蔡國遺民於楚地負函，形成另一個蔡人聚集處，該地亦稱為蔡。
490	30	5	62	• 佛肸在范氏、中行氏的領地中牟邑反叛以趙簡子為首的晉國軍隊，他召請孔子幫忙。孔子想要前往，子路請教原因，孔子表示縱然身處亂世，佛肸也是叛軍，但是自己行道的心意堅定不移。只要有適當的時機，就應該發揮長才，不能做一枚空有瓜名但不能食用的匏瓜星（17・7；18・6；左傳・哀公五年）。 • 〔中國〕范昭子、中行文子出奔齊國，范氏、中行氏敗亡，晉國內亂結束。 • 〔世界〕雅典軍隊於馬拉松大敗二度來襲的波斯軍團。
489	31	6	63	• 孔子取道陳蔡之間前往楚國，停留於楚地負函後，北上回到衛國。 • 孔子應楚昭王之聘，取道陳、蔡兩國之間前往楚國，遭到害怕楚國因而更加強盛的陳、蔡兩國大夫圍困在荒野。當時的情況相當險惡，由於孔子師徒和陳、蔡的君臣沒有交往，難以取得協助，導致眾人飢病交迫，甚至連子路都一度失去信心。面對困境，孔子強調君子不同於小人的，就在於走投無路時仍會堅持原則；顏回也表示老師有正確的主張，不需要為昏瞶的為政者和崩壞的世道降低理想。聽到顏回貼心又深刻的回答，孔子輕鬆的表示這孩子要是發了財，自己願意為他持家！在眾人放鬆心情後，孔子派子貢到楚國求援，

紀年			年歲	事　蹟
西元前	周	魯		
				最後楚昭王興師來迎，解除了危機（15・2；孟子・盡心下；史記・孔子世家）。 ・ 孔子派宰我面見楚昭王，宰我篤實又得體的表達了孔子的理想。後來昭王想要分封書社七百里的土地給孔子，遭到令尹子西反對。子西指出孔子才德兼備，而且不論在外交、軍事還是行政，昭王沒有大臣比得上子貢、子路和宰我，要是再給孔子土地，絕非楚國之福。昭王於是打消主意。秋，昭王於師旅之間病逝於城父，孔子啟程折返衛國（史記・孔子世家；孔叢子・記義）。
488	32	7	64	・ 孔子在衛國，衛出公有意聘任他。子路請教孔子什麼是獲聘後的首要任務？孔子回答「必也正名乎！」指出衛國今日父子爭國的困局正是因為靈公失道而來，所以首要工作就是要糾正君臣父子的名分，始能名正言順的推行政務（13・3）。 ・〔魯國〕夏，吳國和魯國在鄫會盟時，向魯國索取牛、羊、豬各百頭。季康子派子貢回覆吳國太宰嚭，子貢說以周禮，讓吳人收回失禮的請求。
487	33	8	65	・〔魯國〕三月，吳王夫差攻打魯國，孔子弟子有若加入夜襲的敢死隊，嚇退吳軍。 ・〔中國〕宋景公滅曹國，殺曹伯陽。
485	35	10	67	・ 孔子之妻亓官氏去世。 ・〔中國〕齊人弒齊悼公，立公子壬繼位，是為齊簡公。
484	36	11	68	・ 孔子從衛國返回魯國，結束遊走列國的生活，自此專注於教育事業，未再出仕（9・15）。

紀年			年歲	事　蹟
西元前	周	魯		
				• 由於冉求、子貢等人在行政、外交、軍事上的優秀表現，魯國執政大夫季康子決心禮聘孔子歸國。而當時衛國父子爭位、臣屬悖禮的情況日趨嚴重，孔子也不願再長留，於是應邀回國。孔子歸國後被尊為國老，魯哀公和季康子等人時常問政求教（左傳‧哀公十一年；史記‧孔子世家）。 • 總結孔子仕途，孟子認為他在魯國出仕，是因為在季桓子的執政下看到行道的可能。在衛國兩度出仕，是因為衛靈公以禮相待，衛出公願意供養賢者。但不論如何，孔子的目標都是推行正道，得不到主政者支持時就會離去（孟子‧萬章下）。 • 孔子回到魯國後致力教育，對五經分別有所刪訂或撰述，尤其愛好載寓聖王遺言，展現聖人之道的《易經》。他還筆削魯史《春秋》，作成一部臧否史事以示明大義的淑世經典。孔子在作育人才的過程中首重涵養人格，進而期待能化成人文。最後他培養出四科十哲，三千弟子，其中身通六藝的就有七十二人（1‧6；9‧11；孟子‧離婁下；史記‧孔子世家）。 • 〔魯國〕春，齊國攻打魯國，冉求為季氏率左師，成功擊退齊軍。夏，吳國與魯國聯軍攻打齊國，於艾陵大敗齊師。
483	37	12	69	• 正月，季康子不顧孔子反對，執意推行稅率更高的田賦政策。冉求身為季氏家宰，也幫助財富已超過魯君的季氏斂財於民。冉求忽略大義的作為讓孔子不再把他當作同道，疾言要同學們敲著大鼓去批判他（11‧17；左傳‧

紀年			年歲	事　蹟
西元前	周	魯		
				言要同學們敲著大鼓去批判他（11‧17；左傳‧哀公十二年）！ • 孔子之孫孔伋出生。 • 〔世界〕約在今年，佛教始祖釋迦牟尼圓寂；哲學家高爾吉亞（Gorgias of Leontini）誕生。
482	38	13	70	• 孔子自述：「七十而從心所欲不踰矩。」（2‧4）孔子到了晚年，終於自覺自己的生命活動能與向善的人性要求貼切地響應，不論是隨著身體而來的血氣還是心的自覺選擇，落實於行動都不會踰越規矩。孔子的生命與自己的哲學相互輝映，他真誠自主的實現禮的要求，樂在其中而沒有憂慮（6‧7；12‧1；16‧7）。 • 孔子之子孔鯉去世。 • 〔魯國〕魯哀公與晉定公、吳王夫差會於黃池。 • 〔中國〕吳王夫差會諸侯於黃池，與晉國爭霸。越王勾踐趁隙攻入吳國都城，殺了吳太子友。
481	39	14	71	• 顏回去世。失去能傳承大道又情同父子的學生，孔子哀慟非常，發出「天喪予」的嘆息（公羊傳‧哀公十四年）。 • 春，孔子聽聞有人在魯國西郊捕獲麒麟，於是停止編寫《春秋》，說「吾道窮矣」。他響應那呼應聖人行道而來，卻被捕而死的仁獸，在撥亂反正、教人為善的著作中，預示了理想的大同世界（公羊傳‧哀公十四年；史記‧孔子世家）。 • 秋，齊國大夫陳成子弒君，孔子依禮齋戒沐浴後，上朝奏請魯哀公出兵討伐。哀公要孔子去向三卿報告，報告過後其建議仍未被採

附錄二、孔子年表

紀年			年歲	事　蹟
西元前	周	魯		
				子去向三卿報告，報告過後其建議仍未被採納。此事凸顯自周天子以降，宗法禮制幾已徒負虛名，堅持正道反似多管閒事的景況（14‧21）。 • 〔中國〕齊國大夫陳成子弒齊簡公，立簡公之弟驁即位，是為齊平公。陳成子自立為相，專權擅政。 • 〔世界〕約在今年，哲學家普羅塔哥拉（Protagoras）誕生。
480	40	15	72	• 子路亡於衛國政爭。失去了願意伴隨自己遠赴海外發揮理想的學生與朋友，孔子大嘆「天祝予」，悲嘆天要阻斷他的行道之路（5‧6；公羊傳‧哀公十四年）。 • 〔中國〕衛出公被其父蒯聵驅逐，隔年正月逃至魯國。蒯聵自立，是為衛莊公。
479	41	16	73	• 孔子去世。孔子於周曆四月己丑，推算為夏曆二月十一日，西曆三月四日去世，葬於曲阜城北近泗水邊。許多弟子為他守喪三年，子貢更再守墓三年。後來，多達百餘戶於孔墓附近築室為家，形成聚落，名為孔里（左傳‧哀公十六年；史記‧孔子世家）。
469	元王7	哀公26		• 〔世界〕約在今年，哲學家蘇格拉底（Socrates）誕生。
468	貞定王1	27		• 〔中國〕約在今年，哲學家墨子誕生。

紀年			年歲	事　蹟
西元前	周	魯		
460	貞定王9	悼公8		• 〔世界〕約在今年，哲學家德謨克利特（Democritus）誕生。
450	貞定王19	18		• 〔中國〕約在今年，哲學家列子誕生。 • 〔世界〕羅馬頒布十二銅表法。
431	考王10	元公6		• 〔世界〕希臘地區以斯巴達及雅典為首的兩大聯盟爆發伯羅奔尼薩戰爭，直至西元前404年斯巴達軍攻陷雅典城才結束。
427	考王14	10		• 〔世界〕哲學家柏拉圖（Plato）誕生。
420	威烈王6	17		• 〔中國〕約在今年，哲學家告子誕生。
400	安王2	穆公16		• 〔中國〕約在今年，哲學家申不害誕生。
395	安王7	21		• 〔中國〕約在今年，哲學家楊朱、慎到誕生。
390	12	26		• 〔中國〕約在今年，哲學家商鞅誕生。
384	18	32		• 〔世界〕哲學家亞里斯多德（Aristotle）誕生。
372	烈王4	共公11		• 〔中國〕約在今年，哲學家孟子誕生。

紀年			年歲	事　蹟
西元前	周	魯		
370	6	13		• 〔中國〕約在今年，哲學家惠施誕生。
368	顯王1	15		• 〔中國〕約在今年，哲學家莊子誕生。
324	45	景公20		• 〔中國〕約在今年，哲學家鄒衍誕生。
320	慎靚王1	平公3		• 〔中國〕約在今年，哲學家公孫龍誕生。
313	赧王2	10		• 〔中國〕約在今年，哲學家荀子誕生。
290	25	文公13		• 〔中國〕約在今年，哲學家呂不韋誕生。
281	34	22		• 〔中國〕約在今年，哲學家韓非誕生。
256	59	頃公24		• 〔魯國〕楚考烈王滅魯國，魯頃公被廢。 • 〔中國〕秦昭襄王滅東周，周赧王逝世。
221				• 〔中國〕秦王政統一六國，建立秦朝，是為秦始皇。

製表／楊舒淵

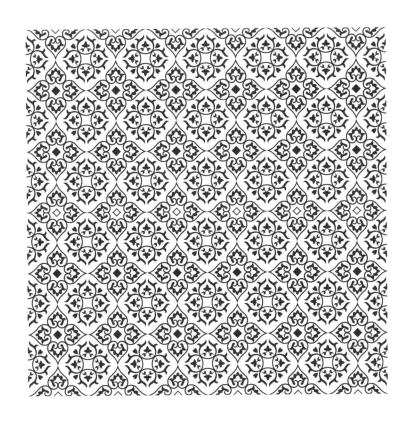

附錄三

孔子周遊列國地圖

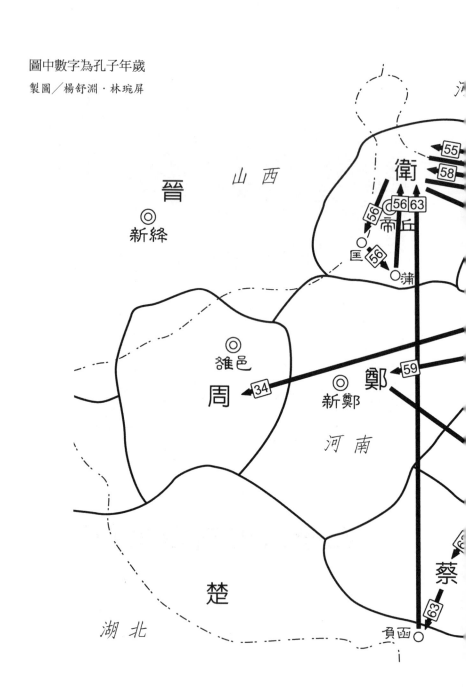

圖中數字為孔子年歲

製圖／楊舒淵·林琬屏

晉

山西

◎
新絳

衛

55

58

匡 56

56 63

帝丘

56

蒲

周

◎
雒邑

鄭 59

◎
新鄭

河南

34

楚

63

蔡

63

湖北

負函 63

380

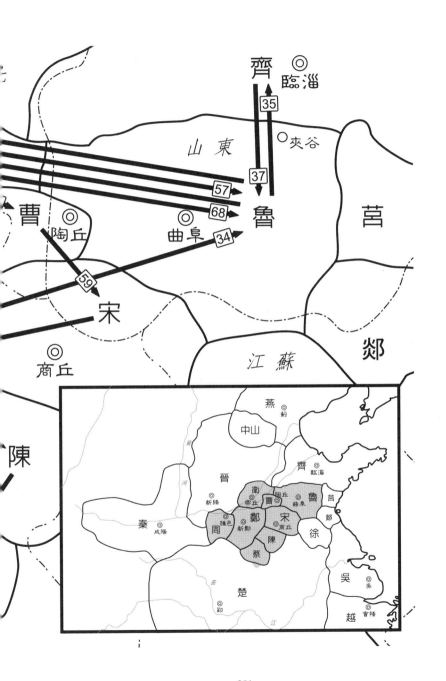

索引

五劃

索引

索引

十一劃

十二劃

索引

十四劃

十五劃

孔子辭典

2013年10月初版　　　　　　　　　　　　　　　　定價：新臺幣450元
2016年4月初版第二刷
2020年11月二版
有著作權・翻印必究
Printed in Taiwan.

主編・審訂	傅	佩	榮
叢 書 主 編	沙	淑	芬
校　　　　對	吳	淑	芳
封 面 設 計	江	宜	蔚

出　版　者	聯經出版事業股份有限公司	副 總 編 輯	陳	逸	華
地　　　址	新北市汐止區大同路一段369號1樓	總　編　輯	涂	豐	恩
叢書主編電話	(02)86925588轉5310	總　經　理	陳	芝	宇
台北聯經書房	台 北 市 新 生 南 路 三 段 9 4 號	社　　　長	羅	國	俊
電　　　話	(0 2) 2 3 6 2 0 3 0 8	發　行　人	林	載	爵
台中分公司	台中市北區崇德路一段198號				
暨門市電話	(0 4) 2 2 3 1 2 0 2 3				
郵 政 劃 撥 帳 戶 第 0 1 0 0 5 5 9 - 3 號					
郵 撥 電 話 (0 2) 2 3 6 2 0 3 0 8					
印　刷　者	文聯彩色製版印刷有限公司				
總　經　銷	聯 合 發 行 股 份 有 限 公 司				
發　行　所	新北市新店區寶橋路235巷6弄6號2F				
電　　　話	(0 2) 2 9 1 7 8 0 2 2				

行政院新聞局出版事業登記證局版臺業字第0130號

聯經網址 http://www.linkingbooks.com.tw
電子信箱 e-mail:linking@udngroup.com

國家圖書館出版品預行編目資料

孔子辭典 / 傅佩榮主編 · 審訂 . 二版 . 新北市 .
聯經 . 2020.11 . 424面 . 14.8×21公分 .
ISBN　978-957-08-5639-2（精裝）
[2020年11月二版]

1.論語　2.注釋　3.詞典

121.222　　　　　　　　　　　109016102